MATTHES & SEITZ BERLIN
PAPERBACK

WILHELM LEHMANN

Bukolisches Tagebuch

und weitere Schriften zur Natur

Mit einem Nachwort von
Hanns Zischler

NATURKUNDEN

Inhalt

Bukolische Tagebücher

Bukolisches Tagebuch aus den Jahren 1927–1932

In der Stadt erdrückte den Weg das Schwirren der Menschen, ihr Gehen, ihr Umherstehen, ihr Fahren. Jetzt will er sichtbar werden. Zwar rollen noch Radfahrer ihre Gummiräder wie Kinder ihre Reifen über ihn hinweg, doch schon taucht er in zusammenhängenden Flecken auf, indem auch die Häuser, die ihn lange dicht einsäumten, gespart werden, bis eine letzte, schon ländliche Gartenwirtschaft ihn mit einer Kegelbahn ins Freie entführt. Der Fleiß der Menschen, ihre Bereitwilligkeit, den Autos zu dienen, krustet ihn eine Strecke mit Asphalt – nein, mit Euphalt, wie die am Rande gestapelten Tonnen melden, die ihn flicken sollen, da seine Haut an vielen Stellen geplatzt ist und immer wieder platzen wird. Jetzt entreißt er sich endgültig den Menschenhänden und eilt, da er sich bald im Schutz der Weite und der Einsamkeit weiß, die sich seiner als ihres Eigentums bemächtigen.

Einsamkeit und Weite sind auf den großen Mooren zu Hause. Zwar hat man hier und da Torf gestochen, aber das Schwarz der aufgebrochenen Löcher wird von dem Gleichmut der Moordecke verwischt. Melancholisch sinnt sie vor sich hin, weiß aber, daß es Zeiten gibt, da sie unter Sonnenlicht glüht. Binse, Erika, Calluna, Moosbeere, Ginster, Porst tuschen ein gleichförmiges Braun, das ein paar rostige Streifen sprengen. Wie das wettergeschlagene Fell eines vorgeschichtlichen Tieres überbreitet sie die flache Ebene. Um sich stärker seiner Eintönigkeit zu freuen, entlockt das Moor jetzt dem eigenen Innern einen weißen Glanz. Ein sanfter Wind schlängelt die Flocken des seidigen Wollgrases.

Darauf gewinnt das Braun sich lebhafter zurück. Die unzähmbaren Mächte der Einsamkeit haben sich zu guter Ruhe geeinigt, und von ihr beschwichtigt, mäßigt sich die Eile des Weges.

Anfangs griff er stürmisch aus, wie taumelig vom Gefühl des Raumes, das ihn faßte, sobald die Heimstätten der Menschen aufhörten. Hitzebesessen breitet er sich hin, daß seine Haut aufreißt. Dann steigt aus dem Sumpfwasser, das in den Jahrhunderten gelernt hat, der schlürfenden Hitze zu wehren, ein greises Männlein und näht dem Gedorrten die Risse zu – doch es gibt sommerüppige Monate, wo selbst seine Märchengeduld versagt, so daß er zag im Wärmedunst schwindet, und die Hitze verkocht ungestört den weißen Weg zu weißem Staub. Mitleidig heilt ihn der Herbstregen erst, graue Nässe hüllt ihn, und nur so deutlich wie eine Falte im Innern der Menschenhand läuft er jetzt in der Landschaft.

Er ist jetzt ganz bei sich, der Weg, in jeder Jahreszeit. Die Menschen, die ihn wandern, werden undeutlich gegen ihn, fügen sich oft ungern seinem Willen, müssen die Füße mühsam setzen, zumal sie meist ungeduldig sind und einem Ziel zujagen, während die Kühe gelassen ihr Euter tragen und das Pferd des kleinen Bauern still Buschholz in sein Gehöft schleppt, der Bauer selbst auch keine Ungeduld kennt, denn über ihm schwebt wie über der Natur und den Sternen eine unverwelkliche Zeit. Für den braunkehligen Wiesenschmätzer vollends, die langbeinigen Schnaken, für den Hasen ist der Weg jeden Augenblick ein Ziel. Und wenn der richtige Wanderer glücklich erschöpft am trockenen Graben ausruht, verfällt auch er einem Bann. Darin nimmt er das Wachsen des Grases als das Schnarren des Weißkehlchens wahr, sieht, wie eine Biene das Sperma der Silberweide der Narbe der Bruchweide zuträgt, und fühlt die Kreuzung als einen kleinen Aufruhr gegen die Schöpfung.

Ist der Wanderer wieder unterwegs, sind seine Augen erhellt. Wie unwillig über sein Verweilen stürzt der Weg einen steilen Abhang hinunter, ohne zu erschrecken, und dann zieht und zieht und zieht er durch Dörfer, durch Flecken, durch kleine, durch große Städte. Der Wanderer begibt sich in sein eigenes kleines Leben zurück. Er hat es mit dem Leben des Weges geteilt, er ist in der Dichtung gewesen als der einzigen zweiten Welt der hiesigen. Mit frischem Staunen hält er sein Leben aus. Er weiß mit Achim von Arnim: »Es gab zu allen Zeiten eine Heimlichkeit der Welt, die mehr wert in Höhe und Tiefe der Weisheit und Lust als alles, was in der Geschichte laut geworden«, und er versteht: »Nur darum werden die eigenen unbedeutenden Lebensereignisse gern ein Anlaß der Dichtung, weil wir sie mit mehr Wahrheit angeschaut haben, als uns an den größeren Weltbegebenheiten gemeinhin vergönnt ist.«

16. Oktober 1927

Wer daran denkt, daß wir Menschenkinder auf einer Kugel hausen, die durch den unendlichen Raum kreist, wird sich mit Lichtenberg nicht darüber wundern, daß der Wind über die Erde geht, wohl aber, daß je Windstille bei uns gedeihen kann. Darum genossen wir es als ein Märchen, daß der Anfang des Septembers noch einmal ruhige Sommerseligkeit heraufbeschwor, daß selbst der Oktober in diesem Jahr zuweilen sanft um die Wangen spielt, statt uns den Hut vom Kopf zu reißen.

Indessen, aus den kleinen, weichen Liebesbergen, den Kelchen des weißen Studentenröschens, das bis in den Oktoberanfang an den Wasserläufen blühte, sind jetzt harte, hölzerne Kapseln geworden. Die gelbflaumigen, zarten Blüten des Igelkolbens haben sich zu hartzinkigen Morgensternen gewandelt – der

Wind bürstet die einzelnen Samen in die wasserstrotzenden Gräben. Doch spielt immer noch – bei Windstille – die Illusion des Sommers: nie hat das volle Laub den Tag so lange in den Herbst hinein erheitert. Wollüstig greift die Hand in Blätterbüschel, ehe sie sich an kahlen Zweigen stößt. Der kleine weiße Nachtschatten, schon reich mit Beeren behangen, die Schafgarbe, die Flockenblume blühen, der goldknöpfige Rainfarn strömt seinen kräftigen Geruch aus, als halte er darin wie in einer festen Hand die Würze des Sommers gefangen.

Doch um die Mitte des Monats setzte der Nordweststurm ein. Mit uranfänglicher Gebärde schreckte er die Bäume. In schwarzen Tropfen fallen die Blätter der Birne, die Esche erbleicht, die Erlen lichten sich, und wie ein überraschtes Mädchen, blutübergossen, steht plötzlich in der nackten Helle der wilde Schneeball. Das Reh sieht sich schnell verraten und flüchtet hinter die modernden Heuhaufen. Die wenigen Schwalben, die in den Monatsanfang zögerten, sind weg. Dafür erklingt froh und keck der Ruf der Kohlmeise. Wenn die Dämmerung kommt, hinken gleichsam die ziependen Töne der Hänflinge um die Bauernkaten, und mit hysterischem Schrei lockt die Amsel die Herbstnacht herbei. Die läßt nicht lange auf sich warten. Sie bemächtigt sich gierig der großen Gutshöfe, die sich umsonst in die gilbenden Linden ducken. Das nasse Jahr hat die Kornernte unendlich verzögert. Jetzt birgt man die Steckrüben, Runkeln, Kartoffeln. Die blaugrünen Blätter der eingeholten Rüben bestreuen die Wege, von den Pferden steigt der Dampf sichtbar in die Luft, von den leeren Feldern dringt der quirlig schnurrende Ruf der Rebhühner. Und dann versinkt alles in Schlaf und versucht vergeblich, im Nachtraum des Sommers der Dunkelheit zu entrinnen.

Man tut gut, sich das Gesicht der kurzen Tage zu merken, solange sie es noch nicht ganz an das verödende Lampenlicht verlieren. Am Montag ängstigte sich ein Hase über meinen Weg, am Dienstag sah ich einen Steinschmätzer, die verkörperte Furcht, halb laufend, halb fliegend, und am Mittwoch muß der weißgestreifte Schatten am Knick ein Dachs gewesen sein. Die letzten Tage der Woche blieben unerfüllt. Da mache ich es wie Jean Pauls Pagentanzmeister Aubin: ich lege mir einen Kalender an und schreibe mir für jeden Tag auf, ob dieser der Geburts- oder Sterbetag eines berühmten Mannes oder einer großen Begebenheit oder ein griechischer, jüdischer, römischer Festtag sei, oder welcher Käfer daran ungefähr in die Erde oder welcher Zugvogel zu seiner Winterlustbarkeit abreise.

8. November 1927

Schon gegen siebzehn Uhr wird es novemberdunkel. Besteige ich den Hügel, zu dem die Weideflächen sich aufkrümmen, und blicke zurück, so glimmen die Lichter der kleinen Stadt aus dem Nebelgrau wie glühende Streichholzköpfe aus Zigarrenasche. Wandre ich weiter, so verliert der Boden seinen Schwung, läßt sich fallen und versinkt unmutig in einen tiefen Hohlweg. Voll kalten, durchnäßten Lehms, frißt er den Fuß bis zum Knöchel. Die Knicks zu beiden Seiten saugen seiner Mitte Licht und Wärme weg. Zage nur streckt hier im späten Frühjahr der Lerchensporn seine kleinen roten Fingerspitzen aus und erblaßt schnell wieder, und selbst im Hochsommer atmet der Boden Kühle.

Durch das Gespinst der Dämmerung nahen Kinder, sie kommen aus der Schule. Sie kennen das Grauen nicht, jede Minute ist ihnen, als durchlebt, ein Entzücken. An den Wasserläufen, die sich vom nahen Meer nähren, schneiden Arbeiter die gelben Fahnen des Schilfrohrs, die im Sommer kupfern flatterten. Das Reet steht gut im Preise, denn man deckt die Häuser jetzt wieder mit

›Stroh‹, das Wellblech hat sich zur Häßlichkeit der Vergangenheit gewandelt. Im September brannte bis auf die Grundmauern die große Futterscheune des Pachthofes nieder, der sich abseits des Hügels zwischen Eichen bettet. Es war ein Sonntagnachmittag, und der Brand brachte den Spaziergängern, welche die kleine Stadt ausspie, ein willkommenes Vergnügen. Sobald die klebrigen Rauchwirbel der hellen Flamme entflohen waren, scharten sich Autos, Räder, Fußgänger so dicht heran wie sie konnten. Nach der ersten Aufregung hatte man sich still gesammelt, die kleine Spritze des Nachbargutes pumpte geisterhaft eifrig aus der Lache der sauren Wiese im Grunde und näßte das Wohnhaus. Dann rückte die Motorspritze des Städtchens an. Kleine, rosige, weißhaarige Ferkel quiekten durch die braunen Kartoffelstengel, Tauben kreisten unermüdlich über dem Feuer, weiß aufblitzend. Herrlich blau-sammetig wölbte sich der dunkelnde Himmel hervor, glühend starrten die Balken. Tagelang schwelte das verbrannte Heu, dann breitete man es zur Düngung auf die Felder.

Die Versicherungsgesellschaft zahlte. Der prinzliche Besitzer bedang aus, daß nicht mehr als die gezahlte Summe zum Aufbau verwendet würde. Der übervorsichtige alte Oberbaurat rechnete und rechnete, der Pächter, robust, rotbackig, drängte scheltend: »Meine Kühe müssen unter Dach.« Jeden Tag schleppten nun die Fuhrwerke Ziegel und Holz und Reet, und heute steht die Scheune schon wieder, als sei ihr nichts geschehen. Das schilfbraune Dach nimmt ihr die aufreizende Roheit des Neuen.

Er ist rotbäckig und vierschrötig, der Pächter, aber wenn er in der Dämmerung seinen Besuch in den neuen Kuhstall führt, dann wird er zum Schwärmer. Ein Schauer von Gesundheit erfüllt den Raum. Die Rinder ruhen und käuen wieder, behaglich angestrengt mahlen die Kiefer, ein milchsüßer Geruch umweht sie, herbe durchbeizt von den zerschnittenen Steckrüben. Es ist ein epischer Zustand, eine gesellige Einsamkeit, geschaffen vom Besitzer und ihn dafür mit der Mächtigkeit der Existenz einhüllend. Derjenige, der wahrhaft einsam wandelt, der nur Betrachtende, der von seiner Schwermut ißt, hält an solchen Zustand wie an ein Herdfeuer seine klammen Hände.

Wieder ist es Abend, und in die Gräben und Äcker hockt das Dunkel, verschlossen. In den großen Städten dirigieren jetzt berühmte Kapellmeister, lesen Dichter aus ihren Werken vor, tupfen Filme ihre Bilder ins mächtige Nichts. Sie alle aber nähren sich von jenen epischen Zuständen, ihnen näher, ihnen ferner. Der Zustand genügt sich selbst, die Betrachtung giert maßlos. Will sie an ihrem Drange nicht zerfallen, so muß sie Herberge nehmen in der Endlichkeit.

21. November 1927

An einem Herbsttage war ich Gast auf einem benachbarten Gute. Zwar geleiteten uns noch schöne bunte Lindenkronen bis an die Freitreppe, und ein großer Park zog sich dicht um das stattliche Herrenhaus – gleichwohl versank es in Dunkel und Nässe, als wir vorfuhren. Dem Städter mag das Leben auf dem Lande romantisch vorkommen, von innen geschaut ist es hart und schwer. Im Salon führte eine Berlinerin, alte Freundin der Hausherrin, das Wort, und wie sie unverdrossen, stolz auf ihre Stadt, ohne zu stocken sämtliche Stationen sämtlicher Untergrundbahnen ausrief, lauschten die anderen, als ob sie von indischen Tigern und australischen Goldfeldern berichtete.

Ein Schatten lag aber über dem Anwesen. Die Dame des Hauses, die Stirn gefurcht, machte mir kein Hehl daraus, daß sie sich nach einem übersehbaren Haushalte sehne und daß die Arbeit ihr über den Kopf wachse. Ihr Mann, robuster als sie, leichtsinnig, mit großem, rundem Gesicht, entschuldigte die verwilderten, holzbesäten Wege, aber es fehle an Personal und Kapital. Er war der Welt noch freundlich gesinnt, und als wir zum Essen in ein großes, kaltes, steifes Zimmer zogen, machte er uns warm durch fleißiges Weineinschenken und derbe Geschichten. Derweil saß seine Frau wie auf Kohlen, wollte sie doch Tradition und hochgemute, aristokratische Stimmung bewahren. Aber die Dienstmädchen, in schwarze Kleider gesteckt und weiße Häubchen auf dem Kopf, trugen polternd auf, vergebens winkte sie ihnen Leisheit zu, und ihre Stirn ritzte sich noch schmerzlicher.

Als ich auf die Rampe vor das Haus trete und in die Dunkelheit spähe, durch die sich hier und da Licht aus den Ställen gräbt, kann ich eben noch die Gestalt des jungen Haussohns erkennen. Ihm gefiel die mühsame Geselligkeit drinnen nicht. Starr und schwer achtet er auf die Knechte, die, vom Felde gekommen, die Pferde im Teich tränken. In ihm lebt mehr die Mutter als der Vater. Ostern soll er bei diesem als Eleve eintreten, aber es fragt sich, ob die Familie das Gut behalten kann.

Eis verschalt jetzt die Äcker. Vom Fenster aus glaube ich einen Dachshund den Weg entlangsausen zu sehen, der mit spitzer Schnauze Erde und Blätter aufwühlt, es ist der Ostwind. Müde der eintönigen Stubenarbeit, erschrecke ich vor Kälte draußen, der Gewalt des Windes, und flüchte endlich in den Gasthof kleinen Schlages, wo gerade eine russische Musikantengruppe auftritt. Das Publikum schwatzt und raucht und trinkt Grog, merkt kaum, wie schön die Fremden singen und wie gern die Balalaika ihren Fingern gehorcht. Es bewundert lieber die roten Juchtenstiefel und den silbernen Filigrankopfputz der einen Sängerin, deren ernstes Antlitz sich ein paarmal in ein Märchenlächeln begibt. Wenn die Musik schweigt, lache ich über den Farbenunsinn des Vorhanges. Er stellt eine wallende Purpurseide vor, aber nur der Grundstoff wallt, seine goldenen Verzierungen bleiben steif. Der Maler muß ein erbitterter Gegner des Naturalismus gewesen sein. Zuletzt tanzt ein junger Bursche, tanzt so ausgelassen, daß ihm, gerade als er sich, nur auf die Hände gestützt, um sich selbst schleudert, die Bühne zu klein wird. Man erschrickt, aber der Tanz selbst jubelt ihn graziös vom Podium herab unter die Zuschauer. Da jubeln auch sie.

Draußen wartet wieder der bittere Wind. Die Schiffer sagen, daß, wenn er am dritten Tage nicht aufhört, er neun Tage dauert. Er macht mich toll wie Hamlet, ich will ihn belauern, in seinem letzten Versteck aufstöbern. Über die glatt gefegte Eistenne der Wege schlüpfen die letzten Blätter wie Mäuse. Die senkrechten Zweige der Hasel wirbeln durcheinander. Die eisernen Äste der Eichen beben. Noch gehe ich am Erdwall entlang, gegen den Wind geschützt. Da bricht den Erdwall eine Lücke, und mit so kalter Gewalt drückt der Wind gegen mich, daß mir das Blut aus der Nase stürzen will. Ich rette mich wieder hinter den Wall und höre, wie der Wind sich zornig an den Dornen zerreißt. Er schreit Himmel und Erde apokalyptisch zusammen. Ihm preisgegeben, versteint die Erde, dünner Schnee schützt sie kaum. »Wer weiß, spricht nicht«, sagt chinesische Weisheit. Aber vielleicht spricht sie doch, klagt wie eine Wunde. Mein Ohr vernimmt es nur nicht gegen das Gebrüll des Windes. So wird er also noch sechs Tage toben.

7. Dezember 1927

Der Dezember läßt sich die Trauer seiner Dunkelheit nicht aus den Händen winden, aber wenn des Mittags eine Weile die Sonne an die Glasklarheit des Heumonats erinnert, dann bleibt der Himmel vor Erstaunen bis in den Spätnachmittag hell. Der

Mond geht auf, messinggelb, von blondem Flaum umhuscht, eine Armlänge entfernt zuckt der Hesperus. Der kleine Bach ist über die Ufer getreten, und die Vereisung umhüllt ihn wie das farblose Fleisch einer kandierten Birne. Den Tümpel überdeckt das Eis als ein Stück Scherbe. Daß es nur nicht die Weiden absägt, die ihn umfrieren! Ein heller Ball saust über die gewölbte Trift – eben noch sieht man, daß es ein Hase ist.

Solange der feuchte Dunst, der von den Feldern aufsteigt, vom Monde erleuchtet wird, schreitet es sich leicht. Aber am nächsten Tag ist der Himmel verhängt, und wie erstickt ringt man sich durch die kalte Trübnis. Die Laternen unter den Holzwagen auf der Chaussee erkämpfen sich einen ganz kleinen Raum. Es trifft sich, daß von den beiden Braunen, die Säcke mit Kainit den Berg hinaufziehen, der eine gerade vor der Schmiede ausrutscht und sich seufzend auf die Knie legt. Der Knecht flucht, spannt das Tier aus, trommelt an die Tür der Schmiede, die heute trotz des Kohlenfeuers geschlossen ist – da ist das Pferd schon ohne Hilfe leicht und zierlich aufgestanden. Der Vorsichtige läßt die Eisen scharf machen. Der Kantor stellt sich in die Tür und sieht zu. Er begehrt, eine große, volle Stimme von draußen zu hören. Er ist immer allein, und der stete Verkehr mit seinen Schulkindern preßt ihn in eine Welt der Unmündigen. Er vertieft sich in seine Bücher. Umsonst, die Stimmen, die ihm sonst verehrungswürdig und groß klangen, deuchten ihn heute unnatürlich und fern. Die Menschen hier sind wortkarg, sie fluchen höchstens vor sich hin, zu sich selbst oder zu den Dingen. »Dem Menschen ist das Fremdeste der Mensch«, so klingt es dem Kantor aus einer alten Dichtung auf. Freilich, der Schmied, sein Geselle und auch der Lehrjunge, auch der Knecht, sie gehen mit den Dingen selbst um. Der Kantor muß sich mit Gedanken schlagen. Sie weiden den Dingen ihr Herz aus, daß sie sich eisig gegen ihn verschließen, und er möchte das Hufeisen unter den Pferdefuß so geschickt nageln können wie der alte, vielerprobte Schmied da vor ihm. Gesund und geschäftig und ohne krankes Denken hämmert auch die Schmiede in den Feierabend. Der Alte sinkt in seinen Lehnstuhl und liest die Zeitung, der Geselle wäscht sich, und der Lehrjunge genießt seine Indianergeschichte. Sie haben sich alle das Recht auf ihren Traum erobert, die Nacht wird ihnen nicht zu lang, die eisige Dezembernacht. Und da das rosige Feuer erloschen ist, muß der Kantor weitergehen, er wundert sich, daß die Menschen mit so wenigen Gedanken auskommen. Als das Fenster des Wohnhauses sich erleuchtet, vergleicht er die Clivienpflanzen auf dem Gesims mit den Gestalten von Gänsen, die die Flügel erheben, den Hals recken und lautlos schreien – er läuft im Dunkel über die Felder, beschaut das dünne Weiß des wenigen Schnees, träumt von der großen Stadt, wo die Menschen sich drängen, die Kinos, die Theater, die Cafés füllen, und wickelt sich plötzlich in den einsamen, menschenlosen Wind wie in einen Mantel, so lange, bis der Einundzwanzigste, der kürzeste Tag, vorüber ist und der längste, der petersiliengrüne, winkt.

25. Dezember 1927

Zu Beginn des letzten Monatsdrittels stürzte eine schreckliche Kälte vom Himmel. Als Vorzeichen hatte sich um die Abende der Dezembermitte ein hellbraunes Rot gelegt, so zart, als wären die Flügel eines Fuchsschmetterlings über sie gestreift, einen Hauch ihres Schuppenstaubes verstreuend. In diese Gaukelei zukünftiger Märzfrische schlug eine eisige Faust. Die Menschen verkrochen sich eiligst in ihre Häuser, und noch lange, nachdem sie in ein warmes Zimmer geflüchtet waren, zürnte die Kälte im äußersten Fleischringe der Ohren. Die Erde versteinte, die Vögel erschraken.

Alles Fließende wurde verzehrt, sogar das Meer mußte gehorchen. Am Rande bildeten geschlängelter Sand, gewellter Schnee, gebogene Flut eine gefrorene Geometrie. Die Möwen hielten sich zu Tausenden an offenen Stellen, bis auch diese sich schlossen, und manche froren in den Tod hinein. Der Wald erstarrte. Den Buchen, denen der Blitz des Sommers die Rinde zerfetzt hatte, so daß sie den abgeschabten Ärmeln von Vagabunden glichen, schlich der Frost ins Mark. Der kleine Tümpel im Gestrüpp, der das ganze Jahr hindurch, schon von wankendem Sumpf beschützt, den Tritt des Menschen abwehrt, mußte ihn jetzt als milchkaffeebraunes Eis dulden, und die Schoten der Schwertlilien, sonst der Hand unerreichbar; müssen ihren Griff dulden. Sie sahen, braun und krumm, wie das Johannisbrot aus, das zur Weihnacht in den Fruchtläden feilgeboten wird. Ein unbekannter Vogel von Amselgröße wird durch die Kälte ins Gebüsch getrieben, schwer hüpft er von Ast zu Ast. Verweilen bedeutete den Tod. Wort und Idee und Traum starben, nur die Materie herrschte, hart und unauflösbar. Vergangenheit, Gegenwart, Zukunft erloschen. Der Frost gebot großartig und unerbittlich. Er lockte das kleine Lebendige, sich niederzulegen und in den Winterschlaf der Frösche, Blindschleichen, Schnecken einzusummen.

Es gab auch keine Ferne mehr. Als der Kantor sich mühsam aus der Todeslockung in sein kleines Haus zurückbegeben hatte, meldete ihm die Zeitung, daß auf dem Wege zwischen Urga und Kjachta, Namen, die so fern und so nah wie das Märchen klangen, eine chinesische Karawane erfroren sei. Der Kantor schüttete frische Kohlen in seinen Ofen, aber es wurde wie während des Feldzuges vor den französischen Kaminen: »Vorne brät man, und hinten klappert man mit den Zähnen.« Der Kantor gedachte seiner Dahlienknollen, die auf den nackten Brettern des Holzbodens erfrieren könnten, und ging um einen Bund Stroh in die

Scheune. Auch leuchtete er mit der Laterne in den Hühnerstall. Die Hennen saßen friedlich aufgeplustert, der Puterhahn schlug sogar noch ein Rad. Seine spröden Fächerfedern knackten, in der Froststille klang es laut wie Donner. Der Kantor holte seinen Hund aus der Hütte in die Stube, dann braute er sich einen Grog und vertiefte sich in den narkotisch-beizenden Duft der trockenen Hopfenblüten, die er im heißen September gepflückt und als Lesezeichen ins Buch gelegt hatte.

Am nächsten Nachmittage, genau um halb fünfzehn, splitterte der allererste Regentropfen an der Fensterscheibe. Dabei fror es aber weiter. Der Kantor war von einem Gutspächter eingeladen, dessen Gehege zu besehen. Der Gutspächter fürchtete besonders für die Fasanen. Die großen Vögel sind unbehilflich, und legen sich die Hähne auch auf den Rücken und wehren mit den Sporen ab, so fallen die Hennen leicht den Falken zur Beute. Das Auto kam auf der spiegelglatten Chaussee nicht weit. Warnend hing schon ein großes Dapolin-Auto mit halbem Leibe über die Böschung zum Meere hinunter. Keine Bremse hinderte das Gleiten, und man mußte umkehren.

Es regnete die ganze Nacht, und der Morgen sah die Welt schwarzfeucht. Schon wächst der Tag um eine Minute. Wie aus riesiger, unerkennbar weiter Baumkrone ein Samenkorn, so fällt nun gleich das neue Jahr zur Erde. Möge es glücklich keimen und dir und mir sein unbekanntes Antlitz so hell auftun wie die weiße Zaunwinde im Mai.

8. Januar 1928

Der Weg schweigt grau- und weißstriemig. Auf dem Vermessungsturm sitzt ein Bussard. Ein Bürstenhändler, seine Ware in zwei Kästen auf die Brust und über den Rücken gehängt, eilt auf den Gutshof. Langhaarig, mit hellrotem Maul, drängen sich die Fohlen an die Hecke. Die Rehe kommen aus den Wäldern. Als Rokokofigürchen stehen sie gegen die derben, häuslichen, dichtgedrängten Scharen der Schafe, die geduldig das matte Gras aus dem toten Boden zerren.

Es ist ein grausames, bitteres Land. Die Weiden strecken streng und fuchtig ihre Zweige aus. Es muß erst Februar werden, ehe die Frühlingslymphe sie füllt, daß sie wie Blut in gegen das Licht gehaltener Hand durchscheint. Das Hermelin springt durch das Gestrüpp der Syringenbüsche, die auf den Feldrainen stehen. Es ist ganz weiß jetzt bis auf die schwarze Schwanzspitze. Es ist, als ob in ihm der Winter noch einmal deutliche Gestalt angenommen habe. Es freut sich das ganze Jahr auf seinen weißen Winterpelz, als wüßte es, daß Könige, mächtige Herren und verwöhnte Schöne sein Kleid um die Schulter legen. Es duldet keinen Schmutz am Leibe, entweder mordet es, oder es säubert sich. Wird der Pelz nicht rein, so tötet es sich selbst. Der Südwind entriegelte das Eis. Es floß und gor, bis die Wege überschwemmt waren und der Fuß im grauweißen, glitschigen Schnee festklebte. Aber der Himmel und die Winde spielen mit der Erde wie die Katze mit der Maus. Am nächsten Morgen war alles wieder gefroren. Der Druck des Pferdehufes in der bloßgewaschenen Erde, der Eingriff der Hand in den Feldrain blieb erhalten. Die Grasbüschel der nackten Weidehügel fallen unter dem Fuß willenlos hin und her. Alles zwingt der Frost zum Stillstehen. Selbst die Leichen der gefallenen Junghasen in den Ackerfurchen frieren fest und bleiben, bis im Sommer mitleidige Verwesung sie schnell zerdrückt. Die große Tanne hinter der kleinen Kate hat der Sturm umgeworfen. Als gefrorene Wellen liegen ihre Scheite jetzt aufgestapelt. »Die Häuser überdauern die Menschen«, heißt es bei Hermann Stehr. Die Dinge überdauern den Menschen. Er lebt eine kürzere Spanne als sie, weil er immerfort dem Bewußtsein standhalten muß. Aber weil er um seine geringe Zeit weiß, rumort er und erträumt sich das Außerordentliche. So fremd sieht ihn in diesen Breiten der Winterhimmel an, angstvoll sucht er nach der Kraft einer Farbe und muß zufrieden sein mit den violetten Flecken auf einer vergessenen Steckrübe im öden Acker. Er flüchtet sich in das Märchen, und es ist, als ob der Gewalt seiner hoch emporgeschossenen Träume das Land sich fügt. So dünn und zart ist der Mensch, nicht kräftiger als der Körper des Weberknechtes, den acht Fadenbeine durch den Sturm des Daseins tragen. Trotzdem tun Erde, Luft, Himmel, Wasser, Licht, wie er es will. Die Schwarzdrossel, noch beengt, triumphiert ihm aus der Seele. Es wird Frühling. Dann steigt die Anemone rotweiß aus gestorbenem Laube, aus den Fladen der Kühe tanzt weinfarbig die Malve. Grüngolden flammt der Scheitel der Stockente, und wie Herkules zu den Göttern verwandelt wurde, so gibt es auch die Erzählung von dem Himmlischen, der, des ewigen Wohllautes überdrüssig, ein Mensch zu werden beschloß.

23. Januar 1928

Das Eis auf dem Teiche zwitschert und pfeift. Von der Buche, die dumpf über dem Teiche steht, fallen Tropfen. Regnet es? Doch schon prickelt Frost die beginnende Nässe. Der Wind heult, die Dunkelheit nistet. Noch immer liegt das Land von Traurigkeit vergiftet, die Erde, das Gras, das Wasser in ihren Betten. Im Nebel ruft auf den Wassern der Bucht eine Ente. Die schwarzen Teichhühner mit weißem Stirnschild bleiben unsichtbar.

Am Schuppen der kleinen Bootswerft kleben Zettel. Oh, kein Sammler wird sie heimlich in der Nacht abreißen, wie es mit den Lithographien des Malers Chéret in Paris geschah, als er durch seine Plakate über Nacht berühmt geworden war. Hier verkünden arme Papiere bescheiden großtuerisch, daß der Zirkus der Gebrüder Belli draußen im Ulmenhof, da, wo die kleine Stadt aufhört und die Chaussee zu den Dörfern beginnt, eingetroffen sei und sich am Abend vorstellen wolle. Vor dem in die kalte Dunkelheit versunkenen Blick traben plötzlich Berberhengste, aus nervösen Nüstern Dampf schießend. Über ihren Rücken voltigieren knappe Artistinnen, und ein sinnlich reizender Geruch lockt. Wer hat hier den Mut, in einem armen Gasthof die winterliche Ode zu besiegen? Was sonst in riesiger Arena sich wüstenhaft breitet, ist als kleiner Kreis im kleinen Saal vor der Bühne säuberlich aufgebaut: eine braune Matte, umrandet von weißgestrichenen Rundbrettern und einem Streifen Sägespäne. Auf der Bühne hocken ein paar Jungen, auf den Stühlen im Kreise, ach! ganz wenige Zuschauer. Am Eingange sitzt, unfreundlich versunken, die Kassiererin. Ein kurz tretender, hohläugiger Stallmeister in Schwarz humpelt an die Fenster und breitet, da die grünen Rouleaux sie nicht bis unten bedecken, Zeitungen an die Scheiben, denn die nasse Kälte hindert nicht, daß Knabengesichter sich platt gegen sie drücken. Immerhin, auf einem Stuhl in erster Reihe sitzt der ewig Freundliche. Er scheint betrunken, aber er trinkt nur mäßig, betrunken ist er von Freundlichkeit gegen Menschen und Tiere. Zwei Clowns prügeln sich und reden mit heiserer Stimme. Die Zeitungen der Großstadt meldeten von den Brüdern Fratellini, sie rühmten die Weisheit der Melancholie, die Grazie ihrer gespielten Ungeschicklichkeit. Nichts davon hier! Und der eine Clown hat nicht viel Mühe zu einem unverstellt-traurigen Gesicht – so bettelig-traurig, daß ein wohlgemuter junger Gent, an den sich bewundernd sein Mädchen drückt, ihm einen Grog bringen läßt. Jetzt poltert ein immenses, weißgraues Pferd herein. So niedrig ist das Zimmer neben der Bühne, wo es warten mußte, daß die bunten Federnsträuße auf Kopf und Schulter erst vor der Tür angeschraubt werden können. Auch die kleinen, dünnen Kinder, die jetzt auf dem sicheren Rücken des gutmütigen Riesen turnen und sich dann mit krampfig einstudierter Bewegung verbeugen – auch sie verwandeln den Winter nicht in Sommer. Bis endlich eine schlanke Schöne hereinflitzt, woher? Unfehlbar sicher landet sie auf dem Halse des blaugrauen Oldenburger Hengstes, der mit ihr von der anderen Seite hereingeflogen ist. Die Schöne im weichschwarzen Haar lächelt kein aufgemühtes Lächeln, sondern rein und froh wie Psyche. Nein, auch ihre Bewegungen sind nicht elegant, mit ein wenig Stolz erkennen wir uns selbst in ihnen. Grazie der Mühe, Anmut der Treue. In den fliederbeerbraunen Augen findest du nicht abgestandene Traurigkeit. Sie ist Undine in Lortzings Musik, und wenn sie, morgen früh, das Eis der Bäche und Teiche betritt, so schmilzt es unter ihrem warmen Fuß. Selig sinkt sie unter. Ihr Leib erwärmt die gefrorene Flut, und Wasserprimeln trauen sich zu blühen.

8. Februar 1928

Um die Februarmitte, am Valentinstag, paaren sich die Vögel.

Aber die Vögel müssen aufpassen, daß die Bitternis der Welt ihre Liebe nicht zerreißt. Zwischen die Gewalten des Windes müssen sie geschwinde hüpfen, sie müssen den Wind überlisten und abwarten, bis er sich brüllend aufs Meer stürzt und sich an der harten Flut abmüht. Dann beruhigt sich plötzlich der Himmel zu blauer Stille, daß das Wasser in den Gräben, das sich gegen die Wut des kalten Sturmes trotzig ängstlich verschlossen hielt, nachdem es kaum dem Eise entflohen ist, sich öffnet und den Himmel in seinen Schoß aufnimmt. Die Bäume beginnen zu sprechen. Die Vögel sind ihre Worte. Ein Schwarm von Hänflingen, die Brust karg rot, stiebt auf die Eschen und schwatzt harfenleise. Schnell, ehe der Wind wiederkommt!

Wer weiß, wie geschwinde der Sommer dahinfährt, wenn er erst einmal gekommen ist – wenn die Grasmücken ihre zarten Nester aufhängen, die Nachtigall aufjauchzt, einmal aufjauchzt und dann wieder fortfliegt –, der fühlt den scharfen Vorfrühling hier doppelt. Bang und glücklich ist ihm zumute, und es geht einem wie dem Dichter, der schon ein Mann geworden war; als er zum ersten Male mit der großen Tragödin sprechen durfte. »Ich freue mich so, Sie zu sehen«, sagte sie zu dem Dichter, »Sie wissen doch, ich bin Ihre Bewunderin.« – »O, gnädige Frau, das hätte ich nie gedacht, daß Sie meine Werke lieben könnten!« – »Aber warum denn nicht? Haben Sie mich denn für dumm gehalten?« Der Dichter verzagte und biß sich auf die Lippen: »O verzeihen Sie, ich habe etwas Ungeschicktes gesagt.« Und er grübelte den ganzen Abend darüber nach, wie er seine Torheit wiedergutmachen könnte. Sie kommt ihm zu Hilfe: »Was denken Sie jetzt gerade, mein Freund?« Da ermannt er sich: »Daß ich etwas Wunderschönes erlebt habe: Ich sehe und höre Sie!« Trotzdem würgt der Dichter an seinen Tränen, und erst als er nach Hause geht, weiß er, was er ihr alles Schönes hätte sagen wollen und müssen. So geht es mit dem Frühling in unserem Lande. Haschen wir ihn, ehe er ganz da ist. Haschen wir seinen Atem, ehe sein Mund ganz nahe ist. Und kaum hab ich dies gedacht, da tobt der Südwest wieder heran und schlägt gegen mein Gesicht, daß es schmerzt und brennt. Ich eile, daß ich vom Wasser weg und ins Dorf komme. Vor mir geht der Junglehrer. Er besorgt die große, dreiklassige Dorfschule allein, denn der Kantor ist krank. Geht er nicht zugrunde an der ungeheuren Mühe? Nein, er ist zwar nicht sehr breit und stämmig, aber zwischen seinen

Lippen blüht stets ein Lied, und selbst dem Mißgeschick weiß er eine Melodie abzuschmeicheln. Und noch nie hat er ein Mädchen häßlich gefunden. »Wie gut, daß der Wind so ungebärdig geht, daß niemand meine Worte verstehen kann«, denkt er, da er Marianne, die Haustochter, die Giebelfenster der Dorfschenke jetzt putzen sieht. Sie winkt ihm, und er wirft ihr die süßesten Komplimente zu. »So zierlich bist du, Marianne!« ruft er, und der Wind zerreißt seine Worte in tausend Stücke. »Ich kann mir nicht vorstellen, daß du zum Schlafen dich ins Bett legst! Nein, du ruhst auf dem schwanken Ast eines Baumes aus! Und dein Mund! Den ganzen Winter hindurch blüht er wie eine Nelke! Und gestern schrieb ich einem Freunde, so graziös wie die Rehe über die Wiese setzen, so leise schreite keines Menschenweibes Fuß – ich nehme es zurück, Marianne. Als sei er eine Vitrine, liegt nur noch ein weißes Eisgespinst über dem Wassergraben. Geh nur hinüber Marianne, unter deinem Fuße bricht es nicht!«

11. Februar 1928

Die Schneeglöckchen zögern, die ersten Geißblattsprossen, die sich ohne Deckblätter herauswagten, ergrauten wieder. Der Kauz ruft sparsam, die Amsel schweigt. Der Kantor korrigiert die Hefte seiner Zwölfjährigen. Ob Nahes Kindern näher ist als Fernes? Jedenfalls beschreiben heute die Quartaner nicht mehr die Gefühle des Polykrates, sondern den Kuhstall, den eigenen oder den des Nachbarn. Der Gutspächter hat freilich neulich über den Junglehrer geschimpft. Seine kleine Tochter hatte beim Lernen eines Psalmes ihn gefragt, wie sie denn ihre »Augen aufheben« sollte? Doch der Kantor ist daran unschuldig. »Kriemhild, die Tochter Gudruns, muß sich den am ersten Pfahl angebrachten Selbsttränker mit ihrer Mutter teilen«, liest er in einem Heft, »am Halse des Bullen hängt die Haut beutelartig herunter, es sieht aus wie der Rammsporn eines Bootes« in einem andern. Zeichensetzung und Rechtschreibung gehören in ein anderes Kapitel. Hier wird die Ausdrucksfähigkeit gepflegt. Und der Kantor füttert magere Verba auf und verwirft die Klischees. »Der Hahn führt das Regiment« wird durchgestrichen.

Der Kantor reibt sich die Hände. Er fragt nicht, wozu er da sei, seine Tätigkeit offenbart ihren Sinn. Er entschließt sich sogar einen Augenblick glücklich zu sein. (Es gibt keine glücklichen oder unglücklichen Menschen, es gibt nur glückliche oder unglückliche Augenblicke, sagt ein Weiser.) Schnell, denn den nächsten fühlt er sich schon wieder unglücklich. Der Oberprimaner Krantz konnte mit seinen Lehrern in keinen Kontakt kommen und findet das Erziehungssystem seiner Schule zu schematisch. Der Kantor wohnt »vor den Toren«, der Schülermord geschah in der großen Stadt. Der Kantor ist sicher, daß niemand sich nach seinen Gedanken richten wird, also – darf er sie schon hegen. Welch ungeheuren Apparat hat man aufgeboten – die Studienkommission höherer japanischer Juristen hört zu, Berichterstatter aus vielen Ländern sind eingetroffen. Der Verteidiger hat sogar einen Dichter geladen, damit wir wissen, welche Zensur Krantz für seine Freundesmordverse bekommen soll. Der Kantor möchte lachen, aber er kann es nicht. Sicherlich wird man wieder einmal den Namen Dostojewski murmeln. Dichter sind ja aber eigentlich gerade nicht Richter. Der Angeklagte will dem Kantor nicht gefallen. Ganz zarte Tiere strömen einen eklen Geruch zur Abwehr aus, und in Afrika bildet ein Schmetterling an den Schultern seiner Flügel einen hornigen Auswuchs gegen den Schnabel der Vögel. Freilich, Kleist ermordete Napoleon nicht, sondern schrieb die *Hermannsschlacht,* und Schiller erschoß den Herzog Karl Eugen nicht, dichtete dafür *Die Räuber.* »Es ist ein

Zeichen besonderer Menschen, sich nicht immer als Täter, sondern als Getane zu empfinden«, schreibt Niebuhr. Das möchte Paul Krantz für sich anführen. Aber das Geniale darf nie benutzt werden. Will jemand gar sein persönliches Tun damit begründen, so sträubt das wahrste Wort sich in seinen Widersinn um, und es ist, als ob einem Lebendigen der letzte Atem pfeifend entfliehe.

So winden sich die Gedanken des Landkantors zwischen seiner Einsamkeit und dem Getümmel der großen Stadt hin und her. Die Hefte der Schüler sind korrigiert. Mit drei Zigarren hat der Kantor sein Zimmer verqualmt. Er öffnet das Fenster. Vom Gutshof schlägt es Mitternacht. Der Südwest tobt. Durch die Wolken zittert, trapezartig hingespannt, der Große Bär. Dann verhüllt ihn der Trauerschleier der Wolken. Es ist, als ob der Flügelschlag des Abaddon, des Engels der grundlosen Tiefe, die helle Glut des großen Gestirns nicht vertrage.

27. Februar 1928

Da der Kantor sich zwischen dem Morgen- und dem Nachmittagsunterricht für zwanzig Minuten aufs Kanapee gestreckt hatte, stürmte sein Junge in die Stube: »Vati, was sind das für Schmetterlinge?« Die schmutzige Knabenhand, in liebevollem Ungestüm geballt, gab drei sträubende Zuckereulen frei, die, unter der Platte eines alten Tisches verpuppt, schon jetzt ausgeschlüpft waren. Weiße Querbänderung, Zacken der Vorderflügel und ein verhaltenes Gelbbraunrot, von dick aufliegenden weißen Punkten durchsetzt, glühte und hauchte surrend ans Fenster.

Der Kantor beschloß, so von Schmetterlingen verlockt, gleich den nächsten Tag mit seinen Schülern zu wandern. Zwar hält der arbeitende Landmann solches Wandern für frevles Nichtstun. Aber das kümmerte den Kantor nicht und nicht seine Buben und Mädchen. Derweilen die Kinder mitten im Herzen der noch starren Wälder über die gefrorenen Teiche schlitterten, bewunderte der Kantor die stachelbesetzten, dunkelgrünen Blätter des Mäusedorns, die in der Sonne gleißten. Ein Landbriefträger, der ihnen sein Rad über den gefrorenen Lehm nachschob, warnte die Jungen, sich auf den eisigen Boden zu setzen. Töricht lachten sie ihn aus. Es wurde so hell, daß der Himmel unsichtbar wurde, das Sonnenlicht strömte, von den Stämmen gegittert, Schlag auf Schlag in das dunkelgewohnte Auge, die Haselnußraupen stäubten. Inzwischen biß die Kälte. Aus unfaßbar großer Einsamkeit hob sich ein Pachthof, ein langes, zweistöckiges, weißgekalktes Haus. Alle Zimmer lagen voll von Sämereien. Nur ein Verwalter hauste hier mit seinen Hunden. Gänse schrien auf den Weiden, zottige Fohlen staunten die Wandernden an – ein Knecht lud Dünger auf einen Karren. Der ist hier gewachsen und wird hier altern. Er braucht nicht Beethoven zu hören und Goethe zu lesen. Das Märchen nimmt ihn in seine Arme. Abends sitzt er am kleinen eisernen Ofen und horcht auf den geschwinden Galopp des Holzfeuers. Wenn der Herbststurm die Äste der alten Eichen in den Teich schüttelt, fischt er sie auf, ehe sie wasserbetrunken untersinken. Das Reifen der Früchte vernimmt er an einem Jucken der eigenen Haut. Kann sein, daß er in der Winternacht einmal erwacht, sich im Bette aufrichtet und – an nichts denkt, denn sein Ohr erfüllt sich mit dem Getöse des Windes, der klatscht, wenn er gegen die Steine fährt, der summt, harmonikagleich, wenn er sich in den Fichten fängt.

Blaß vom Zorn des Winters konnten sich Nieswurz und Schneeglocken noch nicht recht entschließen, wirklich Blume zu sein. Zärtlich hat der Förster die Spitzen der jungen Weißtannen mit Baumwolle umwunden – sie sieht wie Reif aus und soll doch gerade vor dem Reif schützen.

Ein kurzer Weg durch Buchenwald, und dann schiebt sich ein lehmiger Acker spitzwinklig ins Ungewisse vor. Wie im Schreck vor dem dort hinten beginnenden Meer bäumt sich der Lehm hoch auf als Steilufer. Der Hang des Ufers hängt wie eine Wiege zwischen der Energie des vorgestoßenen Ackers und der Drohung der See. Hier herrscht in den Wintermonaten das Grauen als vor Beginn der Welt. Wenn im Dezember alle Elemente ineinandertauchen, verliert man die Richtung und stürzt leicht ab. Im Sommer aber herrscht die Leichtigkeit des Traums. In der Mitte zwischen der Sicherheit und der Gefahr treibt die Erde ihre schönsten Gedanken. Der Thymian versucht, einmal weiß zu blühen. Violett beutelt die Platterbse. Die Admiralsschmetterlinge stürzen zueinander, als sängen sie: So wie wir haben die Wesen einander noch nie geliebt! Oben rauscht der Weizen, unten spritzt das Meer Salz auf die Erde. Von allem Geruch der Welt: der des Brotes; von allem Geschmack der Welt: der des Salzes. An dieser Stelle hört das Dasein auf. So beginnt es an dieser Stelle.

11. März 1928

Hinter dem leisen Gebirge des Feldes klirrt der Ruf der Rebhühner hervor. Es klingt wie das Wetzen von Messern. Denn der Winter stößt noch mit Eisdolchen. Graugelb trocknen die Maulwurfhügel. Der vom Lehm abgeschürfte Staub beschmutzt den steifen Schnee an den Hängen. Nichts ist schmutziger als eine schmutzige Lilie und schmutziger Schnee.

Der Herbstwind süßt die Melancholie der Stoppelfelder, der März bittert sie. Heimliches Schweifen durch den Hain. Nur der Traum lebt. Noch hat ihn kein Dasein angerührt. Der Fuß gräbt das Laub des vergangenen Jahres auf. Die kleinen Kartoffeln der Feigwurz kugeln heraus, die Rhizome der Osterblume und der

Erdbeere durchnähen den Boden als rote Adern, von der Ahnung der bald triumphierenden Sonne hold gereizt. Es ist so still, daß das Scharren der Amselfüße, das Zerren des orangenen Schnabels wie der Einsturz von Welten donnert. Aber der Gesang der Goldammern gegen den Zorn des harten Nordwest beruhigt gleich wieder.

Auf den trockenen Weiden gebären die Schafmütter. Ein grauwolliges Knäuel, zartrot durchzuckt, sah ich so in sich gefallen vom Wege aus liegen, daß ich dachte, es wäre gestorben. Aber als ich über den Zaun klettere, erhebt es sich auf überlangen, stockigen Beinen, bettelt mit einem Stummel von Schwanz und findet unter dem regengrauen Berg von Mutter, die mich trotzig bedroht, das Euter.

Dabei störe ich etwas auf, das am nassen Schlamm des Wiesengrabens gepickt hat. Es flitzt in den Hain. Es ist die erste Schnepfe. Die Arche Noah öffnet die Tür: ein zweiter Vogel fliegt stürzend über mir. Es ist der erste Kiebitz. Was weiß ich von den getrennten, von den vermischten Elementen der Welt? Nur Namen! Aber Namen sind nicht Schall und Rauch. Namen sind schon Urteile. Namen sind Gehäuse des Wissens, von der Tat, der Hoffnung, der Weisheit vieler Geschlechter bewohnt wie Waben von Bienen. Bekassine – das ist der Vogel selbst, und bittere Brunnenkresse, das befeuert den Gaumen gleich Pfeffer. Herrlich ruft jetzt ein Tier das andere, reizend schiebt sich der Bug des Rehes durch die Zweige, ganz langsam rückt der Lerchensporn seine Schultern aus der weichenden Krume – und alle zusammen reinigen die Wesen als Vollkommenheiten den Menschen von der Schwäche seines Verstehens.

Wieder beginnt das Jauchzen der Elemente. Wie mit Kugeln durchlöchert es den Menschen. Wie das Kochen im sagenhaften Kessel der Erleuchtung und des Wissens heilt es ihn vom Tode.

Der einzelne muß dem Sturm des Ganzen die Waage halten. Unvergleichlich zeichnet dies sein Schicksal ein keltisches Märchen. Einer, der auf die Fragen des Daseins keine Antworten weiß, wandert, sie zu suchen. Ein Haus auf einer Waldlichtung nimmt ihn auf, in dem ganz allein ein Mädchen wohnt. Sie gibt ihm Lagerstatt. Er tut, als schlafe er, aber durch die Lider beschaut er ihr nächtliches Tun. Sie steigt auf den Herd und bedeckt sich mit brennenden Kohlen. Sie steigt ins Wasser. Sie hängt sich an einem Kreuzbalken auf. Am Morgen fragt er, was für ein Wesen sie sei. – »Ich bin der Planet. Warst du wach, als ich ins Feuer ging?« – »Ja.« – »Eine Stunde brachte ich dort zu, und wer in der Zeit geboren wird, wird verbrannt.« – »Und im Wasser?« – »Eine Stunde brachte ich dort zu, und wer in der Zeit geboren wird, ertrinkt.« – »Und als du dich erhängtest?« – »Eine Stunde brachte ich dort zu, und wer in der Zeit geboren wird, wird erhängt.« Der Planet, das einsame Mädchen, weiß alles. Der Mensch muß es leiden. Er leidet es, wie er den Sand der Sanduhr rinnen sieht, zu seiner Lust. Er leidet es, wie er den Tod in der großen Tragödie lebt, zu seiner höchsten Freude.

27. März 1928

Rauchig getrübt weht der Himmel, daß die Wasserjungfer sich ihre Flügel aus seiner Farbe schneiden könnte. Aber bis sie fliegt, ist es noch lange, und bis das Blutauge wie Augustflamme aus dem gärenden Sumpf quillt. Vorläufig ist es kalt, mit Sepia allein ließe sich die Landschaft tuschen. Landwärts weht Petroleumgeruch von den Fischerbooten, die heute alle mit Motoren auf den Fang ausziehen, Musik weht vom großen Linienschiffe her, das einen Tag vor der Stadt gelegen hat und jetzt die Förde wieder verläßt. Zaunkönige schnärzen im immer noch gelben Gestrüpp.

Immer noch steckt Eis in den Taschen der Erde. Nur langsam gibt es seine Gestalt auf und blähen sich die Taschen zu Wassersäcken. Wenn aber einmal ein Vormittag in der Sonne blitzt, dann besät den Hügel Vogelschar wie den Rücken einer gelassen wiederkäuenden Kuh im Sommer Fliegenschwarm. Bergfinken, rostrot und schwarz, Durchzugsgäste, Grünlinge – als hätten sich Wellensittiche verflogen – jubeln in den Bäumen. Selbst die bitteren Eichen erröten, sie fühlen die leichten Körper wie Küsse. Am Rande des Eichenwaldes, der vom Acker heruntersteigt, erwärmt sich das Wasser, daß die Dotterblume ihre Kapern hebt. Der wilde Knoblauch züngelt als zierlich geschwungenes, grünes Peitschchen. Schienenschnurren der Elektrischen naht – es ist eine Honigbiene, die erste, die den schon weit offenen Kranz der Anemone befliegt. Und der Zitronenfalter träumt einen kurzen Traum, ehe der Abend seinen zarten Leib verklammt.

Auf den Sandbänken des Meeres kreischen die schwarzköpfigen und die großen Möwen mit den gewellten Hakenschnäbeln. Es tönt, als schneide Glas in Muschel. Aber so groß und hoch ist das Land, daß jede Tierstimme im Grunde leise bleibt, wie Blut von Watte von der zehrenden Luft aufgeschluckt. Die Erde ist hier stark, mächtig ragen ihre Knochen, die granitenen Findlingsblöcke, und das Meer ist so gewiß, daß es mit den süßesten Farben spielen kann, gerade wie der Tiger seine Haut mit dem Rot der Nasturtiumsblüte fleckt. Alles kehrt wieder um und begegnet sich. Die Wolke des Himmels trifft sich als Tümpel der Erde, und das Bergfinkengefieder spiegelt sich in der Rückenschale des Taschenkrebses, den die Möwe verzehrte.

Sepia genügt immer noch, die Landschaft aufzuzeichnen. Gemach! Es wächst nicht nach unruhig menschlichem Sinn. Der Pächter reinigt gelassen die Wasserläufe und brennt das Gras unter den Büschen an den Wegen ab. Immer begleiten ihn zwei junge

Bernhardiner und ein Schäferhund. »Hast du es eilig, mach einen Umweg«, rät ein chinesisches Wort. Die furchtsame Hast und die empörte Unordnung des Denkens nimmt mir am leichtesten und gewissesten der alte Verwalter, Adamsdotter heißt er. Er bewegt sich nicht schneller, als der Same des Goldmilzkrautes bräunt, und schaut daher alles. Sollte ihn je eine Not verwirren, so holt er sich Rat bei seinem Amazonenpapagei, dessen Käfig am Kopfende seines Bettes steht. Auf den Deckeln alter Evangeliare sind Heilige abgebildet im Gespräch mit Vögeln. Mund offenbart zu Mund das Geheimnis der Schöpfung. Tiersprachekund schauen die Heiligen in das Getümmel der Menschen, beruhigt-beruhigend. Sie quält nicht die Frage, ob denn der Mensch den Sinn des Daseins bedeute. Doch zuweilen zuckt aus dem Gleichmut das Gesicht auch des alten Adamsdotter: wenn seine siebzehnjährige Enkelin geschritten kommt. Wenn selbst ihn, den Gefaßten, den Sicheren, die Schönheit des Mädchens berührt – dianengleich läuft sie, zartüppig lacht sie –, wie soll mir da geschehen? Sehe ich sie, so frage ich nach dem Sinn der Erde nicht mehr.

12. April 1928

Am Ostermontag war es so heiß, daß die überwinterten Tagpfauenaugen, der große und der kleine Fuchs im geschützten Hohlweg auf den gebacknen Rändern der Fahrgeleise saßen. Der Hahnenfuß hielt seinen blanken, goldenen Napf offen hin, der Stern von Bethlehem blühte rasch, und der Lerchensporn, dessen kleine, purpurviolette Blüten winzigen persischen Pantoffeln gleichen, hatte sie bereits in gelbgrüne Samenschoten verwandelt. Wollte vor einer Woche meine Ungeduld die Langsamkeit des Wachsens tadeln, verschlang jetzt ihre Schnelligkeit meine Bereitschaft.

Der Kantor nutzte seine letzten Ferientage. Im Dorf gönnte man sie ihm kaum. Man fand, er habe eigentlich wenig zu tun. Auf seinen Vorgänger, den alten P., der seine kümmerliche Pension verzehrt, sah man vollends scheel. Er lebte dafür, menschenscheu, in einem kleinen efeuumlaubten Häuschen, ganz außerhalb des Dorfes. Den Kantor focht sonst die Mißachtung seiner Mitmenschen nicht viel an, trotzdem wandelte er jetzt weit zum Dorf hinaus und verlor sich in fremde Gemarkung. Er stolperte über frisch gebrochene Ackerspreiten und hielt sich gern in der Nähe des Meeres, das seinen kalt brennenden Atem fauchend die Hänge hinauftrieb. Es war hier doch noch nicht so weit gediehen, wie die Osterwärme versprochen hatte. Immerhin waren die männlichen Blüten der Salweide wie mit Eigelb bespritzt, und ihnen antworteten mit mildem Wohlgeruch die gespaltenen Griffel des weiblichen Baumes. Schwaden seidelbastsüßen Duftes schwebten in der kühlen Luft, als tauchten plötzlich Gewürzinseln in arktischer See auf. Die Kraft seiner weißgelben Blüten verführte den Himmelsschlüssel, bis hinunter an den Mund der bitteren Salzflut zu steigen. Seine Schwester, die dottergelbe Primel, machte sich dafür selten und blieb still auf der Moorwiese hocken.

Als der Kantor, da der steife Nordwestwind abflaute, sich landwärts an den großen Bracksee zog – kein Stein klirrte, das fahle Ried gab nur ab und zu die dunkelruhige Fläche des Wassers frei –, entdeckte er ein stattliches Paar des großen Haubentauchers im Liebesspiel begriffen. Die Haubenfedern brannten grün-schwarz, von den Backen floß ockergelb der Federkragen. Dicht nebeneinander streckten sie die Hälse rohrkolbengerade, abwechselnd schüttelte dann jedes Tier den Kopf heftig von einer Seite zur anderen. Dann entfernte sich das Männchen, schwamm dem Weibchen gegenüber mit eingezogenem Hals und halb ausgebreiteten Flügeln. Höchste Erregung ergriff sie, sie trennten sich und tauchten. Ein Geringes voneinander tauchten sie wieder auf, jedes ein Bündel schlammschwarzen Seegrases im Schnabel. Es wie eine Opfergabe haltend, schwammen sie eilig aufeinander zu. Die Brüste berührten sich, zusammen erhoben sie sich hoch aus dem Wasser, wobei ihre Füße dampferschraubenschnell paddelten, um beieinander zu bleiben. So verharrten sie sekundenlang, sie schüttelten die Köpfe, sie wiegten sich in sanfter Ekstase ... Den Kantor durchschauerte es, als presse sich ein unbekanntes Lippenpaar auf seinen Mund. Unhörbar ging er durchs Ried. Die Äste der Eschen waren noch kahl.

Eine kurze Weile – dann geistert hier der gespaltene Ruf des Kuckucks. Und erklingt er dicht über einem, immer doch tönt der Ruf aus verschollener Weite: »Frag mir nicht nach!« Im Geiste sah der Kantor schon den sperbergroßen Zaubervogel den Ast querüber sitzen, hörte, wie er mit hängenden Flügeln, mit radförmig gespreitetem Schwanz ruft, wobei der Vogel sich jedesmal leicht verneigt. Er bleibt rätselumspukt. Gewiß, die Meinung, der Kuckuck lege erst seine Eier und suche dann ein Nest mit Eiern gleicher Farbe, hat die Wissenschaft vernichtet. Zuerst wird vielmehr das fremde Nest gewählt und dann sofort das Ei hineingelegt. Aber wie denn? Wenn es so verschiedene Rassen des Kuckucks gibt, je nach den ständig gewählten Wirtsvögeln, müssen wir uns den Vogel als einbildungsstark, als besessen von der Vorstellung des Rotkehlchens, des Feldsperlings, der Braunelle denken. Am Anfang der Geschichte, auch der Naturgeschichte, webt die Fabel. Auch die Wissenschaft gedeiht nur unter ihrem Blick. Die Natur nährt sie als ihr liebstes, ihr springwurzelkräftiges Kind. Ohne die Phantasie gibt es keine Wirklichkeit.

8. Mai 1928

Jetzt heißt es, alle Sinne zu gespannter Aufmerksamkeit hurtig machen. Dem Mienenspiel der Schöpfung aufzupassen gelänge kaum, wenn hierzulande der nimmermüde Ostwind nicht die Inbrunst des Wachsens dämmte. Gibt es, so fragte der Heilige Nagasena den König Milinda, etwas, was der Wind ist? – Sicherlich, antwortete Milinda. – Dann zeig mir den Wind, ich bitte dich, König, sag mir, welche Farbe er hat und welche Gestalt, ob er winzig ist oder groß, ob kurz oder lang. – So läßt er sich vernehmen, Nagasena. Man kann ihn nicht in die Hand nehmen und greifen. Und doch existiert er.

Seine unsichtbaren Hände krauen die grünen Büschelhaare des jungen Roggens. Vor zwei Wochen noch konnte ich mir die ersten Blätter der Wasserkresse zum Abendbrot pflücken. Jetzt steht sie aufgereckt, und ihre Spitze hat sich zu dunkelroter Knospentraube gelöst. Die Zwiebel spinnt ihre sieben Häute, die Zellulose der Tulpe flammt, die Stemmiere bespritzt den Rain mit der Milch ihrer Blüten.

Das bleichblonde Kind des Gärtners spielt mit dem Ball gegen die Tür des Hauses. Gelbgraue Spatzenschar saust in die stark zurückgeschnittene Dornenhecke, Wäsche plustert sich an der Leine der Kätnergärten, die roten Bürsten der Pestwurzblüten ragen in die Höhe. Weißlich zerflockter Schatten des Mondes steht am östlichen Himmel, und die ersten Schwalben, wie von der eigenen Kraft selig fortgeschnellte Armbrust, schießen. Seit fünf Jahren langen sie hier am fünfundzwanzigsten April an. Mit ihnen erst erfüllt sich die Phantasie der Erde, und deren süße Alchimie wird erst mit ihnen eifrig. Auch schütten sich immer in der Woche, in die der dreiundzwanzigste April fällt, die Grasmücken in das Land. Schmiegsam hauchen sie durch die Zweige, der wildeste Wind wird um sie zärtlich.

Gesegnet sei der Hohlweg, der vom Wege am Strande entlang rechtwinklig hinüber zur Chaussee schneidet. Hier wellt, vor dem Sausen des Windes durch grasbewachsenen, eschenbestandenen Wall behütet, tropisch die Luft. Auf dem Drahtzaun der Viehtrift sitzt mit zitterndem Schwanz ein Gartenrotschwanz, Stirn und Gurgel schwarz, Vorderkopf weiß, Brust rostrot. Schon schießt die Königskerze, die Blätter weich wie Flanell, in die Höhe, schon bleicht das Blatt an dem Hundsveilchen in der starken Sonne, die Hungerblume, das Hirtentäschel samen schon. Das kleinste Erdkorn hat Raum genug für reichliche Gestaltung, und die Scholastiker des Mittelalters streiten sich über die Zahl der Engel, die auf einer Nadelspitze tanzen können. Der erste Reiher zieht über den Binnensee, den Kopf großartig gegen den Hals zurückgeschmiegt, die Brandgans triumphiert mit granatrotem Schnabel, bordeauxrot wölbt sich das Gehäuse der Bänderschnecke, der Stichling funkt regenbogenfarben. Ewig und flüchtig zugleich ist die Architektur des Weltalls. Kaum vermag der Traum der Wirklichkeit nachzukommen. Beide ernähren einander. Erst wenn das Auge der wirklichen Amsel treu nachgegangen ist, beginnt es jenem Märchenvogel nachzuspüren, der ganz weiß ist und den wir deshalb so schwer finden, weil die Vögel der Wirklichkeit als seine Schatten ihn verdecken.

20. Mai 1928

Unter dem Hauch des glockentönigen Kuckucksrufes, der wie der Laut eines sich entfaltenden Blattes schwebt, hat sich endlich das Laub der Buchen aufgewickelt. Nach langer Trockenheit ist Regen gefallen, und wieder wird wahr: Nur der Baum vernimmt das Wesen des Wassers, sein Geheimnis, bis ins Mark. »Andächtiger Aufenthalt« nannte Eichendorff den Wald. Mit anmutiger Kraft spielen seine pfingstlich hellgrünen Lichter. Unter den Kronen liegen auf dem Boden, den auch die rotweißen, eben abgefallenen Hüllblätter des Feldahorns bedecken, türkisblaue Eierschalen. Also sind die ersten Starenjungen ausgeschlüpft.

Als die Erde noch trocken und kalt war, im März, entschloß sich der Huflattich zu seinen goldenen Strahlenblüten. Sie verblühten, und der lange schuppenbedeckte Stengel, der sie trug, senkte sich. Nun, da der Same reift und seine weißen Wollhaare zeigt, hat der Stengel sich wieder gereckt. Das ist die Dreiheit seiner alljährlichen Bewegung.

Selten haben die Baumknospen so lange gezögert, sich zu öffnen, wie in diesem Jahr. Die lichthungrigen Anemonen, der Hahnenfuß, das Moschuskraut, die sich sonst beeilen mußten, haben blühen können in Muße. Immer noch war der Himmel über ihnen offen und perlte ihnen das Licht zu. Nie habe ich so stark ganze Wellen des Moschusgeruches unter den Haselbüschen der Hecken in der kühlen Luft gespürt. Im nächsten Jahre müßte die ganze Welt voll Buschwindröschen, Feigwurz und Moschuskraut stehen.

Aus den Gräben zur Seite der Chaussee steigen Schwärme von kleinen Schnaken. Sie umspielen alles Lebende wie fliegende Kaulquappen und sind den Grasmücken im Weidicht willkommene Nahrung. Die großen Blätter der Klette, die geduldig den Staub tragen, den die Automobile aufjagen, glänzen vor Dank gegen den Regen. Gras überwächst fleißig die blaugrünen Schwerter der Schneeglöckchen, deren Blüten jetzt ein verwehter Traum sind. Im braunen Krummstabkopf des Farnkrautes, in der Aufwicklung der Weißwurz, im weißen Kokon der Spinne, im Rot der ersten Eichenschößlinge – da überall glaubt der Mensch eine

Gebärde der Schöpfung zu erhaschen, er glaubt, die vielen Gesten mit einer Bewegung seines Körpers nachmodellieren zu können, er, der selbst eine Gebärde der Natur ist. Er irrt, wenn er meint, den Zauber anders erfassen zu können als mit dem Schmerz des eigenen Schaffens. Die erste Ringelnatter des Jahres, von der Sonne bewegt, raschelt über seinen Weg: der Gang der Schlange bergauf – ewiges Wunder. Wie sie funkelt mit den gelben, hinten schwarzgesäumten Halbmonden am zuckenden Kopf! Als sei sie ein Geschmeide, einer Königstochter ins Grab gegeben. So dichtet der Mensch, »der nie weiß, wie anthropomorphisch er denkt«. Er kann nicht anders, er muß alles in seine Welt tauchen, will sich ihm doch schon die Sprache nicht anders als nach der Regung seines Körpers ergeben: er begreift, besitzt, ist besessen, versteht, unterliegt, erfaßt, ist bewegt und ergriffen. Mag er so müssen, wenn er nur zuweilen in tiefem Staunen denkt, daß Schlange und Vogel, Mücke und Gras, Qualle und Wasser und Wolke Welten für sich sind und den fürwitzigen Eindringling abwehren.

10. Juni 1928

Es ist der hellste Monat des Jahres nach den Bewegungen der Erde zur Sonne hin. Aber es regnet. Die Syringen sind erblichen, der Goldregen wird matt gewaschen, den Kastanienblüten reißen die gekrausten, rotweißen Blütenblätter ab. Der Nordwestwind dreht die Kartoffelpflanzen um sich selbst und drückt ihnen die Blüten zurück. Das Korn steht gut, durch die Gerste schlängelt sich der Wind, hundert Wieselrücken, grannenfarbig, zucken. Ab und zu heitert durch das graue Naß ein Flecken hellblauen Himmels. Dann flötet stolz und schön der Plattmönch, dann öffnen sich die Kuckuckslichtnelken, der große, goldene Hahnenfuß lacht. Die dreijährige Fuchsstute wiehert, bäumt sich und rast durch die prangende Wiese. Die Hausschwalben, die Sandschwalben stört der Regen nicht, sie zucken über den See. Ägyptisch ruhig ragen die Hälse der Haubentaucher, ägyptisch ruhig fließen die Blätter der gelben Teichrose.

An einen Schilfhalm klammert eine Rohrammer ihre Füße, einen schräg über den andern gestellt. Sie wirft den schwarzen Kopf nach hinten und stammelt ihre kurze Weise. Immer wieder; immer wieder. Ich kann sie lange betrachten – aber als ich mich endlich zurückziehe, ist mir der Fuß bis zum Knöchel vom Morast eingeschluckt. Durch das Gewirr von Hartriegel, Schneeball, Dom und Hasel eilen die Rohrsänger. Ich höre ihre Stimmen, aber meinem Blicke entfliehen sie. Vielleicht haben sie gar keinen Körper mehr, sind zu unleiblicher Stimme geworden. Ich muß zum Steine erstarren, wenn ich nicht hundertfältiges Leben verscheuchen will. Kein Korn, in dem die Natur nicht siedet. Ich finde ein totes Rehkitzchen mit noch ganz zarten »Schalen«. In der Wunde des linken Schenkels schlängeln sich Maden. Das Rad der Wiedergeburten dreht sich unaufhörlich, und selbst wenn wieder Eis Wasser und Erde verklammert, wartet im Fruchtboden der verblühten Kardendistel die Käferlarve.

Ich habe immer gefunden, daß, je höher die Flut der popularisierenden Handbücher steigt, desto geringer das Wissen der Menschen wird. Keine Macht der Erde nimmt es dir ab: Und wenn ich dir die Eier des Kiebitzes noch so emsig beschreibe, wenn du nicht wirklich selbst einmal im moos- und binsenverhüllten Sumpfboden eins gefunden hast – so kennst du es nicht. Mag deine Augenphantasie sich die merkwürdigsten Farben ersinnen – die Farbe, die die Verwitterung auf eine alte, vor zwei Jahren blau gestrichene Scheunentür schreibt, das Rot der Sammetmilbe, das Violettrot unten am Schafte der Wilden Möhre, kurz über der Wurzel, das Grün des Pfaffenhütchensamens – Leonardo da Vinci wußte, daß in diesen Elementen, in dem Strahlenbündel, das Petroleum auf dem Wasser zeugt, alle Weisheit der Farbe beschlossen liegt. Am Strande des Meeres blüht jetzt das Bilsenkraut, in gelben, von kleinen, dunklen Adern durchzogenen Glocken liegen dunkelviolette Staubfädenklöppel. Die Farbe ist nicht für dich da. Sie gehorcht dem Wesensgebot der Pflanze, so wie sich die Farbe der Meeresalgen nach der Tiefe richtet, in der sie hausen, und manches leichtfertige Dichtergleichnis beruhigt sich zu schnell mit dem eitlen Genügen des Menschen, der seine wahre Herrschaft nur dann ausübt, wenn er sich auf den Grund der Wesen begibt.

15. Juni 1928

Als junger Student machte ich, der Philologie überdrüssig, Exkursionen mit einem Botaniker. Er ist berühmt geworden durch seine Erforschung einiger Wasserpflanzen. Ich sah einen Käfer über eine Blumenbinse laufen und fragte, wie er wohl hieße. Wie er das auch noch wissen sollte? schalt der Botaniker mich. Die Kenntnis des einzelnen kann heute nicht mehr aristotelisch die Welt umspannen. Ich wollte ja aber auch nur den Namen erfragen. Was man ›Alles‹ heißt, ist dem ›Nichts‹ sehr nahe. In der Mitte schwebt das ›Etwas‹ – im ›Etwas‹ schwebt das Ganze, wie die ganze Natur in einer einzigen Pflanze, in einem einzigen Tier gegenwärtig ist. Das Etwas trägt wie jene Schildkröte der Inder das Weltall. Der Name aber eines solchen Etwas ist nach uraltem Glauben seine tatsächliche Existenz. Was nicht benannt war, konnte nicht sein. Ein altes Gedicht beginnt: »Als in der Höhe die Himmel noch nicht benannt waren.« ›Allah‹ ist die ›Wesenheit Gottes‹. Sie ist unverständlich; damit sie verständlich werde, muß Gott andere Namen haben. Bei den Ägyptern hat er ihrer neunundneunzig – einer, der hundertste, ist verborgen. Ihn kannte König Salomo und war darum der Weise.

Und darum bin ich namengierig und freute mich, als ich erfuhr, daß die Pflanze, die jetzt auf überschwemmt gewesenem Boden und in flachem Wasser an Ufern, auf Feldern und Wegen reichlich blüht, der ›verbrecherische Hahnenfuß‹ ist. Er ist sehr giftig – aber mag er Mensch und Vieh schaden, die Erde, den Himmel vergiftet er nicht. Der Mensch ist das Maß aller Dinge, dachten die Griechen. Es gibt aber auch Übermenschliches als Maß.

Wie aus gedüngtem Boden der Kürbis, wächst aus dem Genie des echten Namens das Genie des Daseins. Warum heißt unsere bekannteste purpurne Orchidee das Knabenkraut? Schon der alte Grieche verglich ihre Wurzelknollen mit den Hoden eines Knaben. Der Mensch als das Maß aller Dinge – aber wenn er Teile der Pflanze nach Teilen des eigenen Körpers benennt, so dichtet er nicht nur sich den Dingen, sondern auch die Dinge sich heran. Und aus den authentischen Namen spricht nie spielerische Vermenschlichung, sondern immer steigen sie aus tiefster Versenkung, aus ernstester Nähe. Ganz nahe kommt der Name dem Wesen – er ist das Wesen. Und so halte ich doch mit den Namen eines Wesens dieses Wesen, mit diesem Wesen alle Wesen umschlungen.

Die Welt hat sich mit jungen Vögeln gefüllt. Die Sonne geht der Wende zu – es klingt schon wie ein leiser Hornstoß des Abblasens. Die Tulpen tragen schwere, dreikantige, vom Überbleibsel der Narbe warzig gekrönte Samen, der Mohn hebt seine Urnen, unter deren purpurviolettüberbänderten Deckeln der Schlaf sich aufbewahrt. Drei Schwestern blühen: die dunkelblaue, die hellblaue Ochsenzunge, die braunpurpurne Hundszunge. Die wilde Rose will noch erst blühen. Doch die Fußtapfen der Flora, der blumenstreuenden, schleiergewandeten Göttin, die kam, als es kühler März war, sind lange überwachsen von Kamillen. Die Wehmut, eine andere, helfende Göttin, naht. Ich setzte eine große, schwarze Raupe der Grasglucke zwischen die Pantoffelblumen der Fensterbank – am Abend hatte sie sich verpuppt, wie in einer gelben Hängematte, an Grashalmen aufgehängt, ruht sie. Das Weltall trägt sie so gut wie mich. Nicht sicherer bin ich bewahrt als sie.

18. Juni 1928

Das Jahr verschenkt nicht überreichlich, aber in die kühlen, regendrohenden und leise regnenden Wochen eingesprengt gab es hitzeumsponnene Tage. Auf den trockenen Wegen zwischen den schönen holsteinischen Knicks zittert das Schattengitter der Büsche. Die rote Lichtnelke durchblutet den Schatten des Rains. Der Hafer steigt blaugrün aus den Furchen. Die Saatkrähenkolonie im kleinen Stück des hohen Buchenwaldes jenseits der Acker ist laut. Ängstlich schiebt es sich zwischen den Bodenbüschen herum, das sind schon ausgewachsene junge Saatkrähen. Ach, die Söhne des Barons, dem das Land gehört, haben sie angeschossen. Dunkles Blut verklebt den Armen die Schwingen. Und dann kommen die Dorfjungen, greifen die Flügellahmen, schlagen sie tot und verspeisen sie. »Sie schmecken wie junge Hühner«, sagen sie, »man muß sie eine Nacht lang in Buttermilch legen.« Einen ganz jungen toten Nestling fand ich, mit maulwurfsfellweichem, schwarzem Flaum bedeckt; an der Unterseite der Flügel saßen, in blaugraue Spulen gesteckt, die Federkiele, Orgelpfeifen, abgestuften, gleichend.

Beglückt von der Hitze, rannte ich die heiße Chaussee entlang, bog in einen Knickweg, lief an märchenhaft großen Gutsparks vorbei, bog wieder auf die Chaussee: Über Bodenwellen und Hügeligkeit wird ab und zu immer wieder die Horizontlinie sichtbar – immer liegt dort das Meer. Im heißesten Chausseestaub haucht es, im härtesten Granit pulst es. Hier gab es keine Wegweiser mehr – die Bewohner aber der einsamen Katen und Mühlen sprechen nicht gern. So lief ich aufs Geratewohl und landete endlich zwischen schwarzweißem Vieh, das mich erstaunt anglotzte, auf Moorwiesen zu Seiten eines großen Sees, der sich dicht an der blauen Ostsee breitet. Ich kauerte mich zwischen die Kühe und sah dem Spiel der Brandenten zu, die sich um ein Weibchen stritten, den Schnabel in den Hals des Nebenbuhlers klemmend. Aber dann wurde ich von oben überrascht. Ein süßes, melodisches, wie Ringe ineinandergehängtes, trillerndes Flöten hauchte durch den von weißen Wolken selig durchzogenen, blauen Junihimmel: der große Brachvogel war es, den ich zum ersten Male pfeifen hörte. Der Arielton verscholl zu bald. Um mich herum auf der salzigen Wiese stand, wie Schusterahle emporstechend, der Dreizack, eine unscheinbar blühende Blumenbinse, mit wenigblütiger, grünlicher Traube. Er kommt hier nicht allzu häufig vor, und so waren mir zwei seltene Geschöpfe an einem Nachmittag begegnet. Der Abendhimmel wiegte den heißen Tag zur Ruhe, als wäre dieser sein Kind, das sich müde getollt hat. Zarthellblau, mit der Farbe des Stareneies, wellte das Meer. Die Wogen schlugen schwermütig den Sand, trieben kleine Quallen herauf, die wie rote Fleischläppchen aussahen.

Es blüht und wächst jetzt ungestüm, mit ruhiger Wildheit, der Sonnenwende zu. Eifersüchtig wird der Mensch auf jeden Blick, den er der Erde nicht zuwerfen kann. Rätselhaft und rührend wiederholen sich die ewig jungen Symbole. Die Phantasie ist größer als der Wille. Das wilde Stiefmütterchen sperrt seinen dreifach gezähnten Fruchtmund auf und verstreut seinen ameisenblanken Samen, der graurückige Würger sitzt auf dem Dornbusch, und die wahrhaft feinen Rotschwänzchen füttern, am ganzen Körper zitternd, aber mit edlem Anstand, ihre Jungen.

Alles existiert, weil es wunderbar ist.

15. Juli 1928

Vor der großen Hitze erblassen die Blütenblätter der Hundsrose, sie fallen, matt gaukelnd im Hauche, der von der See her jenseits des Deiches tänzelt. Die Staubfäden vertrocknen zu einem zimmetfarbenen Büschel, die Hagebutte schwillt. Die jungen Stare steigen schnalzend aus den Heuschwaden. In Heckendorn, Schlehe und Pfaffenhütchen sitzen, gleich erstarrten Tropfen, die Puppen der Spindelbaummotte. Im verdunstenden Wiesengraben blüht jetzt der Wasserstern, mit einer Blüte, die nur ein gelbköpfiger Staubfaden ist. Die Kälber drängen sich unter den Erlen im Schatten zusammen um die Tränkrinne.

Oben auf dem Meeresdeich verwelkt das Gras vor der Hitze. Wo seine Narbe birst und die Steine, die Knochen der Erde, herausstehen, blühen mit angespannter Kraft die goldenen Rasen des Mauerpfeffers. Gäben seine Blüten einen Ton, lautete es als Trompetengeschmetter über den Deich. Aber die selig gereckte Julihitze zeugt hier einen anderen Klang: das samumheiße, sausende Summen von Schwärmen kleiner grauer Mücken. Ein greller Gott wispert hier mit sich selbst, eilig und hitzig, aus trockenen, gespaltenen Lippen. Solange sein rasendes Gespräch dauert, weilt auf hohen, bläulich glänzenden Beinen ein Säbelschnäbler in der allmählich austrocknenden Sumpflache, einem Ausläufer des nahen, großen Binnensees, der nur schwach noch nach Salz schmeckt. Stirn und Oberhals sind tiefschwarz, am schreitenden Vogel leuchten die angelegten Flügel als schwarzumränderte, sonst rein weiße Kreise. Er kommt aus dem Lande der Scheherezade, der Märchenerzählerin, das liegt nirgendwo und überall. Ich muß mich tief in den wärmekochenden Kessel des Bodens ducken. Schon zucken Hals und Kopf des Stelzvogels auf und nieder, meine Nähe hat ihn verwirrt, gleich wird er auffliegen. Ich drücke mein Gesicht gerade in die schlangengekrümmten, festen Glieder des Meerwegerichs. Wie ich wage aufzuschauen, durchschreitet der Zierliche beruhigt den Tümpel, das Wasser mit seitlichen Kopfbewegungen säbelnd durchseihend. Der Gott mit der Mückenstimme spricht weiter. Hingeprallt dem goldenen Sturm der Sonne liegen die Gehöfte. Dafür umschmeichelt ihnen der weiße Holunder die Stirn. Blond schon sticht die Wintergerste. Dauert die Wärme noch, dann kann sie in weniger als drei Wochen geschnitten werden. Auf dem Draht des Weidezaunes sitzen dicht nebeneinander vier Rauchschwalbenjunge und warten auf die Mutter, die sie im Fluge atzt. Die Schnäbel umsäumt noch dick die gelbe Naht. Es sieht aus, als trügen sie Gasmasken. Mitten im mehlfein zerriebenen Staube der Landstraße will eine graue Bachstelze ihr Junges füttern; beide fliehen, als ich komme. Auch den jungen Distelfinken ist der Schnabel noch blaßgelb, doch gleich beginnt die Stirnwurzel mit kräftigem Karmin.

Der heiße Tag endet. Das Meer ist so entzückt vom Nachtraum des Gewesenen, daß es sich nicht mehr regt. Gegen den abglimmenden Himmel versteinern blaugrau vierzehn Fischreiher. Und während den Menschen mit dem Heuduft und dem prägnanten Geruch des Holunders Wiese und Baum durch das Blut wandern, stehen Fischerhaus, Reiher, Binsen, Kühe und Pferde, verliebt in die eigene sommerliche Gestalt, und betrachten ihr Spiegelbild im willigen See.

12. August 1928

Auf den Blättern des Seidelbastes, der hier viel in den Bauerngärten steht, sitzt der Staub der heißen Tage, obwohl inzwischen ein Gewitterregen sie abgewaschen hat. Gegen den blattlosen Strauch des Vorfrühlings, der mit seinen kristallisch glänzenden, rotvioletten Blüten die Kühle des Vorfrühlings einsam, aber mächtig durchduftete, ist seine jetzige Gestalt, die Blattrosetten, die grellroten Perlen von Beeren, so schwer erkennbar wie gegen den Knaben der Mann. Die Rosen, die so spät erst blühen konnten, hat der Regen verdorben. Der großen Hitze ist eine Erschlaffung gefolgt. Die Eschenfrüchte sind kleinfingerlang. Fingernagelgroße Kröten hüpfen über die Wiesen. Als sie trocken waren, explodierte der Boden bei jedem Schritt von frisch ausgeschlüpften Heuschrecken. Zu Hunderten sitzen die jungen Uferschwalben auf den Drähten der Weidezäune. In die tiefe Bläue des heiteren Nachmittags drehen sich die Mauersegler – wehmütig folgt ihnen der Blick. Im August schon verlassen sie uns. Auf dem Wasser des Binnensees füttern die schwarzköpfigen Seeschwalben die piepsenden Jungen, nicht anders als auf dem Lande die Mehl- und Rauchschwalben ihre Kinder.

Ich fand in der Gabel eines dichtbelaubten Heckenhaselstrauches ein Nest des rotrückigen Würgers mit vier Jungen. Ich sorgte, ob sie noch flügge würden zur großen Reise, die auch schon im August bevorsteht, aber sie waren fertig – fertig bedeutet ›fahrtbereit‹ –, ehe ich es gedacht, und üben sich schon im Fliegen. Graugrün perlt der Hafer, der Regen hat die Gerste nur stellenweise gelegt, auch der Roggen steht, wo der Boden ihn im Frühjahr nicht ausgefroren hat, gut; wunderschön schwer aber ist der Weizen geraten. Der Landmann rechnet hier mit einer besseren Ernte als im Vorjahr. Schon taumelt die Erde leicht, wie nachzitternd den großen Entzückungen der Wärme – überleidenschaftlich hat der Mauerpfeffer sich schnell ausgeblüht – wie unter ruhigen Augenlidern glänzt sanft die rotweiße Hauhechel. Es sitzt uns wie das Gefühl für eine geliebte Musik in den Gliedern, daß das Wachsen nun aufhört und nur Früchte noch reifen und platzen – Schöpfung aber geschieht jeden Augenblick. Der Rainfarn ist voll von Knospen erst, die genau kleinen, grünen, zwirndurchzogenen Knöpfen gleichen – nicht lange, und er blüht goldstrotzend und versammelt im Duft seines ganzen Leibes noch einmal die dringende Kraft des Sommers. Freilich, die Glut der Julimitte nahm auch den Ibis unseres Landes mit, den Säbelschnäbler. Die ausgetrocknete Lache bewahrt den Eindruck seines zierlichen Fußes.

26. August 1928

Ach, die Mauersegler sind nicht mehr da! Weg ist das helle, weittönende ›spispispi‹, das Tag für Tag über unseren Köpfen erscholl, weg das reißende Ungestüm um die Spitzen der Türme und Häuser – die ganze kleine Stadt schwebte und jubelte mit ihnen. Triumph des wilden, ungebrochenen Daseins sang es in unser gezähmtes Leben! Erfunden hat sich diese Vögel die Luft selbst in ihrer besten Minute. Sie haben fast keine Füße, sie gehen und wandeln nicht – sie fliegen, und selbst ihr Liebesspiel spielen sie im Fluge. Wenn ich spät in die Nacht hinein aus ihren Löchern dort oben über den Luken des Kirchturms ihr Gezwitscher hörte, dachte ich der Worte Egmonts: »Süße, freundliche Gewohnheit des Daseins«. Als ich sie Ende Juli als einzelne, da sie sonst doch in geschlossenen Kolonnen kreischen, sausen, jagen und schwenken, lautlos in die Bläue steigen sah, da wußte ich, daß ihnen schon ein anderer Himmel ins Blut gesickert war. Eines Tages, es war der zweite oder dritte August, war die Schar spurlos verschwunden. Wenn sie wiederkommt, dann ist der Gram eines anderen Winters über der Stadt gewesen.

Noch ist der Himmel voll von Schwalben – noch über einen ganzen Monat lang. Zärtlich hingegeben folgt ihnen das Auge. Noch blühen reich der Blutweiderich, das große Weidenröschen, die Flockenblume, sie blüht mir rosigviolett fast über die Füße, der Thymian, der Rainfarn, die Zaunwinde, Wicken, Schafgarben, am Strande die Strandaster, im Graben die Blumenbinse – merkwürdig, wie die Farben des Nachsommers vielfädiger, weniger reich an reinen Tönen sind als im Frühjahr. Aus dem Bade des Schnees stiegen ganz reine Farben: Weiß, Blau, Schwefelgelb, tiefes, klares Grün. Auch der Duft der Frühlingsblumen ist anders: frisch und scharf unmittelbar aus unverbrauchter Erde gewonnen. Jetzt aber glüht es purpurn öfter als blau, kremweiß öfter als weiß, orange öfter als gelb, und duftet es aromatisch und schwer. In der tizianischen Wucht der Sommerfarben vergeht die klare Zeichnung der ersten Monate. Mit der Hitze, mit der Erwartung der Gewitter mit den Gewittern hat die Erde gebangt und gelitten, und gegen die dichtgesponnene Schönheit des Erwachsenen versinkt die einfache Anmut des noch Unversuchten.

Gegilbt steht endlich der Roggen, die Ernte findet heuer um gut zwei Wochen später als sonst statt, mit dem Sommergetreide wird es sogar September werden. Vielleicht klafft dann die Lücke zwischen Sommer und Winter nicht so empfindlich, wird ein sommerlicher Duft sich in den Winter spinnen, wie er aufquillt, wenn wir im Winter auf den Heuboden steigen.

30. August 1928

Ein italienisch blauer Himmel verzaubert das Ende des Augustmonats. Wollüstig streckt sich der Badende am weißen Strande. An den rotvioletten Blüten des Meersenfs trinken Hummeln und Kohlweißlinge. Zwanzig Brachvögel flogen über mich weg. Vor den Toren der Stadt schwenkten sie um. Lange Bänder reisender Vögel kräuseln sich im fernen Blau, zu fern, als daß ich sie im schärfsten Glas bestimmen könnte. Kraftvoll grün stehen noch die Pappeln, still reifen die Haselnüsse, bleich mit einem Tupfen Karmin. Die gelben Augustäpfel liegen zu Füßen der Bäume, und Kirschen hat es gegeben und gibt es so viel wie seit langen Jahren nicht.

Kommt die Dunkelheit geschwind, so entlockt ihr die Helligkeit der elektrischen Birne noch manchen Falter. Als Nachzügler der Julinacht flattert ein schöner, damals auf den warmen, staubigen Wegen überall häufiger Schmetterling, weiß, mit schwarzen, rundlichen Flecken, durch welche sich auf der Mitte und am Grunde der Vorderflügel eine ockergelbe Binde zieht. Es ist der Stachelbeerspanner, auch Harlekin und Tintenfleck genannt. Glücklich waren wir schon als Jungen, wenn wir ihn abends aus Stachelbeer- und Johannisbeerbüschen im elterlichen Garten aufstöberten. Die große, schwarzbraune Raupe, die ich Ende Juni zwischen die jetzt märchenhaft blühenden Pantoffelblumen tat und die sich am nächsten Abend verpuppte, ist in den ersten Augusttagen ausgeschlüpft zu einem mächtigen Wollraupenspinner der Grasglucke. Es muß ein Weibchen gewesen sein, denn am Topfrande klebte ein Perlenkollier von hellblauen, opalisierenden Eiern. Kleine Raupen werden ausschlüpfen. Mir ist nur noch das gelblichweiße, weiche Gehäuse geblieben, das die Ausschlüpfende zierlichleicht am Kopfende gespaltet hat.

Wehmütige Ahnung treibt das Auge des Wandernden, so viel vom Licht zu trinken, als seine Wimper halten kann. Es ist, als wäre das Licht schon etwas geschwächt, so daß es kaum mehr zu den Dingen selbst gelangen kann. Und die Schatten fressen und lassen manches schon gar nicht mehr los. Blauer Duft schleiert um die Bäume, ein Geruch von Apfelmost zieht durch die Luft.

Wenn ich am frühen Morgen an den abgeernteten Gerstenfeldern entlanggehe, bekriechen den taunassen Weg die großen, schwarzen Nacktschnecken. Sie stehen der Erde am nächsten, vielleicht hat der Erde ihre Erschaffung die geringste Mühe gemacht; sie sehen aus, als könnten sie im Nu wieder zu Erde werden. Ähnlich geht es mir mit den bezaubernden Quallen des Meeres, wie sie der Ostwind in unsere Förde treibt. Der violette, der orangedunkle Leib, aus der Tiefe gelöst, zerfließt, fließt in die Urflüssigkeit zurück. Aber mag auch der Phantasie die Verwandtschaft von Schnecke und Erde und von Qualle und Wasser aufleuchten – das Nu der Schöpfung bedeutet nach irdischem Zeitmaß ein Jahrtausend oder mehr.

15. September 1928

Paradiesische Septembertage fließen leicht. Auf den Feldern liegen die Pferdebohnen rußschwarz gereift. Triumphierend kann man den Hafer einfahren. Ein Schuß Orangerot steckt in den kurzen Garben. Staunend fühlt sich der Körper von richtiger Wärme umschmeichelt, die Hitze liegt wie im Hochsommer mit dunstigem Schleier auf Stoppeln und Weiden. Über die Stirn wollen flüchtig Marienfaden streifen, leicht wie ein Vorgefühl, eine Ahnung.

Gleich am ersten sonnigen Vormittag zu Monatsanfang hatte die Wärme eine Flut von gedämpft farbigen Metalleulen hervorgelockt. Auf dem wunderschön voneinander abgesetzten Schwarz und Grau der Vorderflügel leuchtet gelbweiß eine Zeichnung, die man als Pistole oder auch als den griechischen Buchstaben Gamma deuten kann; danach heißen diese hurtigen Falter manchmal auch. Wenn sie einen Gott zu dichten vermöchten, dann trüge er sicher die Gestalt, die Farbe, den Duft der hohlen purpurnen Flockenblumen, um die sie emsig schwirrten.

Auf den trüb-rötlichen Pinselblüten des Wasserdostes, einer hanfähnlichen, hohen Staude an Grabenrändern, saugen, behaglich ausgebreitet, Tagpfauenaugen. Admirale fliegen und kleine weiße, graumarmorierte Motten.

Ein frommes, ein verklärendes Licht flutet über die Stoppeln. Der Fuß zerknallt den Halm, der vom Erntewagen auf den Weg gefallen ist. Grün, orange, rot leuchten die Beeren des kletternden Nachtschattens. Der Giersch spaltet seine linsengroßen Früchte. Aber das Sumpfherzblatt beginnt jetzt erst zu blühen – ich muß erst einmal schlucken, ehe ich es betrachte, denn ich weiß ja, mit ihm beginnt der Herbst wahrlich – es blüht, bis der erste Frost einer Oktobernacht es tötet. Blaues Helmkraut, roter Weiderich – alle tragen doch schon mehr Früchte als Blüten. Um so mehr hält man mit banger Begier der späten Wärme sein Angesicht hin, um so zärtlicher tastet die Hand am mächtigen erratischen Block, der seit einer übermenschlichen Ewigkeit dicht am weißen Meeresstrande liegt, der Sonnenwärme nach, die er in seiner westlichen Flanke über das Sinken des Gestirns hinaus bewahrt. Zu Hunderten sammeln sich die jungen Stare in den Bäumen. Die ganze Krone schwatzt und quirlt und schnalzt. In muskulösem Fluge verstricken sie sich dann zu Wolken Lebens.

Im stillen, grasverwachsenen Park stehe ich bewundernd vor der Sumpforchidee still. Heimlich, den Kopf aus dem Schatten in den schräg einfallenden Sonnenstrahl haltend, hat sie ihre

Rispen aufgefaltet. Zart rötlich, beigerot, liegen die Deckblätter der Einzelblüte aufgeschlagen; die violette Platte der Lippe trägt zwei krause Höcker. Der gedrehte Fruchtknoten ist halb reif, winziger Same fliegt auf den schüttelnden Finger. Alle Geschöpfe genießen den rührenden Zauber des Septemberglücks. Es ist die Euphorie vor dem Tode.

20. September 1928

Auf den Stoppelfeldern hat jetzt der Gauchheil Raum gewonnen. Seine mennig-, ziegel-, scharlachroten Blüten glänzen, schließen sich aber bei der leisesten Verdunkelung des Himmels, so daß man ihn auch das Wetterglas des armen Mannes nennt. Ähnlich empfindlich gegen Lichtverminderung ist der Wiesenbocksbart, der seine gelben, jetzt freilich schon verblühten Blüten bereits um Mittag zumacht. Die weiße Schafgarbe blüht treu, Vogelknöterich breitet sich unter unseren Fuß, auch Disteln schenken uns noch ihr warmes Rot. Braunsamenhäuptig ist indessen die Goldrute geworden, dafür erfreut die Strandaster mit goldener Mittelscheibe und lila Strahlen. Am Strande reckt das giftige Bilsenkraut jetzt seine langen Etageren von kalebassenartig geformten Samenbehältern. Mag auch die alte, große Staude rosten und welken, sie ist immer begierig, neu auszuschlagen, auch finden sich junge, saftig graugrüne rund um die alten Ahnen. Am Wasser reift jetzt die Salzmelde, sparrig, viel verzweigt, spröde, als wäre ihre Gestalt aus Glas geblasen von geschicktem, der eigenen Spielfertigkeit frohem Atem. Sie hat alkalische Salze in sich aufgenommen und ist bei ihrer Sprödigkeit doch saftig. Ihre Blätter haben zylindrische Gestalt und endigen in kleinen scharfen Domen. Vor kurzem noch fand ich die kleinen, in den Blattachseln stehenden gelben Blüten. Jetzt sind Früchte daraus geworden.

Jede ist in den bleibenden, fünfstrahligen Kelch eingeschlossen. Aus den urnenförmigen Samen schält sich, wunderschön spiralig aufgerollt, leicht zylindrisch, der grüne Embryo. Es ist, als ob die Meeresnähe die Pflanze außer mit Salzen auch mit der Lebendigkeit der tierischen Wesen bezaubert habe. So ähnlich ist dieser grüne Embryo nämlich einer Schneckenwindung.

Die Wolken liegen abendlich geballt, schon klarer, wie mit Wäscheblau, mit Alaun gefärbt, das Meer kühlt schwarzblau, durch einen doppelten Regenbogen ziehen langsam Segelboote. Ein Vergnügungsdampfer verläßt die Hafenstadt, eine Kapelle spielt an Bord. Sie versucht, die Melancholie zu bannen, die sich, jeden Tag jetzt faßlicher, über den von Badegästen verlassenen Strand senkt. Klein verschwindet der Dampfer in der weiten Bucht.

Um die Mitte des Monats spürte ich, am offenen Fenster zur Mittagsruhe liegend, wie die septemberliche Wärme mit einem Male vor oktoberlicher Kühle schwand. Von draußen klang, gleich entferntem Geräusch von Luftschiffpropellern, das klappernde Aneinanderschlagen der noch grünen Pappelblätter herein. Am Strande unten seufzte leise das Meer; der Himmel stieg noch blau und hoch. Der Kalender meldet Herbstanfang. Nun mag es regnen. Die Ernte ist geborgen. Über den trockenen Leib der Erde haucht das Licht streichelnd wie über die Stirn eines mit Blumen geschmückten Opfertieres. Dem unvergleichlichen Nachsommer des Jahres geigt die Kohlmeise den Abgesang.

10. Oktober 1928

Imponierend erstrecken sich die hohen Alleen, ragen die alten Eichen unter dem herbstlichen Himmel. Nordwestlich erkranken sie, wie die Knicks, krümmen und bräunen sich die Blätter. Selten, daß hier der Nordwestwind nicht haust. Doch unter dem

Schutz des starken Gebälks träumen die Gutshöfe, die Wasserburgen dem Winter zu. Moorschwarz steht das Wasser in den Gräben, verzaubert, weil es hellgelbe Blätterglut spiegeln darf. Wie aus grünem Glase geblasen, mit rötlichem Anhauch, fallen von den Eichen die Gallen. Mit den eingeschlossenen Larven bleiben sie den Winter hindurch liegen. Winzige Fliegen, Hautflügler, schlüpfen im Frühjahr aus, legen einzelne Eier an die männlichen Blütenstände der Eichen oder an die jungen Blätter.

Schon hat es in einer Nacht gefroren, aber an den letzten Nasturtiumblüten sitzt noch, vibrierend, eine Gamma-Eule. Sie hat es eilig und sucht wie verzweifelt den purpur brennenden Kelch. Wunderschön stehen die hohen Stockrosen gegen den mittäglich blauen Himmel. Die Hand, die den Samen der Glockenblume untersucht, greift einen Ohrwurm, der hier sein Winterquartier bezogen hat. Ein Mauswiesel flüchtet in den Graben. Einen jungen Igel mit kleinen, schüchternen Augenspalten, aber meisterhaft beschützt von grauschwarzen Stacheln, rette ich vor den Autoreifen der nahen Chaussee, auf die er geraten war. Der Igel ist ein ganz altes Tier und wehrlos gegen die Welt der Maschine.

Über das Gebüsch der Spindelbäume, die, im Eifer, ihre Bischofsmützen zu färben, auch mit den Blättern errötet sind, flitzen noch die Schwalben; freilich sind die Jungen der ersten Brut schon weg, und nur die Eltern und die zweite Brut zögert bis in die erste Oktoberwoche. Die Stare durchforschen Stoppelfelder und Sturzäcker. Neulich hat hier ein Schwarm, zum Geschwaderflug vereinigt, die Stromzufuhr einer Bunkerkohlengesellschaft gestört. Das Gewicht der vielen kleinen Körper drückte die Drähte zusammen – mit lautem Knall fuhr eine mehrere Meter lange, bläulichgelbe Stichflamme heraus und schleuderte die erschreckten Tiere als eine schwarze Wolke empor. Die Leitung war in der Mitte des Drahtfeldes zerschmolzen und hing mit beiden Enden vom Mast zur Erde herab. Die Verbindung mit der Erde setzte trockene Halme und Stoppeln in Brand. Erntearbeiter löschten zum Glück.

Die Pappelallee, welche die Dorfstraße säumt, rauscht. Ich drücke die Nase gegen die Scheibe des Schulhauses, deren weiße Tünche an einer Stelle zerkratzt ist. Wo Kinderfüße sonst baumeln, es sind ja Michaelisferien, trocknen jetzt rotgraue Kartoffeln, und ich bin nicht sicher: Glänzt dort ein Rechenschieberball oder reift eine Tomate nach?

Wäsche trocknet im Wind, und kniende Gestalten decken die Felder, die Kartoffeln zu roden, die heuer gut und reichlich geraten sind. Blauer Rauch der Kartoffelkrautfeuer zögert durch die ergrauende Luft. Es wird wasserweibkühl. Ein Wind erschreckt die Himbeerbüsche, so daß sie die weiße Unterseite ihrer Blätter nach oben kehren. Die Häuser versinken abendlich in Traurigkeit. Aber um sechs Uhr flammt der Horizont. Dunstfrei erhebt sich die Sonne. Der Tau zeigt alle Spinnengewebe. Die Brombeeren dunkeln schwarz wie Kaviar. Um die Mittagsstunde weht der Wind abessinisch warm. Grashüpfer schrillen. Es sind die Geisterstimmen des entschwundenen Sommers.

20. Oktober 1928

Als wir um die Mitte des Monats in der Frühe erwachten, fanden wir den Boden bereift, die Blätter der Dahlien schwarz, die Nasturtiumblätter tödlich erschlafft. Daß diese Pflanzen so heftig, so unvorbereitet vom Tode hingerafft werden, darf uns nicht wundern, denn die Dahlie stammt aus Mexiko, das Nasturtium aus Peru. Die Blätter der einheimischen Pflanzen jedoch bereiten sich auf das Sterben vor. Die Oktoberkälte macht der Tätigkeit der Blätter ein Ende. So werden sie unnütze Glieder, und es wird für den Baum wichtig, sie schnell und sanft zu verlieren. Stürben die Blätter, so, wie sie am Zweige sitzen, einfach ab, so würde nur ein starker, wahrscheinlich nur ein ungewöhnlich starker Wind dem Baume helfen können. Wie ein Sturm aber dem ganzen Baum zusetzen kann, sehen wir im Frühjahr, wenn Buchenblätter, Buchenblüten nicht nur, auch ganze Zweige vor steifem Winde nicht zu retten sind. Weise geschieht es daher, daß das Blatt von sich aus, aus der Sicherheit des eigenen Wesens heraus, bei stillem Wetter sachte fällt (zwischen Stamm oder Ast und Ursprung der Blattstengel hat sich seit einiger Zeit eine Korkschicht eingelagert, leicht fällt das Zersetzungsbereite nun) – wer kann anders als mit einer Wehmut dem Kreiseln des Lindenblattes wie dem Propellerdrehen der Ahornfrucht an stillen, sonnigen Vormittagen zuschauen? Das Blatt gibt dem Boden, was dem Boden gehört, bettet sich um die Wurzeln des Stammes, anstatt weithin fortgerissen zu werden. So gebärden sich wenigstens die meisten unserer Bäume. Geheim bleibt, warum Eiche und Buche, besonders wenn sie jung sind, ihre Blätter so lange behalten.

Am Strande blüht noch immer, reich und freudig, den grauen Sand lila durchbrechend, der Meersenf, doch ist er auch schon über und über mit grünen, beutelförmigen Früchten bedeckt. Die jungen Regenpfeifer, weiß und grau gestrichelt, noch nicht braun wie die Alten, stechen zwischen die Steine nach Nahrung. Hänflinge tummeln sich im blauen Meerhafer in Scharen, und Trupps von Grau- und Goldammern stöbern über die Stoppeln. Graugänse fliegen in Keilordnung. Reiher steigen schwerfällig auf, aber gelangten sie erst ins Herz der Luft, dann sind sie, den Hals zurückgelegt, die Füße lang nach hinten gestreckt, Verkörperungen großartiger Anmut. Mittags wird es noch warm, Kleinschmetterlinge fliegen, vereinzelt flattert um die Skabiosen sogar noch eine Gammaeule. Durch die spinnwebig verhängten

Luken der Scheunen blinkt die goldene Flut des Strohs. Der Bauer mietet Kartoffeln und Steckrüben ein. Das Haus, das Feld, der Garten haben getan, was sie konnten. Die Scheuern sind gefüllt, die Pferde stampfen im sicheren Stall, die Kühe raspeln vor der Raufe. Mögen die Blätter fallen, die Stürme sausen. Das strohbedeckte Haus wird seinen Giebelschopf ducken wie Mensch und Tier den Kopf vor dem Anprall des Winters. Beruhigung quillt aus den Ballen des graugrünen Heus, Gewißheit aus dem gesammelten Korn.

5. November 1928

Es ist November, und seit den Nachtfrösten der Oktobermitte regnet es. Von der Schlafkammer aus hört man den Wind sausen und trommeln. Er schürft die Regentropfen von der Dachrinne. Es klingt, als ob eine Riesenhand gläserne Zinken knicke oder über die Saiten einer Harfe wische. Die Dunkelheit kommt früh und weicht ungern. Man späht nach den letzten Blättern. Die Magnolie auf der Mitte des Rasens hält noch einige fest. Von den Kastanien brechen die letzten herunter. Die Regenlast hat alle Gelenke spröde gemacht, die Hand braucht nur leise gegen die Eschenzweige zu rühren: wie sich tot stellende Käfer fallen sie. Sie fallen auf das Gesicht, die Eschenzweige, graugrün tupfen sie den Boden; erst unten lösen sich die Einzelblätter vom Zweig. Daneben liegen die Pappelblätter, wie aus feinem, goldbraunem Leder. Die Kastanienfrüchte platzen in den Schlamm. Wie die Kruppe eines wohlgenährten, braun- und weißgefleckten Pferdes quillt der Kern hervor – ein Tag schon in der Stubenwärme verdufft seinen Glanz.

Am frühen Nachmittag verschwimmen Himmel und Erde ineinander. Zwischen ihnen steht das Meer, ein Nebelgebilde, ohne

Grenzen. Barsch tönen Entenrufe aus der fernen Tiefe. Zwischen den Stranddisteln steht jemand. »Haben Sie welche gekriegt?« frage ich. »Nää – sie fliegen heute zu hoch.« Es ist der Entenjäger. Die Flinte im Arm, steht er stundenlang stumm wie seine Schilfmiete am Strande. Er kennt vierundzwanzig Entenarten – er erzählt mir von einem Vogel, den die Fischer hier den »Heringshund« nennen. Sobald sie die Heringsnetze ausgespannt haben, kommt er geschossen, mit dem Schnabel in die Netze nach den Fischen stoßend, oft dabei die Maschen zerreißend. Noch eine Gestalt wandelt dunkel an mir vorbei, das ist der Seegras-Sammler. Man bezahlt ihm sechs bis acht Mark für einen Zentner. Dabei muß er das vom Meer Ausgeworfene mühsam mit Harken den Strand heraufziehen, er sehnt sich nach einem Motorboot. Sechs Waggons habe man neulich von ihm verlangt, das könne er leider nicht schaffen. Er ist rothaarig, geht etwas krumm und ist immer tätig. Oft treffe ich ihn auf der Landstraße, auf dem Rade, den Rücken mit kleinen, weißen Kisten geräucherter Fische beladen. Er nährt sich vom Meer und muß abwarten, was dessen Schoß heraufwirft.

Der Wald ist durchnäßt. Das Laub zersetzt sich und riecht nach Jod. An allen Stellen quellen Pilze. Wo sie die Schnitt- und Beilwunden der Erlen befallen, schwellen sie orangerot auf und leuchten durch die Dämmerung. Im purpur- und schwarzroten Laube kauern die dunkelgrünen, mit grauen, raupenähnlichen Flecken besetzten Blätter der goldenen Taubnessel. Die Amseln zetern durch Dunkel. Der Zaunkönig schnarrt unverdrossen. Es klingt, als ziehe man eine alte Uhr auf. Die Schwalben fliegen jetzt, wo lauwarmer, weißer Sand den Fuß umzärtelt, wo ein blauer Himmel steht, wo die Zebus die Karren der Eingeborenen ziehen. Hier aber ist die Dunkelheit eingekehrt. Der Nebel sinkt. Wie ein Schweißtuch hängt er dem Tag um die Glieder. Und wenn die Lichter der Dorfhäuser aufglimmen, leuchten sie durch das Grau wie Blutstropfen, als ob wirklich etwas Wundes sich in das Nebeltuch gedrückt habe. Die letzten Blätter fallen.

19. November 1928

Gegen den Trübsinn des lichtlosen Tages, den die Vorstellung bedrängt, daß die nächsten Wochen uns nur tiefer ins Dunkel führen, streitet lächelnd der Immortellenstrauß vor mir auf dem Tisch, mit seinen pergamentstarken roten, gelben und weißen Hüllblättern. Ich habe die Strohblumen zu spät vom Gartenbeet geschnitten, ihre fruchtbare Mitte ist in der Zimmerwärme gereift, und winzige Samenkörner fliegen, von haarigem Pappuskranz getragen, aufs Papier. Auch die große, schiffsschraubenähnliche Kapsel einer Kaiserkronenstaude vom August her entleert flache, hellbraune Samenblätter zwischen meine Buchstaben. War es nicht erst gestern, daß ich am Rande des Sees stand und das große Weidenröschen mit seinen pfennigrunden Blüten bewunderte und darüber sann, daß es die Fuchsie unseres Landes ist? So müht sich sommerliche Erinnerung durch das Zwielicht des späten Herbstes – aber über die Erinnerung schreitet weiter zeugende Gegenwart. Aufblickend gewahre ich am stummen Fenstervorhang eine Zuckereule, die Vorderflügel über die Hinterflügel gedeckt; rübenrot leuchtet es auf dem diskret-vornehmen Grau als Skizze eines Gottes. Können wir von einem Versuch der Natur sprechen? Eine Fledermaus gaukelt, kaum erkennbar in der Dämmerung, deren Geschöpf sie ist, durch den Garten um das Haus. Sie könnte, meinte Lichtenberg, »als eine nach Ovids Art verwandelte Maus angesehen werden, die, von einer unzüchtigen Maus verfolgt, die Götter um Flügel bittet, die ihr auch gewährt werden«. Ein Bündel von Nerven; wer es je in der Hand hielt, wird das Entsetzen des grauseidenen Wesens nicht vergessen, wie Wind im Getreide Welle auf Welle den zarten Körper überflutend, der über ein Gerüst von Stäben gespannt ist. Weiche Berührung unseres Fingers muß der Fledermaus wie Schlag eines Steinhammers ins Gehirn dröhnen. Wie ist es möglich, daß so ein Wunder von Überempfindlichkeit sich durch den Sturz der Jahrtausende herübergerettet hat? Mit märchenhafter Sinnenkraft begabt und die Millionen Hindernisse des Daseins vermeidend! Aber freilich, wenn der mächtige Mensch sie nicht hütet, ist es fraglich, ob wir sie noch lange behalten werden. (Weil man gemerkt hat, wie wichtig sie ist, hat man ihr in Amerika bereits Unterschlupfmöglichkeiten geschaffen und ›Fledermaustürme‹ gebaut.) Jedes Tier, das vergeht, jede Art Lebewesen, das ausstirbt, verdünnt das Weltvokabular, bringt uns weiter zurück von der Wahrheit, die nur aus dem Zusammenklang aller Wesen sich heraufarbeitet.

Dann bedachte ich, daß ich an diesen Abenden, gerade wenn die Dämmerung gefallen war, aus den nassen Büschen zur Seite der Waldwege Schmetterlinge flattern sah, im November Schmetterlinge! Und ich nahm eine elektrische Taschenlampe und suchte »der Erdenkräfte flüsterndes Gedränge«. Da fand ich, wie aus dem Regendunst selbst geformt, auf- und niedersteigend, die braunen Männchen des Obstbaumfrostspanners flattern, die Vorderflügel dunkler bestäubt, die Hinterflügel bräunlich grau. Ich suchte nach den Weibchen und entdeckte an den rohbehauenen Baumstumpen, welche die Viehtrift einsäumten, auf ihrem gerillten, grünnassen, glitschigen Holz kleine, unruhige, käferähnliche Gestalten (manche von Springspinnen überfallen und ausgesogen.) Einen kurzen, dicken Leib versuchen zwei matthellgraue Flügelstummel vergebens zu lüpfen – aber im rauhen Dunkel des sinkenden Jahres gedeiht das Hochzeitsfest. Männchen und Weibchen finden und umarmen einander.

Immortellen, Zuckereule, Fledermaus und Frostspanner gewannen den Sieg, und ich schämte mich meiner Schwermut, da ich es immer wieder gegen meine Kurzatmigkeit erfuhr, daß es in der Schöpfung kein Ende gibt.

3. Dezember 1928

Der Frost hat längst die Herbstzeitlosen auf den Beeten der kleinen Bauerngärten zerdrückt – die Bäume sind nun wirklich meist leer, die Hagebutten leuchten noch, auch die Pfaffenhütchen, und das Maßliebchen, die ewig Schöne, blüht auf den unter Wasser gesetzten Wiesen. Auf dem großen Binnensee entdecke ich, weit, tief in seine Mitte gerettet, sechs wilde Schwäne. Ihre Hälse glänzten schneeweiß in der Sonne. Denn diese war farbig aufgegangen, der Himmel glich einem von Tintoretto bemalten Gewölbe – ein freilich nicht wärmendes Licht umfaßte mit zarter Liebe den See, das Gras, von der Farbe vergilbter Papiere, das rauhe Meer. Ein Soprangesang stieg von den ergrauten Disteln, den zottigen Köpfen der großen Klettenbüsche auf, ein Pärchen Stieglitze fand solche Stimme im kurzen Sonnenblick. Sie hängten sich an die Erlennüsse und pickten an den Samen der Disteln; ihr Name besteht schon zu Recht. Und der Mensch, der, als Knecht der Routine, alles grau in grau sehen wollte, erblickte einen Erlenbusch, der noch ganz voll heiler, grüner Blätter saß, und einen Bach, der sauber und durchsichtig im kalten Graben sprudelte, und in ihm stand ein Molch friedevoll. Der Mensch fand: Auch die Strandmiere blühte noch, die Kuhblume trägt auf langem, regenwurmroten Stengel eine orangegelbe Knospe, und der Pflüger sagt ihm, daß die Würmer dicht unter der Grasschwarte säßen, also sei fürs erste noch weiches Wetter zu erwarten. Freilich stutzte der Ackersmann, als ich ihm von den wilden Schwänen meldete.

Wer nun nach solchem Sonnenaufgang sich auf einen klaren Wintertag freute, wurde enttäuscht. Gleich nach Mittag erdunkelte die Luft, in den Wolken schien Schnee aufgespeichert zu sein. Dann regnete es, und trauervolle Dunkelheit hängte sich an Bäume, Häuser, Menschen, Tiere.

Durch die Fenster, an denen mattrotgelb die Amaryllis blühte, schaute ich in den kleinen Garten. Die Traueresche, deren Zweige im Sommer eine dichte Laube bildeten, war nackt, und nackt war der Platz unter ihr. Aber das schöne, wie aus erleuchteter Tonerde gebildete Fleisch der Wacholder-Scheinbeeren sprach von sommerlicher Kraft, und an der letzten Stockrose hing wirklich noch wie ein Fetzen im Regen aufgequollenen Seidenpapiers ein Blütenblatt.

Der kürzeste Tag des Jahres naht. Es ist draußen nicht tot. Es wird sorgsam gepackt und verstaut. Samen müssen gegen den kommenden Frost geschützt, Puppen dahin gelegt werden, wo Vögel sie nicht finden können, und der Boden wird angereichert für die kommende Saat. Wie der schiffbrüchige Odysseus, unter Blättern verborgen, an der phäakischen Küste, »gleichsam als wenn jemand auf einsamem Landhof, der keine Nachbarn hat, einen Feuerbrand zwischen schwarze Asche versteckt hat, sorgfältig den Samen des Feuers bergend, auf daß er ihn nicht zu suchen brauche, wenn er ihn benötigt, so haust das Dasein im gefallenen Fichtenzapfen, in den mikroskopisch kleinen Eiern der Insekten, in zahllosen Atomen, die unserem unvollkommenen Blick sich mit dem Nichts verwechseln.

17. Dezember 1928

So wie der rotgelbe Dotter des Wendehalseis durch seine dünne Schale scheint, so leuchtet um halb neun Uhr die Sonne durch den weißgrauen Dezemberdunst. Lange vorher aber hat der Hahnenschrei aus dem Stall des Nachbarn die Dunkelheit zerschnitten. Besonders herzlich geht es zwischen diesem Vogel und der Sonne zu. Wen ruft er? Seine Stimme geht über mich hinweg, es ist, als wecke er die Luft, das All. Aber ich höre ihn wohl, und wie tief sich die Müdigkeit in meine Knochen genistet hat, jetzt weicht sie. Der Tag nimmt mich in seine Arme, das Gedicht des sichtbaren Daseins beginnt aufs neue. Die Dunkelheit zerstreut sich, auf der Straße klingelt der Meiereiwagen, die puffenden Motoren der rückkehrenden Fischerboote skandieren die Stille. Immer wieder kräht der hornige Mund. Der merkwürdige Thoreau wußte seinen siegreichen Ruf besonders gut zu preisen, Thoreau, der im März 1845, achtundzwanzig Jahre alt, Bleistiftfabrikant und Schriftsteller, die Stadt Concord in Massachusetts verließ und zwei Jahre in der Einsamkeit der Wälder neben dem See Walden in einem selbsterbauten Hause lebte und in einem herrlichen Buche, das er nach jenem See benannte, von der wimmelnden Fülle seiner Einsamkeit berichtet hat.

Ich kann sie nicht rufen, die Sonne, daß sie höher steige, ich kann die Drehung der Erde nicht beschleunigen, ich muß die Dunkelheit ertragen. Sie wird aufspringen wie die Schale des Eies, wie die feuchtbraune Knospenschuppe der Kastanie, alle Zukunft ist schon in der Schale, in der Knospe: »Die Idee ist unabhängig von Raum und Zeit, aber unsere Erfahrung muß die Natur in Zeit und Raum zerspalten sich abspielen sehen.« Verflucht sei, der etwas ändert, sagt ein chinesisches Wort. Denn es ist alles immer schon da. »Aber der Verstand kann nicht vereinigt denken, was die Sinnlichkeit ihm gesondert überlieferte, und es bleibt der Widerstreit zwischen Aufgefaßtem und Gedachtem immerfort ungelöst.« Nur gegen die Mühseligkeit gedeiht das Leichte.

Der Mensch braucht das Überflüssige, das Darüberhinaus. Aus dem Grunde quillt es, und nicht zum Zwecke. Bei jedem nimmt es verschiedene Gestalt an. Viele tausend Male ist die Erde älter als der Mensch. Die Wissenschaft schätzt sein Alter auf dreihunderttausend, das ihre auf zweitausend Millionen, also lächelt sie ihm zu wie einem eben geborenen Baby. Eben erst ist er aufgetaucht, bohrt sich in sie hinein, haut ihre Wälder auf, leitet ihre Wasserfälle in Röhren und stört die Schönheit ihres Gesichts öfter, als er sie mehrt. Aber solche Zahlen können mich nicht verwirren, und selbst wenn ich höre, daß es einen Stern gibt, den Doradus, der dreihunderttausendmal so viel Licht und Wärme ausstrahlt als die Sonne – es ist doch alles in mir versammelt. Und so betrachte ich nun die Photographie des Ameisenbären, und da ich jetzt nicht durch die kalt verstockten, glitschigen Wälder stöbere, die an mein Haus grenzen, und das Meer mich bald mit seinem grauen Wanken fortschreckt, das sich wie ein vielringiger Leib einer vorgeschichtlichen Schlange wälzt, so sehe ich durch das Mikroskop und betrachte den Dünnschliff des Heliotrops, eines Gesteins vom Himalaja, und die Haube des Frauenhaarmooses und den Kopf des Kartoffelkäfers. Darüber lichtet sich die Dunkelheit, und das neue Jahr tritt ein – und ich wünsche dir die Gabe des Sehens, und dazu die Fähigkeit, gleichzeitig zu sehen, zu träumen, zu denken.

1. Januar 1929

Am Heiligen Abend tobte ein Weststurm. Er schreckte sogar das Meer zurück, dessen Ränder sich zu grauen Sandbänken und Beeten langsträhnigen Seegrases entblößten. Jetzt war es Zeit, sich die steinlosen Stellen zum Baden zu merken – wenn es wieder blauer Sommer ist, unvorstellbar jetzt, unter dem schweren Himmel, im schneidenden Winde. Doch an den Weihnachtstagen blitzte mittags die Sonne, eine Zypressenwolfsmilch hielt furchtlos ihre Knospen hin, und am Spätnachmittage wuchs der Himmel österlich in grünblauen, sehr zarten Glasfarben, die dann, wie erschrocken über ihre eigene Kühnheit, eilig versanken.

Über den Knickhecken zu seiten der Landwege schwanken die Lianen unserer Gegend, die Ranken des Jelängerjeliebers, immer am frühesten grün und vor der stärksten Kälte nicht bange. Aus den Büschen spritzen Vögel: Ammern, Meisen, Hänflinge – die Rotkehlchen halten sich vereinzelt; dann sah ich auch, merkwürdig um diese Zeit, an offenem Wasserlauf drei Stare. Gegen den spärlichen Schnee werden die tiefschwarzen, orangeschnäbeligen Amselmännchen deutlich, auch die braunschwarzen Weibchen fliegen, nicht sehr scheu, frierend umher. Aber vielleicht ist ihnen nicht so kalt, wie wir von uns aus schließen. Den Vogel friert vielleicht nicht, wie er ja auch nicht schwitzt. Er ist die Verkörperung des Mühelosen, wenn wir absehen von der Brutzeit. Und auch die ist ihm ein eindeutiges Muß, das keine Gedankenfreiheit zu Wirrsal schafft.

Im Ahornbaum, der über den breiten Graben der alten Wasserburg hängt, sitzt, ohne zu lasten, ein Eichhörnchen, die weißgrauen Früchte packend, eine schwebende Zugbrücke. In den hohen Linden des Parks sind die Krähen unruhig vor dem Schlafengehen. Moder und Holzteilchen stäuben auf meinen Hut, von ihren Fittichen und Zehen aus sonst nicht berührter Höhe geschüttelt. Eine große Eule hebt sich aus der Weide. Es sieht aus, als richte sie sich aus kniender Stellung auf. Durch das Leise zieht sie einen leisen Strich. Jetzt weiß ich erst, wie still es um mich ist.

Über die Felder verleuchten die weißen Spiegel zweier Rehe. Mit einem Male sitzt, gleich einer schwarzen Glucke, aus deren Gefieder kein Junges mehr hervorgucken darf, die Dunkelheit auf dem Acker. Ich kann es nicht leugnen, daß mein Fuß die einsame Chaussee entlang hastet, daß es mir über den Rücken läuft, als am Grunde eines Baumes am Bahndamm ein Iltis aufraschelt, und daß ich erleichtert das goldene Viereck des Katenfensters sehe, das seinen Frieden, leichtsinnig fast, in die kaltrauschende Nacht zeichnet.

Es geht auf und ab mit dem Wetter. Sind heute die Wege trokken von kahlem Frost, nicht gut für die Wintersaat, so lösen sie sich wieder vor Sonnenaufgang. Dann friert es wieder, ein kurzes Schneegestöber setzt ein, weicher Nachtwind zieht die weiße Decke schnell weg. Krochen gestern grüngelbe und weinrote Bänder- und Zirkelschnecken, so ist heute keine zu sehen. Aber der Maulwurf wühlt, so kalt es ist. Aus der durchhöhlten Steckrübe, die vom Wagen herab in den Graben gefallen ist, huscht eine Maus. Sie hat die Frucht, die ihr willkommen fiel, fast verzehrt, die gelbe, violett gesprenkelte Schale klafft leer. Wenn niemand mehr hier geht, kommt der Hase und frißt schnell den Rest.

14. Januar 1929

Gegen die Mitte des Januarmonats sank das Thermometer bis auf 8 Grad Celsius. Die Erde wurde steif, der Maulwurf wühlte nicht mehr. Leere Schneckenhäuser lagen zwischen den Sträuchern. Schade, daß kein Schnee den Boden schützte. Das Meer gefror weit hinaus, und eine Möwe wurde vom Frost getötet. Auch die Teichhühner mußten aufpassen, daß ihre paddelnden Füße die Wasserrinne offenhielten. Auf dem Moor lief man Schlittschuh, am Ufer freilich wehrte das atmende Dickicht sich gegen das Eis, und der Morast spritzte auf.

In der trockenen Kälte hörte ich über mir ein Pochen, den Ast der alten Pappel bearbeitete ein Buntspechtmännchen. Genick und Bürzel leuchteten scharlachrot. Als ich das Steilufer, das über die See hinaushängt, entlangging, blätterten meine Finger einen vorjährigen, grauschwarzen Kelch der Flockenblume auf – der Geist ihres Sommerdaseins umgaukelte mich purpurviolett –, und ich entdeckte ein hellrot gezeichnetes Räupchen. Geborgen wie die Phantasie in der derbsten Wirklichkeit lag es da. Der Schmetterling, das nächtliche Flockenblumenspannerchen, ist milchweiß, trägt vorn einen schwarzgrauen Fleck und am Saum eine rotgraue Wellenlinie. Aber wenn er fliegt, ist es warmer Mai – die Wiesen schwellen grün, und die Bekassine meckert.

Sehnsüchtig schaut das Auge, horcht das Ohr nach Erwachendem aus. Der Balzgesang der Nebelkrähe, der Liebeslaut der Elster – wo bleiben sie? Immer noch steht man im Dunkeln auf, früh muß man am Nachmittage das Licht einschalten. Dann spinnen sich im Dunkel die Träume – mitten hinein in das mythische Land Buya, in dem eine Schlange wohnt, älter als alle Schlangen der Welt, ein größerer Kolkrabe, eine schönere Bienenkönigin –, aber bald kommt der Traum der Wirklichkeit, und jedes uns begegnende Wesen ist uns neu und bestürzende Erkenntnis – so rein der Traum uns auch die Urbilder gezeichnet haben mag.

Den Mittag überschüttet plötzlich die Wintersonne mit unvergleichlicher Helle. Entzückt taumelt das Auge auf. Tiefblau ist der Himmel. Er herrscht. Die Winde sind still. Es hatte gestern getaut – das wieder flüssige Meer blitzt. Der Zaunkönig schnarrt vergnügt, das Rotkehlchen schnalzt. In den Westen hängt jetzt der beginnende Mond seine östlich offene, aus weißem Hauchlichte geschmiedete Sichel. Je dunkler es wird, desto heller wird sie. Obwohl es dämmert, bleibt der Himmel unglaublich rein. Mit Freude zeichnet sich die Silhouette der kleinen Hafenstadt in sein zartes Blau. Die Sterne tauchen auf. Der Westen sinkt in bräunliches Rot. Ich vergesse meine Sommersehnsucht und vertiefe mich in die Wintergegenwart, in ihren Augenblick. Ich tue gut daran, denn am Morgen darauf fegt ein schmerzender Schneesturm.

28. Januar 1929

Der Winter ist schneereich und kalt. Ob ich es wage, über den großen Binnensee zu gehen, den im heißen Juli der Säbelschnäbler besuchte? Der junge Bauer, den ich vorsichtig frage, wird beredt – das ist sonst nicht seine Sache. »Ich mache mich anheischig, mit Pferd und Wagen rüberzufahren, Herr, der Wagen noch dazu mit Kies beladen. Wenn Sie einbrechen, geb ich Ihnen hunderttausend Taler (wenn ich sie hätte!).« Es ist alles verschneit, doch nicht jede Ritze hat der Frost verkleben können. Wo ein Graben tief liegt, wo Gebüsch und Ried schützen, steht dunkelklar das Wasser noch offen. Klatschend gehen zwei Stockenten hoch, dazu blitzt ein kleinerer Brachvogel auf, mit dem schön gebogenen Schnabel. Laut schallen die Flügel durch die weiße Ruhe. Von jenseits des Deiches höre ich das dumpfe Rauschen des Meeres. Immer neu gefrieren Schaum und Schwall. In wellenförmig verzogenen Kuben vereist es, und weit hinaus ist das Wasser – als koche es – mit grauem Eiskrem durchsetzt. Der Wind schneidet. Die Lappen des Blasentangs sind blank wie Gelatine. Die Steine selbst scheinen zu frieren. Auf dem Schnee entdeckte ich die Winkelzüge der Vogelfüße. Hier hat ein Reiher zwei Dreiecke eingezeichnet. Um die stehengebliebenen Steckrüben, deren lachsfleischfarbenes Innere ausgenagt ist, drehen sich durcheinander die Spuren der Hasenpfoten. Auch Fuchsspuren sichte ich. Eine Spitzmaus nagt am Mark einer Brombeerranke. Und nordische Vögel sind da. Größer als Amseln, weichdunkel-graurötlich, beginnen sie ein leises Schäckern. Sie machen doch den Eindruck, als frieren sie. Sie klettern am graugelben Grase der Weghänge empor und schnappen gierig nach letzten Hagebutten. Es sind die Rotdrosseln. Auch Wein- oder Blutdrosseln heißen sie, der Sing- und der Wacholderdrossel nächst verwandt. Ihre Brutstätten sind Island, die Färöer, das nördliche Skandinavien, Finnland und Nordrußland. Sie halten sich meist truppweise zusammen. Obwohl sie weniger scheu als unsere gewöhnlichen Drosseln sind, hatte ich Mühe, ihnen nahezukommen.

Durch die winterliche Ode dringt plötzlich Meckern. Da stehen mitten im Schnee fünf Schafmütter, und jede hat neben sich ein hochbeiniges, schwanzzuckendes Lamm, einen Tag alt. Legendarisch beleben die rührenden Gestalten den winterlichen Tag. Herrlich wölbt sich der weiße Hügel gegen den ergrauenden Himmel. Die Teichhühner geben einen hohen Ton, es klingt wie Unkenruf. Sie wagen sich dicht ans Ufer, vom Eise geängstigt. Bis achtzehn Uhr bleibt es schon hell.

15. Februar 1929

Eine gewaltige Kälte fiel vom Himmel. Er selbst stieg hoch und hell empor, als wäre es im September. Die Sonne ging im Wolkenlosen auf, und es wurde ein harter Frost. Einen Tag gegen Wochenende tropfte es am Mittag vom Dach, und der Fuß wollte in den Schnee einsinken. Aber am späten Nachmittag fiel das Thermometer wieder auf zehn Grad, und in der Nacht machte sich der eisigste und hartnäckigste aller Winde, der Südost, auf. Er rannte wild umher und peitschte einem den Frost in den Leib. Das Thermometer zeigte zwanzig Grad Kälte. Die Luft war mit lauter feinen, blitzenden Kristallen erfüllt. Die Felder sahen wie von kleinen, zischenden Geiserquellen belebt aus. Der Schnee schichtete sich trocken auf und blies durch jede Ritze. Wenn man zwischen schützende Knicks gelangte, atmete die Lunge paradiesisch reine Luft, es durchlief den Körper wohlig. Aber der Wind! Er verwandelte den Eimer Wasser, kaum vor die Tür gestellt, in einen Klotz Eis, im Nu die Finger in durchprickelte Steifheit. Mühsam hoben sich vom Boden im Gestrüpp am Bauernhof grüne und goldene Ammern, Buchfinken flogen mit kläglichem Ton, Amseln zuckten, Stare suchten sich zu retten. Wo man auf die Schneedecke bereits Dünger gefahren hatte, stiegen Krähen nieder. Über den nacktgewehten Hecken sah ich eine Elster wie einen großen, schwarzweißen Fisch durch die Brandung der Eisluft schwimmen. Vor zwei Wochen hatte ich schon Hasen im Liebesspiel hintereinander herjagen sehen, hatte Gezwitscher der Rebhühner von den Hügeln der verschneiten Acker her gehört – beides mußte dem unaufhörlichen Zorn des heurigen Winters weichen. Der Südost raste, ich konnte nicht atmen, eine Ohnmacht wollte mich hinnehmen, der Fuß schaufelte wie durch Haufen Staubzuckers – o himmlische Ruhe, wenn dann die hohen Hecken, noch nicht geköpft, zu beiden Seiten dem Sturme wehrten. So süß war es, hier zu wandeln, daß ich dieselbe Strecke ein paarmal auf und nieder ging. Aber – zu Hause standen mir die Ohren geschwollen, rot, weit vom Kopfe ab. Ich mußte lachen, doch es war nun nicht anders – beide Ohren sind mir erfroren. Ich band mir – hätte ich es nur vorher getan! – einen Schal um Kinn und Ohren und stieg am Abend in die Kleinbahn. Aber sie blieb stecken im aufgewirbelten Schnee. Ein paar Schaufelversuche – umsonst, das Maschinlein schnaubte ein Stück die Anhöhe hinauf, dann stand sie. »In den Packwagen!« kommandierte der prustende Schaffner – aber auch, so erleichtert, es gelang nicht. Es war eisig im grünen Kasten des Packwagens. Man sollte früh am nächsten Morgen wieder im Dienst sein. Auch die Autos drangen nicht durch die Schneewehen. Da faßten wir einen Entschluß und sind zu dreien durch die kälteste Nacht, die wir hier bisher hatten, fünf Stunden zu Fuß nach Hause gegangen. Ohne Nebenbuhler herrschte grausig schön der Frost. Der Himmel flammte von Gestirnen, und die gebannte Erde lag wie der Schoß der Danae vor dem Goldregen Jupiters.

28. Februar 1929

Er ist kernfest und auf die Dauer, der Winter dieses Jahres, und er ist es nicht gewesen, er ist es noch. Wir haben ihn jetzt mit kaum merklichen Unterbrechungen acht Wochen gelitten. Sieht es aus, als wollten seine Züge weich werden, so ballt er in der Nacht seine unerbittliche Kraft aufs neue: am Morgen zeigt das Thermometer minus achtzehn Grad. Wie der Frost klingt! Mit hohem Ton ächzen die Wagenräder, der Stock, der sich in die Erde bohrt, singt! Die Abgrenzungen der gewohnten Zeit gehen verloren. In wenigen Wochen ist Ostern – sollen wir da noch Schlittschuh laufen? Mit meterdickem Panzer ist das Meer verschlossen, längst erstickt sind die Fische im Süßwasser. Die Speisen der Tiere sind sicherer verborgen als alle Tresors der Banken der Welt. Und die Tiere sterben. Ein Bauer hier fand am Knick eine Ricke und einen Bock halberstarrt. Er nahm sie in seinen Stall, und die scheuen Waldgesichter sehen sonderbar aus unter den frechzahmen Rindern und Pferden. Nicht weit von unserem Hause fand ein Fischer einen Höckerschwan im Schnee auf dem vereisten Meer liegen. Der Gute rettete den sonst unnahbaren Vogel mit dem schwarz- und rotgezeichneten, gehöckerten Schnabel vor dem Tode. Gezähmt ist ja der Höckerschwan längst auf unseren Parkteichen heimisch. Dieser Gerettete aber ist wild. Und da ihn der Fischer nun schon einige Tage mit Gerstenschrot, Brot und Muscheln genährt hat, ist seine Wildheit aus der Frostverlorenheit erwacht, und er gebärdet sich auf dem frommen Hühnerhof als Empörer.

Gegen Abend färbt sich der Himmel hellbraun-rot, österlich, dann wird er zart amethystfarben über den erstarrten Äckern – Lockung des Frühlings. Ob er noch einmal kommen wird? Dann wird auch der gefangene Schwan sich aufmachen, mit Wikingerlust seine großen Flügel auffalten und im Himmel den Geruch der Gefangenschaft abtun.

Unter dem Volke, das sich um die Futterhäuschen bewirbt, fällt ein mausflinker, eleganter Vogel auf, die Heckenbraunelle. Ich hatte nicht gewußt, daß sie bei uns überwintert. Im Sommer merkt man sie, wie sie durch die Zweige der dichtbelaubten Hecken schlüpft, fast gar nicht. Jetzt ist sie Königin, die anderen Vögel müssen ihr, solange sie im Futterhäuschen pickt, das Feld überlassen. Ein großer weißbrüstiger Falke zog über mir durch den schweigenden Himmel, als ich über das Meer schritt, das mich trug, als hätte es von Ewigkeit den Menschenfuß getragen – man begreift nicht, daß es fließt, daß hier sonst nur der Wasservogel weilen kann und nicht der Mensch.

Ob es getaut hat, während ich dieses schrieb? Vergeblicher Wahn, weiß streckt es sich in die Weite, gelassen sieht der hellblaue Himmel dem Frieren zu.

Es ist die Zeit der Abiturientenprüfungen, die Enten möchten sich paaren, und die Zeitung meldet, daß Ohrenschützer wieder eingetroffen seien.

Anfang März 1929

Seit einer Woche taut es. Rinnendes Wasser – es gibt einen Märchenlaut. Konnte das Ohr in regnerischen, schlammigen Wintern das unaufhörliche ›Gluck-Gluck‹ verfluchen, jetzt glaubt es, Harfenmusik zu hören. So bald freilich zieht der Frost seine Eiskrallen nicht aus dem Boden, der im Durchschnitt metertief gefroren ist. Mächtige Brocken Schnee liegen an kalten, dunklen Stellen. Die Landschaft spielt im Dreiklang: graubraungelb die Weiden, weiß die Schneestücke, dunkelbraun die Äcker. Wie nach einer Grippe die Rekonvaleszenz die gefährlichste Zeit ist, mit heimtückischen Schwächezuständen, so ist für den Landmann gerade jetzt, nachdem die bitterste Gewalt des Frostes gewichen ist, der Feind noch nicht geschlagen. Die Äcker sind nacktgetaut von der schon mächtigen Mittagssonne, grün recken sich die Spitzen der jungen Roggensaat, die unter dem Schnee meist unversehrt geblieben ist. Aber nun friert es nachts gerade so tief, wie die feinen Wurzeln reichen: beim Auftauen hebt und weitet sich der Boden, und die Wurzeln zerreißen.

Die berühmten neun Sonnentage im März lassen nicht auf sich warten, es ist herrlich am Mittag, herrlich schon am Morgen, wenn der Schein den Bettpfosten vergoldet. Fast ist es schon verklungenes Märchen, verschollene Geschichte, daß, als wir die Säue in der Bucht am Gutshof fütterten, zu Hunderten die Krähen sich zwischen ihnen niederließen, den Säuen auf den Rücken hockten und gierig schlangen, ja, daß eines Morgens mitten unter ihnen zwei Fasanenhähne stolzierten, daß eines schneidenden Sonntagnachmittags aus dem kleinen Schuppen, in dem wir Gartengeräte bewahrten, sieben Rehe sprangen. Ist es wirklich schon vergessen? Aber kehrt sich der Blick vom aufgetauten Lande ab meerwärts, da sitzt immer noch der weiße Panzer. Dicht an der Kante finde ich die kleine Leiche eines Halsbandregenpfeifers, und die Schlehenbüsche stehen kahl, wenn schon die weißgrauen Pinsel der Weide heraus sind und es nicht mehr lange dauert, daß die Kätzchen der Haselnuß, ziehharmonikaähnlich sich weitend, zu sträuben beginnen.

Endlich, endlich ringen sich aus dem Waldboden, dessen Blätterspreu der Frost allnächtlich wieder festnäht, die Schneeglöckchen. Wie das Kind im Mutterleibe, so sitzt der weiße Blütenkopf noch in der Blattscheide, von einer zarten, gelben Haut umschlossen; auch die langen Blätter sind im Boden gelb. Rehe haben die Spreu bloßgescharrt und einige gelbe Spitzen losgetrennt.

Die scheuen Wildtauben brauchen nicht mehr in die Gärten zu fliegen, an die Grünkohlstauden. Sie dürfen wieder in den Wipfeln hausen, die Vögel der Venus, und das kosende Rucksen wird den österlichen Wald durchtönen.

Ostern 1929

Gekrümmt, die Arme an den Leib gedrückt, möglichst dünn, zagt das Bingelkraut mit gelbgrünen Knospen unter der unwillig weichenden Last des grausamen Winters. Es wagt kaum, sich aufzurichten. Noch immer liegen scheckige Barren alten Schnees unter den Hecken. Den warmen Gründonnerstag mußten die zarten, seidigbestaubten, zu früh geschlüpften Erdeulen büßen. Mit ausgebreiteten Flügeln schwimmen ihre Leichen im Grabenwasser, das wie verkühltes Spülicht steht. Nach russischer Art, dreifach bespannt, schneiden vier Gespanne den Acker auf, eifrig von Möwen begleitet. Ich treffe den Gutsherrn, der ihre Arbeit besichtigt hat, auf dem Rückwege. Ein roter Schnauzbart hängt ihm vom Munde, ein Jagdhund und zwei Teckel weichen ihm nicht von der Ferse. Er hat Sorgen. Man kann es begreifen. Den Vorübergehenden grüßt kein blitzender Hof! Verrostete Kannen liegen herum, gelbe Aschenberge flecken die Pfützen, unbrauchbare Pumpenrohre fallen über Baumwurzeln. Frierendes Jungvieh, Schmutzzotteln an den Flanken, drängt sich ans Staket, und langhaarige Fohlen stehen resigniert im steifen Wind, umwimmelt von schwarzen Staren. Beide letzten Jahre hat die Maul- und Klauenseuche unter den Rindern, der Rotlauf unter den Schweinen gewütet. Und dieses Jahr kommt die Saat spät ins Land. Es ist, als ob das neue Jahr, unzufrieden mit dem gewesenen, alle Farben von der alten Leinwand abgekratzt habe. Es kann den Pinsel frisch rühren. Es hat ihn schon gerührt. Denn aus dem fetten Schlamm der Gartenerde brechen Büschel von Schneeglöckchen und Märzbechern hervor; und es sieht aus, als habe der Knecht, der den Melkeimer vom Stall in die Kammer trug, die weißesten Tropfen des Milchschaums verspritzt. Die Einzelblüten der Haselkätzchen hat der Wind gelockert, so kalt er auch noch war; und purpurn, bleicher freilich als sonst, blinken die weiblichen Narben. Als drücke ihn noch immer der Schnee, öffnet sich ganz vorsichtig der Himmelsschlüssel, aber seine Blätter sind stark, sie durchspießen das alte Laub, und je röter die Sonne scheint, desto mutvoller dickt sich das Gelb der Blüten. Apfelsinenfarbig leuchten die Füße der Enten. Smaragden schillert der Kopf des Erpels. Und ein heftiges Verlangen nach sorgloser Wärme durchzuckt uns.

15. April 1929

Schön verzweigen sich die ausgebleichten Umbelliferenstauden des Vorjahrs, und sie halten die Kelchblätter der längst vergangenen Blüten und Früchte, als wären sie Leuchter uralten, religiösen Brauches. Mein Blick trifft sie, der nach anderem vergeblich hascht, sie und die Vogelnester, die in den kahlen Hecken überall deutlich sind. Welch graziöses Vertrauen in die Güte der Menschen! So sucht das Auge, denn grau und gelb liegen die Wiesen, immer noch, Mitte April. Wieder faucht ein steifer Ostwind, erjagt alles, er zerteilt die Haube des Kiebitzes, der über den Rücken der Viehweide läuft. Das Land ist wie ein Mensch, dem ein Übermächtiger den Mund zuhält; er möchte rufen, vielleicht singen – die Hand des unerbittlichen Windes stößt die Frühlingsstimme zurück. Um den seltenen Mittagsaugenblick herum, wo den Wind selbst ein wenig schläfert, da, wo die Heckenäste schützen, glaubt man zu sehen, wie das Moschuskraut sich selbst auswickelt. Wie feingehäkelte, grüne Schalspitzen quellen seine Blätter, aber auf kurzem Stiel sitzt die Knospe noch wie eine verschlossene Dose. Erst wenn eine warme Nacht sich auf die gequälte Erde wagt, springt die Dose auf, und ein Duft, ich finde ihn dem der Zitrone ähnlicher als dem des Moschus, beschenkt die wartende Luft. Die Rotkehlchen, wintergewohnt, huschen als kleine Bälle durch die Zweige, zart singende Bälle, auch der Weidenlaubvogel ist da, er traut sich kaum mit seinem Dreiklang hervor. Noch ganz am Boden hockt das blanke Laub der Lichtnelke. Abgehärtet blüht schon lange der Huflattich, faltet schnell seine rötlichen Deckblätter, wenn die Sonne vor dem Winde fliehen muß. Und ganz vergebens trägt heute die Anemone den Namen Osterblume. Kleine, ängstliche, grüne Eierchen, hängen vom Stengel herunter die Knospen – und sonst standen jetzt schon die kleinen, grünen Morgensternfrüchte im hohen Grase. Ach! Nicht einmal das Gras wagt diesem Jahr ins Gesicht zu wachsen. Nur da, wo der alte, kundige Verwalter Adamsdotter das alte Gras und totes Gestengel des Vorjahres verbrannt hat, da wächst es wunderschön grün im aschegedüngten, erleichterten Boden. Zur Sage verwandelt haben sich brütende Wärme, lauer Regen, weiche Luft. Seit sechs Jahren kommen hier am 25. April die Schwalben an. Werden sie so frühe Ankunft auch diesmal wagen?

Ende April 1929

Das wintermüde Auge zuckt. Zu lange hat es ins kalte Dunkel starren müssen, jetzt werden die Läden vom Fenster abgenommen, grüngoldenes Licht flutet herein. Aber es war nur eine Farbe der übermütigen Überraschung, schon bedeckt sich der Himmel wieder, und als gehe er behutsam mit uns um, gewöhnt er uns allmählich an das Ereignis des Frühlings. Wirklich, das Auge schließt sich, es öffnet sich zögernd, aber dann wird es von der zarten Kraft des Salomonsiegels überredet, daß das Leise stärker als das Laute, das Zarte als das Grobe, das Weiche als das Harte ist. Bräunlich überflogen, rollt sich sein blaugrüner Körper zu spitzer Tüte und hebt den Boden. Noch steht es gebückt unter der eben geübten Anstrengung. Wenn ein warmer Regen seine Gnade schenkt, steht es aufrecht da, mit den neuen Gliedern siegreich. Der Sommer wird den Flaum abstreifen, die Gelenke werden sich härten; schon hängt, schlittenglöckchengleich, aus jeder Achsel ein weißgrünes Blütentröpfchen – offen winkt es mit seiner ganzen Schönheit.

Ist es Märchenwunsch nur oder gewährte Wirklichkeit? Stob es zuerst unglaublich vorbei, da neigt es sich in großem Schwunge, das erste Rauchschwalbenpaar. Du brauchst nicht zu zweifeln. Auch der Haubentaucher bewegt sich dort, bereit zur Liebe. Durch die leise grünenden Hecken wirbeln Grasmücken, im Starenkasten liegen schon Eier, die Stachelbeeren blühen, das Vogelkonzert wird reicher, auf der Buche sitzt der Baumpieper, sein Gesang erinnert an die Kanarienstimme. Es ist, als genüge ihm der Schwung der Stimme nicht, er fliegt auf, kehrt zurück. Es ist nicht jedem gegeben, wie die Lerche zugleich zu singen und zu flattern. Spitzblättrig in das endlich auferstehende Gras gestiebt, steigt die Sternmiere auf. Weich sind Gräser, Taubnessel, Gundermann, so weich wie Mund und Lefzen der speisenden Stute, der naschenden Ziege. Die Buchen haben sich aufgemacht, die Blätter sind weich wie junge Haut, und feiner Flaum umgibt den Rand. Vielleicht ist es wirklich Großmut, Nachsicht, daß uns das alles nicht mit einem Male jäh überstürzt. Wir werden des Ganzen nur mit der Gabe des Einzelnen inne.

Schon sind Haselkätzchen und Erlenblüten ausgeleiert, wie ausgebrauchte, verworfene Musikinstrumente liegen schlauch- und dudelsackgleich auch die Blüten der Pappeln auf der Erde. Der kleine Lerchensporn trägt grüne Schoten, es bleibt jedes Jahr unbegreiflich, wie schnell er blühen kann. Aber seine großen Verwandten, der große purpurne und der weiße Hohlsporn, durchduften den alten Park am Wasser. In herrlichen, üppigen Büscheln besetzen die Primeln den Grabenrand zu Seiten der Lindenallee, die zum Herrenhause führt, der Gilbstern blüht, vorsichtig, als getraue sein Gelb sich nicht, vom Grün der Blätterbänder verschieden zu sein. Sie blühen emsig, sie müssen die Wärme der Luft benutzen, ehe sich die Bäume belauben, ehe sich die Beweglichkeit, der holde Schwung ihres Blutes zu kurzer Ruhe abgedämpft hat, ehe der Staub des Sommers sie pudert.

10. Mai 1929

Eine rege Wärme überflutet die Erde, nicht als eine seltene Sturzwelle, sondern als breiter, verharrender Golfstrom. Erde und Himmel erschauerten vor Entzücken. Hatten wir nicht, da uns der Winter ohne Erbarmen zwischen seinen eisigen Fäusten gepreßt hielt, alle Hoffnung aufgegeben, je wieder die Glieder in sommerliche Hitze zu tauchen? War es nicht bitterkalt noch um die Osterzeit, lag nicht der Schnee noch dick an beschatteter Stelle, so daß die am Mittag leichtsinnig ausgeschlüpften kleinen Erdschmetterlinge am Abend starben? Gleich nach Pfingsten aber begann es, strömte es von Wärme und Helle, so daß von zartestem Braut- und Bräutigamschmuck der Wald zu der Dichtigkeit des sommerlichen Laubes geeilt ist im Nu – es ist gar nicht mehr Mai –, es ist voller Sommer plötzlich geworden. Schon ruft die Nachtigall den spanischen Flieder, im hohen Grase lagert wohlig das Vieh, der elegante, rotrückige Würger sitzt spähend auf hohem Busch und auf dem Telegraphenmast. Aus seinen Federn rinnt der Reisestaub seiner gewaltigen Wanderung, vielleicht noch Sand der Libyschen Wüste – aber nicht anders haucht jetzt die Luft um den Kopf des Arabers und des Fellachen, als sie gegenwärtig hier um den Bauern der norddeutschen Tiefebene weht.

Sonnenmittagslichter tanzen durch die Blätter der Hainbuche, die sich willig vom Schnittmesser in jede Gestalt wandeln läßt. Der Ahorn löst seine roten Knospenblätter, und wenn ein Wind durch den Buchenwald geht, regnet eine Flut der kleinen, braunen Hüllblätter hernieder. Lichtblaue Stareneierschalen finden sich jetzt im Grase verstreut. Die schlaffen Schirme der Kastanienblätter haben sich aufgerichtet. Hoch steht der Boden bedeckt, daß das einzelne erst dem suchenden Blick offenbar wird. Das Moschuskraut wirft am Abend seinen Zitronengeruch dem Wanderer zu. Die Wilde Möhre, die lange geschlossen stand, hat ihren zarten Spitzenschirm geöffnet. Die ersten Frühlingsblüher sind der großen Hitze schon erlegen und speichern, sobald die erste Erschöpfung vergangen ist, neue Kraft in Wurzelstock und Knolle auf. Gleich beginnen die Gräser zu blühen – erhorcht das Ohr nicht schon Sichelklang und Sensenschärfen? In sechs Wochen haben wir den längsten und hellsten Tag erreicht. Wir haben die Grausamkeit der Elemente im tiefen Winter gespürt, wir fühlen jetzt ihre zarte Behutsamkeit. So hart wie sich im Februar der Frost in die Erde krallte, so weich steigt jetzt mit blankem, fettem Laube die Lichtnelke, müht sich der Günsel, das Blau des Himmels abzuspiegeln. Wir haben es gut hier gehabt, freilich, der Staub wurde schon vom Laufen des Käfers aufgejagt – ein Gewitter zog herauf, ein paar Blitze zuckten, ein kurzer Regen fiel, und am Morgen brannte wieder die Sonne. Gar nicht weit von uns jedoch, über den Kanal hinweg, prasselte Hagel, durchschlug die Treibhäuser, die Fenster der fahrenden Autos und geißelte die Weichen des Viehs, daß es vor Schmerz aufgebrüllt hat. Süßes und Schlimmes bergen die Elemente im Schoß – aber die Gestalt des Tages taucht immer wieder auf. An den ausruhenden Gehöften skandiert das gackernde Huhn die heiße Stille, über den Rand des runden Nestes guckt ein Storchenhals, die Syringen duften, abends beginnen die Frösche zu quaken, und die Nacht berührt nur kurz die gern atmende Erde.

Anfang Juni 1929

So weit ich in Notizen zurückblättere, blühen hier die wilden Rosen in der ersten Juniwoche auf. Aber nach diesem Winter bergen sich die Knospen noch im Laub, die Kelchzipfel überschießend wie grünes Geweih. Und der weiße Hagedorn, den die Engländer »Mai« nennen, ist in voller Blüte. Sein betäubender Duft flutet über die Sandwege. Es gibt hier zweierlei Arten: bei der einen sind Staubfaden und Staubbeutel weiß, höchstens etwas grau, ich liebe die andere, die mit den roten Staubbeutelkissen, die das Weiß durchpulsen wie zartes Blut ein schneebleiches Gesicht. Der Sturm riß an den Ulmen, und pfenniggroße, hellgrüne Früchte bedecken den Boden. Von den Eschen zerrte er die jungen, braungetönten Laubblätter der Spitzentriebe, ihre Früchte jedoch, zierlich gedrechselt und glatt poliert, hängen locker büschlig, als seien sie die Datteln unserer Breiten. Regen fiel, und die Üppigkeit stieg. Zwar stehen Bilsenkraut, Hundszunge noch ganz weich mit kindlichen Gliedmaßen, das Grün der Buchen aber wurde fortgespült, und namentlich da, wo Insektenfraß die Blätter bräunte, sehen die Bäume schon so aus, wie sie bis zum Herbst aussehen werden. Vertieft hat sich der Schatten unter den Kastanien, die erst jetzt mit weißen und braunroten Blüten brennen. Die Lindenwipfel schwenkt der stiller gewordene Wind, sie beben wie grüne Lockenperücken. Die Wiesen lodern zur Sonnenwende hin, Hahnenfuß, Günsel, roter Sauerampfer wallen, das Vieh glänzt auf in der Sonne, das Junggeborene findet die Welt schön und weiß den Winter nicht. Nach der Hitze der Pfingstwoche wurde es wieder kühl – das Tempo des Jahres ist anders als das der früheren, und manches läßt sich ruhiger erfassen, was bei schnellerer Entwicklung im Rausche des Wachstums verschlungen wurde. Die Sumpfdotterblume schießt hoch auf nach der Blüte. Sie samt mit kleinen grünen Morgensternen, ähnlich der Anemone, die Primel ist längst in sich zusammengesunken. Aber der kleine Sumpfbaldrian beflockt sich mit weißen Blüten, und, sonderbar reichlich, jahraus, jahrein, blüht hier das Zweiblatt, eine unserer heimischen Orchideen. Zwischen zwei großen, eirunden Blättern taucht die lange Rispe mit kleinen, grünen Blüten auf, deren Unterlippe in zwei lang herabhängende Bänder zerteilt ist.

Selbst in der Stadt kreischen die Mauersegler über die Dächer sausenden Fluges und rufen es dem Tauben ins Gehör, daß es Sommer ist. Am verblühenden Wiesenschaumkraut, am rotgrünen Ampfer sitzt weißlicher Schaum. Kuckucksspeichel nannten wir ihn als Kinder. Er funkelt in der Sonne. Durchsichtige, grüne kleine Körperchen haben ihn hervorgebracht. Das vordere Ende der Schaumzirpe gleicht dem Munde eines kleinen Walfisches. Der Schaum, der aus Körpersekret und dem Saft des angenagten Pflanzenstengels entstanden sein muß, dient als Falle für Insekten.

Die Mauersegler jubeln, der Kuckuck ruft, bis ihm, wie das Märchen dichtet, eine Gerstengranne in die Kehle gerät – wenn er verstummt, wenn die Heckenrose aus der grünen Knospe steigt, dann sind wir gewiß, daß der Frühling vorbei ist, daß der Sommer sich aufgetan hat.

24. Juni 1929

Feierlich glomm das Jahr zu seiner Höhe. Mit dem weißen Glanz der Umbelliferen schimmerte es über die hohen Wiesen, und Körbe voll junger Vögel schüttete es über Wälder und Büsche. Mit zitternden Flügeln, der ganze Leib eine Aufregung, warnt das Rotschwänzchen seine Jungen, fliegt schattenzart der graue Fliegenschnäpper. Die jungen Würger mit gefleckter Brust, sonst braun, tasten über die frisch geschnittenen Wiesen. Mit weißem Schaum überwellt das Labkraut den steinigen Boden, ein tiefes Violettblau schwenkt die Salbei, den langen Stengel schon zur Hälfte mit Früchten reckend. Ein reizendes Rot weht, wie ein Nachtraum des schon vergangenen Frühjahrs, von den Kuckuckslichtnelken. Ihre Blütenblätter sind zerschlitzt, und man versteht ihren Namen: ›gefetzter Robin‹. Sie schweben wahrhaft als ein Traum, aber er ist nicht umsonst geträumt. Gespenstert es nach durchträumter Nacht im Hirn des Menschen, unsicher unfaßbar: Die Schöpfung schuf den Pflanzen ein sicheres Schicksal. Aus dem Kuckuckslichtnelkenkelch steigt eine kleine, keulige Frucht, der Bärenlauch dreht den verblühten Schopf als ein grünnabiges Rad, und an jeder Speiche sitzt die Frucht. Mit roten Etageren tüncht die Zypressenwolfsmilch die steinigen Hänge. Sie tanzen alle daher im Rhythmus der Jahreszeit, und der schwankende Mensch wird eingefangen von der Melodie, die das Alter der Erde als zeitlose Ewigkeit zu singen nicht müde wird. Der Juni ist der

Monat der Umbelliferen und der jungen Vögel. Ein Wettersturz überrumpelte uns mit Kälte, und wie ein Mörder lief der Wind. Den Vögeln wehen, wie den Mädchen die Kleider, die Federn auf, und die Schwalben schießen dicht über den Strom, dessen Wasser ein böses Gesicht zieht. Die Mauersegler lassen ihr Triumphgeschrei. Wir horchen und warten begierig wie sie auf die göttliche Wärme, die uns eine herrliche Woche lang die Glieder erneuerte. Erbarmungslos schnitt der Sturm neue Eichenblätter und sogar die Eschenfrüchte ab, und in den Gärten harren die aufgeblühten Rosen bange, da sie sich rückhaltlos der lauen Luft hinbetteten, als wären Kälte und Oststurm nie in ihren Traum gedrungen. Spannen wir alle Sinne an, um keinen Blick, keinen Ton, keinen Geruch zu versäumen, denken wir in Düften – dann ist es, als geriete unter der menschlichen Aufmerksamkeit jede Gebärde des Planeten vollkommen, und die Flucht der Zeit sammelt sich zu ewiger Gegenwart.

10. Juli 1929

Alles ist Reichtum und Verschwendung draußen auf dem Lande. Es ist so viel da von allem, Ströme von Sonne, Luft zum Einatmen und immer wieder Gerettetwerden von reichen Wiesen und Wäldern! Wem sitzt nicht eine Vorliebe für richtige Sommerhitze im Blute? Sie sprengt sich sparsam genug in den nassen Juli des Küstengebiets – aber wenn sie kommt! Der Weizen blüht – ihn durchschießt grelles Mohnscharlachrot und, jeder Kopf blitzend wie eine kleine Sonne, das Habichtskrautgelb. Ein Geruch von frischgebackenem Brot schwimmt in der Luft, Sandwespen kugeln übereinander, buhlend, in den heißen Geleisen. Innig duftet der weiße Klee, etwas bitter der Holunder, der jetzt überall seine weißen Schirme aufgespannt hält. Prall im

Fleisch schiebt das Jungvieh Fuß nach Fuß grasend durch die wallende Wiese. Wo es sandiger wird gegen das Meer, leuchtet die Grasnelke, Armeria, und der Mauerpfeffer flammt auf. Überreichlich, die Landwege oft ununterbrochen säumend, blüht dies Jahr die dunkelblau-violette Ochsenzunge, neben der bescheidenen Schwester, der Ackerochsenzunge, mit hellblauer Blüte und knieförmig gebogener, weißer Blütenröhre, und als dritte steigt schmutzig-purpurrot die Hundszunge aus dem Sande. Wo vom See aus Wassergräben sich abzweigen, steigt pompös das blaugrüne Schilf zu Dschungeln auf. Es beschützt die Wasseraloe, die gerade jetzt reich blüht. Wie Schwerter hält sie ihre gesägten Blätter über den weißen Blütenschoß, der sich in das Wasser drückt. Und das Paradies der Rohrsänger tut sich auf. Es ist nicht so leicht, die Arten zu unterscheiden. Aber wohl dem, der, mit Geduld begabt, einen Ferientag damit verbringt, den Stimmen zu lauschen. Vielfach gespalten, ist es das eine Lied, das der Hirtenknabe spielt. »Es blies sein Lied und ließ es / Und sah sich um im Hag / Hub wieder an und blies es / Ich schaute, wie er lag / Er sah bei seinem Blasen / Die stillen Lämmlein grasen / Und langsam fliehn den Sommertag.«

Wenn im zweiten Gesang der Amsel und der Singdrossel ein wenig Schwermut mitklingt, die Lerchen geben dem Sommer seine Jugend. Werden nicht auch die Blumen ein bißchen schwermütiger, die jetzt erst sich aufmachen? Wie schwer steht das Bilsenkraut am Strande, wie würzig-heftig duftet das gefiederte Blatt des Rainfarns, der erst im August blüht, zwischen den zupfenden Fingern! Bald schweigen die Vögel, nur die Jungen versuchen zagend ihre Stimme, aber von der Julimitte bis zur zweiten Augustwoche – wie unermüdlich singt die Lerche! Sie kommt dem Himmel am nächsten, sie triumphiert über den, der schon das Ende des Sommers in der Sonnenwende spürte. Es ist gebrechliche, kleine Menschenschwermut nur. Die Musik der Jahreszeiten tönt weiter; und durch den Traumplatz der Blüte greifen wir nach der festen Frucht.

Ende Juli 1929

Geht man jetzt den kleinen, geschlängelten Pfad, der über die kahlgeschlagenen Hänge oberhalb des Meerstrandes führt, so drängen sich einem die Früchte der süßholzblättrigen Bärenschote in die Hand. Sie gleichen, zu mehreren zusammenstehend, Vogelkrallen, und die Kinder saugen die hellgrünen, denen der Erbse ähnlichen Fiederblätter aus. An den dunklen Bäumen hängen die Kastanien, kartoffelgroß, und die Gartenwege bedecken die von den Kindern ausgelutschten Stachelbeerschalen. An einem losen Faden baumelt, schwarz lackiert mit gelben Einschnitten, die Puppe des Stachelbeerspanners. Alles verspätet sich in diesem Jahre, und so sind die Puppen erst vereinzelt gesprengt, die grell gefleckten Flügel des Schmetterlings, der den Vögeln zur Beute gefallen ist, flattern auf den Beeten. Ist schon Sommerabschied? Die Rosen blühen zwar noch, aber die meisten ruhen vom Blühen aus. Ruhe winkt. Wie erschöpft sind Wege und Bäume von den zwei Wochen der üppigen Hitze der Julimitte, die Grasnarbe sieht versengt aus, und erst nach den Regengüssen der letzten Tage erholen sich die gelben Stengel zu neuem Wuchs. Begierig saugt sich der Blick an den noch blühenden Gestalten fest. Freilich, das Mädesüß ist dahin mit seinem Vanilleduft, mit dem es die Gräben und Wiesen beschüttete, und kleine, geriefelte Früchte bilden sich. Außer dem sparsamen Gezwitscher der Rauchschwalben, deren ein Paar unter dem Dach meines Hauseinganges seine zweite Brut hochzieht, sind die schwanken Stimmen der Rotkehlchen wach, der Fliegenschnäpper, der Gold- und Rohrammern, nur manchmal noch geleitet von den Warnlauten der Alten. Die Zeit des übermütigen Bergauf ist vorbei, Schwermut und Vorsicht beginnen. Aber auf den Gartenbeeten tun sich jetzt die Freudenfeuer des Nasturtiums auf, die Nuancen von Gelb, Orange und eines unbeschreiblichen Mahagonibrauns wiederholen sich und flackern, und der Sinn saugt sich daran reich. Es gewährt eine eigentümliche Freude, die Einheitlichkeit einer jeden Kreatur in all ihren Äußerungen zu belauschen, dem Zusammenhang der Form der Birnenfrucht, des Birnenblattes, des Birnenstammes und der Birnenwurzel nachzugrübeln, zu entdecken, wie das Gebilde der Nasturtiumblüte mit den grüngerillten, später korkig werdenden Samen und den üppig tellerrunden, den Wassertropfen auf feinen Härchen balancierenden Blättern sich reimt. Wir verallgemeinern zuviel, zu hastig durchstoßen wir die Fülle der Erscheinungen mit einigen Formeln. Aber je allgemeiner wir werden, desto leerer werden wir, und im großen ganzen den Umriß des Einzigen, Unwiederholbaren zu wahren – das ist das schwierige Geheimnis. Der Mensch ist längst herrisch genug, eine Einzelbiographie zu beanspruchen – für das Leben eines Tieres sind oft auch die Sinne geschärft, aber zu wenig unternimmt man, die Geschichte, die Schicksale *einer* Pflanze, etwa *eines* Pflaumenbaumes, *einer* Efeustaude, aufzuzeichnen. Die Pflanze hat freilich das ihr gemäße Tempo, und die Schnelligkeit, die eine bloß hastige, ungeduldige Epoche zu ihrem Götzen gemacht hat, vergeht vor der gesammelten, unübertriebenen Zeit, die sich eine Hopfenranke nimmt, um die Telegrafenstange hinaufzugelangen.

Anfang August 1929

Der große Augustmond quillt aus dem Abendgewölk, dann schwebt er, kleiner und weißer, frei im dünstelosen Himmel.

»Und durchs Auge schleicht die Kühle Sänftigend ins Herz hinein.« Mit aufschauendem Entzücken genießt man den Nachsommer, wie er sich, unerwartet schön, aufgetan hat und jeden Morgen – das Auge glaubt dem Glanze kaum – neu auftut. Leise kommt der Abend. Hinten auf der dunklen Wiese flammt das Haupt eines Busches, es sieht aus, als blühe da der Goldregen noch. So kann die Abendsonne noch strahlen. Aus den Lindenwipfeln lösen sich lautlos, als seien es Gefühle, die den lauten Tag meiden mußten, die Fledermäuse und beginnen ihre unhörbaren Gleitflüge. Freilich, es wird eher als im Juli Nacht. Aber der Tag steht noch früh auf. Dahlien und Georginen, Astern und Nelken gleißen aus dem Morgengrau, das Gezwitscher der Schwalben durchsüßt es, und der Erwachende murmelt: »Oh, es ist noch Sommer!« Ist er aufgestanden, so muß er allerdings den jungen Hasen scheuchen, der am frisch gepflanzten Grünkohl nagt, und die Stare, die an den letzten Kirschen naschen. Befürchten wir hier mit Recht meist, daß ein Regenfall nicht einfach die Schwüle unterbreche, sondern lange Trübe und Kälte mit sich führe – diesmal feuchtete er nur wie ein Gießkannen-Überbrausen, und blauäugig und warmgliedrig erscheint aufs neue der Sommer. Auf den Feldern brummt die Mäh- und Selbstbinde-Maschine, und knirschend fällt die Gerste, der Roggen, der Weizen, unzählige gelbe, nach unten aufgespitzte Perlen schwenkt der Hafer, auch er sinkt nun bald. Und dann ist dem Herbstwinde die Tür weit geöffnet. So gut ist hier das Korn ausgereift, daß es oft schon auf der Stelle ausgedroschen werden konnte, und ist der Halm auch nicht sehr hoch gediehen, der Körnerertrag stellt zufrieden.

An den Rändern des Steilufers, der heißen Augustsonne hingehalten, blüht ein Paradies von wilden Feldblumen, weiß, rotviolett und gelb brennt es dem freudigen Herzen zu. Die Zuckereule, der Pistolenvogel des vorigen Jahres fehlen noch, aber großer und kleiner Fuchs, auch wohl ein Admiral, fliegen, und die Hummeln haben viele Nester gebaut. Selten sah ich so viele Schoten der rotblühenden Platterbse; Knospe an Knospe trägt die Flockenblume. Groß und hoch entzündet sich der Rainfarn, zu einem zarten, grünen Vogelnest bauscht sich der Blütenstand der Wilden Möhre, und, wo der Grund feucht ist, tut sich wie der Mund einer Tuba die weiße Blüte der großen Zaunwinde auf.

Wohl sehe ich noch Grasmücken huschen, aber die Vögel sind stumm. Die Mauser macht sie krank, und schon zuckt ihnen der Wanderflug durch die Nerven. Die Erde wird schwer, der Pflug reißt kaum abgeerntete Spreite auf, der Sommer versinkt. Wenn die wilden Enten und Gänse in den Lüften ihre Flugordnung üben, die Starenschwärme wie Rauch über die Wälder streichen, dann sieht es aus, als wären sichtbar geworden die Gedanken des Himmels und der Erde, die ihr Jahreswerk übersinnen.

5. September 1929

Die Felder sind gemäht, das Getreide ist fast eingebracht. In geraden Reihen laufen die Stoppeln. Feierlich strömt das Septemberlicht. So gewohnt sind wir den Wind, daß die sonnige Stille, die sich vom August in den September hinüberträumt, fast erschreckt. Zitterpappel und bewegliches Staubkorn ruhen, und weiß wie geschälter Reis liegen die Wege. Im Fell der weidenden Rinder flirrt die Sonne. Wespen saugen verzückt an der geplatzten Birne. Reich behängt graue Spinnenseide den Buchsbaum, und die Wespenfliegen, den eigentlichen Wespen nachgebildet, schweben lautlos.

Der baumlose Hang bietet schon ein charakteristisches Herbstbild. Goldrute und Flockenblume beherrschen es, die Skabiose fehlt schon, aber der Augentrost, bläulichweiß mit gelbem

Schlundfleck, kommt in Massen daher. Auf den Viehtriften tut das Habichtskraut es dem Frühlingslöwenzahn nach, indem es seine Blütenköpfe zu gelbwolligen Kugeln verwandelt, die ihm nicht wie jenem zu den großen weißen Monden gelingen. An Mauern und zwischen Steinen steht, oft blutrotblättrig, grünweiß blühend, die Fetthenne. Wiewohl schon mit Schoten behängt, verschwenden auch die blaue Vogelwicke, die rote Fasanenwicke noch ihre Blüten. Voll von hellgrünen, blasigen Früchten ist der Meersenf am Strande, aber das zarte Lila seiner Blüten schmiegt sich vertrauend dem Septembersonnenschein an. Die köstliche Wasserfeder oder Sumpfprimel wächst, längst verblüht, mit zahlreichen Nebenpflänzchen auf dem moorigen Grunde der Gräben an. Sie muß reichlich gesamt haben. Und nur dem, der sich bückt, sichtbar, blüht gelb der Wasserstern. Abgetropftes Blut des gestorbenen Sommers, klebt ein Blütenblatt des Feldmohns am heißen Lehm, und zu roten Urnen schwillt, was einst, kinderwangenzart, Heckenrose war.

Das Boot trägt mich am Rande der Bucht entlang und scheucht die jungen Möwen auf. Beruhigend gluckst das Wasser am Kiel. Aus der Tiefe weht, gelbschleimig, das grüne Seegras, ewig gekrümmt unter der fließenden Last der Flut. Ich lande zwischen den kupfrig-violetten Fahnen des hohen Rieds und stoße die Fenster der kleinen Schutzhütte auf, gegen die zu Tausenden sich die Fliegen sammelten, so reichlich wie in keinem anderen Spätsommer.

Will dieses heiße Licht heute nie welken? Doch wie ich schreite, längen sich die Schatten der letzten Haferhocken, und die Dunkelheit greift auch dieses Heute.

Wie ich im Zimmer unter der Arbeitslampe sitze, hascht es aus der warmen Nacht nach mir. Zuckereulen, Gammavögel, Erd- und Saateulen flattern gegen die Scheiben und sausen quirlend um die elektrische Birne. Brach draußen am Wege auch schon zackig vom Kelchboden das Samenhaar der Disteln, Hobelspäne und Kissen für den Sarg des Sommers, mit den Faltern zögert hier drinnen noch der Sommer. Stumm im Wundern über ihre Gestaltung, kann ich den Gaukelnden nicht die Reverenz erweisen, sie mit Namen anzureden. Ich weiß sie nicht. Und ich tue mir nichts zugute darauf, daß ich weiß, daß ich sie nicht weiß. Nein, ich möchte sie alle wissen, alle ›bestimmen‹. Denn die richtigen Namen gehören zum Wesen, nicht der einzelne schuf sie in schnellem Einfall, die Welt dichtete sie.

23. September 1929

Herbstanfang! Die Druckerschwärze auf dem Kalenderblatt meldet ihn. Schon zwei Tage vorher sang ihn uns der Beginn der Äquinoktialstürme ins Ohr, und am plötzlich abgekühlten Morgen lagen abgerissene Kastanien- und Robinienzweige auf dem Rasen.

Den Rüben wird die zwei Monate lang entbehrte Regenflut noch zugute kommen, den Weiden weniger, da ihre Wachstumskraft erschöpft ist. In den Bäumen wird es gelb, die ersten Blätter fallen. Am Mittag ist es tröstlich warm. An den Wassern blüht jetzt erst mit grauen Antheren das Riedgras, gelbweiß ragt es hinaus über die violetten Blütenblätter des Bockdorns, der gegen den grauen Zement der ärmlichen Kate schimmert. Aus der staubenden Trockenheit überall ist kühle Nässe geworden. Wie die Sorge durchs Schlüsselloch zieht mit der Feuchte die Verwesung herbei. Aber Verwesung bedeutet nicht immer Verlust des Wesens, und Auflösung des Fruchtfleisches läßt den Samenkern frei, daß er fallen und keimen kann. Auch die Ernte, die den Menschen weniger als die Tiere angeht, ist reich ausgefallen. Die tintenschwarzen Beeren der Weißwurz, die noch grünlichen Schlehen stehen mächtig, auch die Einbeere trägt reich. Ich mußte sie neulich eigens aufsuchen, nachdem ich sie im April mit jungen Füßen aus dem Laube des vergangenen Jahres habe aufsteigen sehen.

Sind die Felder nun leer, so ranken sich um alle Knicks und Hecken die Blüten des Hopfens. Um eine Achse sammeln sich grüne Schuppen, die eine Art Zapfen bilden. Das sind die weiblichen Blüten, sie sind, sobald sie reifen, mit kleinen Körnern aus gelbem, harzigem Stoff bepudert, der dem Bier zur Würze verhilft. Die männlichen Blüten fallen weniger auf, scheinen auch seltener zu sein, sie erinnern im Bau an diejenigen der Wiesenraute. Übrigens ist der Hopfen verschwistert mit Nessel, Hanf und Ulme.

Ist es wirklich Herbst geworden? Wärmt auch der Mittag, gegen den Abend fröstelt dich, und schon befällt dich Sehnsucht nach der Wärme, in der alles so gelassen seine Glieder dehnen durfte. Ein Junge brachte mir die große, dunkelgelbe Raupe des Weidenbohrers, die die Wärme zu einer Fahrt aus dem Mulm des Baumes ins Freie verführt hatte. Schon hatte ich sie in einen Glaszwinger getan, in der Hoffnung auf den gewaltigen grauen Schmetterling. »Lege Äpfel in den Zwinger, dazu Holzsägespäne, Sektkorke«, riet mir ein Buch. Aber ich ward der Sorge, wie ich das Letztgenannte beschaffen sollte, enthoben. Die starke Raupe muß das dünne Heft, das ich einstweilig über den Hafen deckte, gelüpft haben – vielleicht verpuppt sie sich hinter einem Buche und schlüpft an einem dunklen Abend. Noch ist es nicht so weit.

Am Mittag kauere ich mich am See nieder und schaue den Karpfen zu, wie sie ruhevoll dahinschwimmen, blau umreift wie die Pflaumen. Mir gegenüber sitzt im noch blanken Erlenlaub ein Weidenlaubvogel und zupft sich aus der Brust die verbrauchten, kranken Federn, damit die neuen um so heller strahlen.

14. Oktober 1929

Melancholisch gähnen die Löcher, die Jungen und Hunde den Mooshummeln nachgegraben haben. Die eben noch goldenen Knöpfe des Rainfarns stehen erblindet, auch die Flockenblumen sind strohern, und von den Schoten des Weidenröschens drehen sich nun die Ränder ab, und weniges Samenhaar haftet ihnen an. Der Westwind klappert mit den noch geschlossenen Schoten der Platterbse, ungehemmt fährt er über die Stoppelfelder. Niemand hindert ihn, die Sonne selbst hält ihn nicht, die unerwartet strahlt, über einer reingewaschenen, winterbereiten Welt. Viel Leben duckt sich jetzt, nicht nur der Hase, für den der Wind Tagelöhnerdienste geleistet hat, indem er für ihn die letzten Haferähren ausdrosch. Lange nicht haben die Spinnen eine so ungestörte Zeit gehabt wie den vergangenen Spätsommer. Jetzt mahnen früh beginnende Dunkelheit und Regengüsse, sichere Quartiere aufzusuchen.

Am trüben Nachmittag besuchte ich meinen alten Freund, den Verwalter Adamsdotter. Er wohnt zu ebener Erde im Westflügel der alten Wasserburg. Ich traf ihn bei der Durchsicht von Rechnungen und anderen Papieren. Den engen Raum erhellte mühselig ein Kerzenstummel, den er auf eine alte Tomatenkiste geklebt hatte. Er ist nicht zimperlich, der Alte, er lacht über meine ›Nerven‹ – er hat in seinem Zimmer nichts, das prekär geschützt werden müßte – es seien denn die Zwiebeln der Muskathyazinthen, die er jeden Herbst eigenhändig aus dem Walde holt, um sie in Töpfen zu züchten. Das ausgemergelte, weise Gesicht sieht im ungewissen Schein der Kerze noch ausgemergelter, noch weiser aus. Er antwortet auf meine Klagen über die Wirtschaftslage, über die Abnutzung der Nerven nicht, denn er fühlt sich – in hohem Alter – wohl auf dieser Erde, und jede seiner Äußerungen bedeutet, man solle die Zeit nicht mit unfruchtbarem Räsonieren vergeuden, da alles und jedes so dringend zu uns spräche, daß wir Ursache hätten, stillzuschweigen, um dieses Sprechen zu vernehmen. Er erzählt mir vom Eigensinn der Dinge, und wie im Herbst ein wandernder Starenschwarm plötzlich den schweren Eichbaum spricht, spricht er manches aus, was ohne ihn, den alten Adamsdotter, immer stumm geblieben wäre.

Alles an ihm ist sinnliche Aufmerksamkeit. Er schwelgt in den Schätzen, die sein waches Auge, sein waches Ohr angesammelt haben. »Ich möchte dieses Alter das des Jubelgreises nennen. In der Tat jubelt über ihn die Natur, wie bei seinem Anblick unser Herz. Es wiederholt sich, wo ein Mensch dies Ziel erreicht, jene heitere Freude an allem Dasein, die das Kindesalter charakterisiert, diese Lust an allem, diese unerschütterliche Zufriedenheit, die für alles sich interessiert, weil alles, was erfahren wird, Genuß gibt, dieser Hunger nach Wissen, der nie gesättigt wird und doch nie quält, weil die wiedererworbenen Kinderaugen stets Neues und Schönes sehen und freudig harrend den kommenden Dingen ins Antlitz schauen«, heißt es in Johann Eduard Erdmanns *Psychologischen Briefen.*

30. Oktober 1929

Vor einigen Tagen sah ich die Dämmerung sich über einen zartblauen Himmel breiten. Das war ein Abschied. Seitdem trägt die Landschaft das schwermütige Gesicht, das sie nun lange behalten wird. Kleine, graue Wollklümpchen umklammern die Spitze der verblühten Goldrute, wie Fetzen abgerissener weißer Seide sitzen noch geöffnete Brombeerblüten. Die kleine, kriechende Malve versucht es sogar noch mit weißrötlichen Knospen. Im Schuppen des Außenhauses, in dem ich Blätterstreu, Bucheckern und

Eichelmast für den Winter aufstapelte, scheuche ich ein Pfauenauge auf. Einsam flattert es. Zu weit im Leben ist zu nah am Tode. Aber es ist doch nicht allein, an einer bestimmten Stelle im kleinen Buchenwalde traf ich regelmäßig am frühen Nachmittag mehrere Admiralsschmetterlinge; über die abgeernteten, schon wieder umgegrabenen Kartoffeläcker schwebten sie, von unsichtbarer Blüte gelockt, wie eine Verheißung von Jugend. Hat die Musik aufgehört? Da höre ich die Kohlmeise geigen – auch sie verspricht Dasein. Die Glut der Ahornblätter könnte uns noch wärmen, doch gegen Ende des Monats war das Dach des Schuppens bereift, und strahlt mittags auch die Sonne – es ist nur die Freude des Sterbens. Der Regen strömt mächtig. Hört er auf, so steigt aus den abgefallenen Blättern ein feuchter Dunst, und wie im Februar und März sich die Kräfte der Bildung versammeln, so eifern sie jetzt der Auflösung zu. Hat die letzte Monatsrose am Stengel gezögert, heute Nacht wird sie fallen, und statt des Blütenquastes der späten Dahlie finde ich einen Quirl nassen, braunen Vergehens über schwarzen Blättern.

Die Schnecken ziehen sich in die Winterquartiere zurück zwischen die Efeublätter und verschließen ihre Tür mit einem kalkhaltigen Deckel, den ein winziges Luftloch durchbohrt. Die grünen Raupen, die den Kohl zernagten, sind Mauern und Gartenschuppenwände emporgeklettert; sie ahnen die Verwandlung zur Puppe, die als fast regungsloses Gebilde in weiser Ohnmacht den Winter überdauert. Ein klagender Chor, umsummen die kleinen Mücken die Wasserweiden. Myriaden von Insekten, wie sie die warme Septemberluft duldet, sterben jetzt in der Kälte. Die Fliegen finden sich erstarrt, an Scheiben und Wände geklebt mit einem ausstrahlenden kleinen Gewebe dünner Fäden, einem Pilzgeflecht, das sich ihrer Eingeweide bemächtigt hat.

Es ist der Sonnenuntergang des Jahres, die Natur legt sich

schlafen. Aber wiewohl der Schlaf dem Tode gleicht, so borgt er ihm doch nur die äußere Gestalt ab, und alles ruht nur, um desto kräftiger aufzuerstehen.

Wir sammeln das Fallobst und schauen zu, wie der Most aus der Ziderpresse tropft. Es ist uns, als sähen wir die Kräfte der Erde flüssig werden.

9. November 1929

»Die Bäume sind nun kahl, das herbe Wort ließ mich die Briefe still zusammenlegen, gab Hut und Handschuh mir und Rock und Stock. Und drängte mich hinaus in meine Heide.« Der Nebel verwässert alle Umrisse, grau, schwarz, grün ist die Welt geworden. Der Nebel schmeckt nach Wasser, kalt schlüpft er einem in Mund und Nase. Schon ist nicht mehr die Blätterstreu so farbig getupft, die sich vor drei Wochen noch unter jedem Baum und Busch breitete. Was flammt da auf, selbst den dichten Novembernebel durchschneidend wie mit funkelnder Schere? Wer sieht den Spindelbaum im Sommer an? Dann duckt sich sein scheues Laub vor demjenigen der Hasel in der Hecke, und seine gelbgrünen Blütenpentagramme fliehen das Auge; sehr häufig wird auch sein Laub von der Raupe der Spindelbaummotte verzehrt, deren Wollklumpen von Gespinsten im kahlen Gezweig hängen. Jetzt aber hat sich jeder Blütenstand in ein kleines, fünfeckiges, mit roter Seide überzogenes Kästchen verwandelt. Just in der Spätherbstschwermut springt das Kästchen auf und stößt fünf lebhaft orangefarbene Samenkörner heraus (wenn du diese zerschneidest, gesellt sich als dritte Farbe ein zartes Grün.) Orangegelb und rosenrot jubiliert der ganze Busch, wie exaltiert steht er da, den vor ein paar Monaten nur ein paar graue Motten kannten. Auf dem nackten Ulmenzweig sitzt eine Amsel, ein kohlschwarzer Fleck gegen den grauen Himmel. Sie hat den ganzen Morgen hindurch sprungweise, abgerissen musiziert. Nach dem langen Sommer- und Herbstschweigen probiert sie ihr Instrument. Beherrscht sie es noch? Es klingt zage, weit weg von dem ersten Entzücken des warmen Frühjahrs.

An so brütenden, stillen Herbsttagen sinnt man immer wieder über die Esche nach. Nicht umsonst ist sie der Weltenbaum Yggdrasil. Es geistert stets um sie. Spät entfalten sich ihre Blätter im Frühling (nach den rötlichvioletten Blüten, deren Bündel wie kleine selbständige Sträucher aussehen), lange bleiben sie, meist bis zu den ersten Nachtfrösten. Du überraschest die Esche sehr selten im Herbstkleid. Gestern noch prangte sie ganz grün, heute liegt unter ihr hoch ein Haufe seetangbrauner Blätter, nackt sind ihre Zweige. Immer ist sie lebendig. Es ist wirklich phönixhaft die neue Gestalt unter der alten, abgefallenen sichtbar. Kurze, stumpfe Knospen sitzen an den Enden des Stammes und der Zweige oder über den halbmondförmigen Narben der abgefallenen Blätter. Und wenn diese Knospen auch braunschwarz und völlig glanzlos sind, so daß sie wie verkohlt aussehen, so schlüpft dafür der ganze Baum wie ein Reigen schmiegsamer Schlangenleiber empor, und die Zweige langen weich und melodisch in die Umwelt. Ich begreife, daß der weichflügelige, glänzende, grüne Käfer, den man zur Herstellung des spanischen Fliegenpflasters verwendet, so gern in der Esche wohnt, scheint doch selbst der Winterregen mit besonderem Vergnügen den blanken Stamm entlangzurinnen.

Mitte März 1930

Vom Märzschnee überschüttet, blüht auf dem alten Kirchhof in reichen Büscheln die Christrose auf. Über die Vergänglichkeit siegt sie mit weißen, rotüberlaufenen, zuweilen grünlichen Blüten, mit ledrigen Blättern und schon jetzt angedeuteten Balgkapseln, die uns an die ihr verwandte Pfingstrose mit den dick gefüllten Blüten gemahnen. Sehr schön kann man an der Christrose den Wandel des Organs im Goetheschen Sinne beobachten, den Übergang nämlich der Kelchblätter in Blütenblätter der Kronblätter in Honigbehälter.

Was leuchtet weißer als die weiche Seide der Weidenknospen, nur eben von Deckblättern gehalten? Ein Tag Sonne noch, und jeder weiße Kokon schwillt, daß er den Nachbarn fast berührt, bis der ganze Baum wie ein Netz aus silbernen Knoten glänzt. Gib noch einen Tag Sonne, dann flammt jede Blüte gelb, noch einmal so groß wie vorher. Das Weiß ist geschwunden, in den goldenen Arkaden tummeln sich Tausende von Fliegen und Immen, dickwanstige, bernsteinfarbige Hummeln, Honigbienen, den vielgelenkigen Rüssel weit ausgestreckt. Eine wespenartig kostümierte Schwebfliege schwingt ihre Flugplatten. Wie von der Hand eines Zauberers gehalten, steht sie in der Luft, wartend, bis die stärkere Biene ihr Platz macht. Rostgelbe, kleinköpfige Sandfliegen, Stechbremsen, die schöne Myodina, deren blauschwarzer Leib durch den Schleier der Flügel glänzt.

Wer ein ganzes Jahr Tag für Tag am Weidenbusch sammelte, würde zuletzt eine Weiden-Insekten-Sammlung von achthundert Arten besitzen! Der Spezialist verzwängt sich die Welt, dennoch geht nichts über bestimmte scharfe und präzise Kenntnisse. Wer fühlt sich nicht belehrt, wenn er hört, daß nur die weibliche Mücke sticht, mit einem chirurgischen Instrument, einem Paar Lanzetten, Keilen, Sägen ausgerüstet und einem Saugrüssel, indes das Männchen uns harmlos ist? Aber freilich, man muß gesehen haben, daß es sich durch seine fransigen Antennen, die kleinen Reiherfedern gleichen, vom Weibchen unterscheidet. Den späten Menschen trennt mehr denn je ein Wust leerer Vorstellungen von der körnigen Natur der Dinge selbst. Erzeigen wir den einzigen Vorgängen der Natur die Reverenz, sie kennenzulernen. Wir zermahlen wohl alle Tag für Tag die Unmittelbarkeit der Felder zwischen den Zähnen, die meisten von uns leben aber entfernt vom Herd der Natur. Es tut gut, die Hand an seine Wärme zu legen. Bis in die Fingerspitzen erfrischt, greift sie noch einmal so gut das Dasein an.

18. März 1930

Nach dem Kalender wintert es, aber die Erde fügt sich nicht dem gewohnten Schema. Seit 1877 ist so hohe Temperatur wie in diesem Winter nicht aufgezeichnet worden. Etwas beunruhigt schreitet der Mensch durch die Landschaft, die ihm gefälscht erscheint. Sie will sich zum Frühling aufraffen, dann fällt sie zurück. Gleich winzigen, grünen Spitzentaschentüchern stehen die zerschlitzten Laubflocken des Moschus- und des Ruprechtskrautes unter dem Dorngesträuch der Hecken. Trotzdem beißt am frühen Morgen ein kalter Nebel. Hungrig warten, auf dem Geländer der Schiffsbrücken aufgereiht, die Möwen, gierig die geringe Fischbrut aufschnappend, die von der heimgekehrten Fischerflotte ins Meer gekehrt wurde. Wer sich gewöhnt hat, die Landschaft als einen schwingenden Zustand zu betrachten, in dem ein Augenblick in den anderen vergleitet, die Hügel wie Wolkengestalten schwimmen, Form zu Form eilt, faßt auch diesen immer wieder gelockerten Starrkrampf wie eine Bemühung der Natur auf, im Gleichgewicht zu schweben. Wie eine Vision zuckt ein Juninachmittag auf, eine Impression: Kniehoch stand das saftig geschwellte Gras, senkrecht, als ziehe es geradewegs zum Himmel empor, schoß das Turmkraut mit kremgelben Blüten, und aus der nassen Weide, die das Läusekraut blaßrot fleckte, erscholl der Ruf der Bekassine, der weiblichen, ein Klang wie ›Jak-ke, jak-ke‹, dem, blitzschnell mit vibrierendem Gefieder die feuchtwarme Luft durchsausend, das Männchen antwortet. Die Hand, die sich da jetzt zusammenballt, wird sich liebevoll auseinanderfalten und zum Frühling glätten. Die weißen Flecken auf den Goldnesselblättern glänzen schon, Meisen und Goldhähnchen wiehern leise wie kleine Elfenpferde, und am Spätnachmittag, da die Sperlinge lärmend im Efeu zur Ruhe gehen, färbt den Westen eine märzliche Röte.

Ostern 1930

Wenn man jetzt auf den sich zu Ostern bereitenden Hängen den mit kleiner, blauer Blume blühenden efeublättrigen Ehrenpreis aushebt, fällt einem das chinesische Wort ein: »Das Zarte überwindet das Starke.« Er steckt mit überaus dünner Wurzel im trokkenen Mulm, und wer sein Gedeihen das Jahr hindurch verfolgt, weiß, daß er so unauffällig dahinschwindet, wie er gekommen ist. Vergebens habe ich im braunen, südlich erwärmten Grase nach den kleinen Märchenblüten des Lerchensporns gesucht, aber der Gilbstern blüht im trockenen Chausseegraben, zwischen Findlingsblöcken, auf magerem Boden stehen die winzigen, drahtigen Stengel unserer kleinsten Blume, des Hungerkrauts, einer Kruzifere, Verwandten also des Goldlacks, der Levkoje, des Wiesenschaumkrauts. Die Luft hängt voll Lerchengesang über den Wiesen, die doch noch wie erstarrt daliegen, Kiebitze wuchteln und schreien, die Haseln haben ihre Pollen verstreut. Bald überfliegt es grün die Hecken.

Man muß jetzt aufpassen. Es hält schwer, dem wilden Ansturm der Erscheinungen gerüstet gegenüberzustehen, die Tage so lang zu machen, daß nichts unbemerkt entschwindet. Ich grub ein Exemplar der Hungerblume aus dem Sandboden mit wenigen Blüten. Am nächsten Morgen entdeckte ich bereits eine Samenkapsel. »Schnell wie ein Gedanke«, sagt man, »schnell wie das Blatt des Ehrenpreis welkt und wie Lerchensporn und Hungerblume Samen ansetzen«, könnte es auch heißen. Wenn der Ostwind aufhört, kuschelt sich gleichsam das Land hin, wie eine Eidechse den Rücken abplattend, damit die Sonne jeden Fleck bestrahlen kann. Blaßschwefelgelb will der Hederich leuchten, Hummeln fliegen schon. Ist ein Regen gefallen, so quellen die Büsche über vom weichen Gesang der Rotkehlchen. Die Weide hat ihre ›Palmen‹ bereit für den Palmsonntag. Wenn ich nicht nur der Stadt, sondern auch den Dörfern aus dem Wege gehe, kann ich auf der einsamen Wiese, die noch immer unter Wasser steht, den Rotschenkel beobachten. Sein schriller, dabei sanft klagender Pfeifruf kündet mir an, daß er in das alte Brutgebiet zurückgekehrt ist. Wenn er fliegt, leuchtet sein Gefieder weiß und grau, wie zwei Rohrstengel hängen die Beine, orangerot. Deutlich hebt er sich aus dem übrigen Schwarm der Märzvögel heraus. Aber man braucht gar nicht so weit zu gehen: der eigentümlich schnalzende Liebesgesang der Rabenkrähe ist nahe der Stadt vernehmbar; und der prustende Begattungsruf der Kohlmeise erregt ein Vorgefühl von Wärme.

24. April 1930

Am Rande des Weges, der am See entlangführt, drängt ein rosaweiß gesträhntes, einer kleinen Mähne ähnelndes Gebilde. Es ist die Schuppenwurz. Kein Körnchen Grün trägt sie am Leibe. Als Wurzelschmarotzer hat sie die Fähigkeit der Blattgrünbereitung verloren und läßt ihre Nachbarn für sich arbeiten. Dem flüchtigen Blick will die Blüte einer Orchidee einfallen. Genaue Prüfung aber sieht Verwandtschaft mit Aasblumen ein, von denen unsere knotige Braunwurz uns vertraut ist.

Ehe der Wuchs der Welt üppig wird, läßt sich der Anlageplan der Pflanzen erkennen: die kleine, fette Rosette des Wegerichs, die lockere des Löwenzahns, mit den gezähnten, oft ins Rötliche spielenden Blättern, die winzige des Hungerkrauts.

Die Flora des Waldes verblüht, bevor der Baldachin des Baumlaubes ihr das Himmelslicht absperrt. Am sonnigen Morgen leuchtet die Feigwurz gelb, der Ehrenpreis blau, das Hungerkraut weiß – am regnerischen Nachmittag hängen die Blüten geschlossen. Die Landstraße säumen die Pappeln, wie mit Lämmerschwänzen behängt, die Wege am Wasser sind von den abgefallenen Antherenblüten der Erlen wie von Würmern bedeckt. Im erwärmten Bachwasser schießt, schon brünstig, regenbogenbunt, der Stichling daher. Am weißen Stirnschild des Bläßhuhns schimmert die Sonne. Wie Unkenruf tönt seine Stimme, dann wie Froschquaken. Im Liebesspiel umfahren einander die Haubentaucher.

Den Schornstein des Nachbarhauses sucht wie alljährlich ein Dohlenpaar zu verstopfen. »Ka-ka« rufend, schleppen sie armlange Holzscheite, Wäscheklammern, Geschirr- und Glasstücke in den Kamin. Dreimal muß der Schornsteinfeger kommen, erst nach schwerer Mühe gelingt es ihm, den soliden Nestbau herunterzustoßen. Der Ärger des Hausbesitzers ist groß. Aber es ist unmöglich, den grauhäuptigen Vögeln zu zürnen. Sie blinzeln vom hohen Dach nieder, den Kopf zur Seite gedreht. Da türmt sich ihnen bequem eine Röhre von Schornstein entgegen – woher sollen sie wissen, daß sie für den Abzug von Rauch bestimmt ist? Steht sie doch still und qualmt nicht. Dohlen haben ihr Reich für sich, ihre ihnen wahrhaft eigentümlichen Erfahrungen liegen in sicherem Gewahrsam des grauen Kopfes. Daß aber die Schornsteine nicht für ihre Brut bestimmt sind, das werden sie nie begreifen, und jahraus, jahrein mühen sie sich erst einmal, zweimal, dreimal vergeblich ab, bis sie, besiegt, im Walde oder unter dem Kirchendach, wo niemand sie mehr stört, zur Nestruhe gelangen.

5. Mai 1930

Zwei Tage später als alle Jahre vorher sind die Schwalben erschienen. Ich entdeckte zwei der unvergleichlichen Geschöpfe über dem kobaltblau, grün und weiß marmorierten Meer, mit den Spitzen ihrer Schwingen die Flut streifend. Ein Märchengefühl wacht bei ihrem Anblick auf. Sie jagen über die Weiden, auf denen Hahnenfuß und Tausendschön wie immer um den Vorrang streiten. Das Wunder verbirgt sich immer im Selbstverständlichen. Das Wunder ist uns Menschen nötig. Man kann sagen, daß uns nur die Erscheinungen recht eigentlich taugen, in denen, inmitten ihrer Verständlichkeit, die Unverständlichkeit sichtbar bleibt. Wir leben vom Nichterklärten. Vom Hahnenfuß und vom Tausendschön, gemein genannten Blumen, scheinbar jedermann bekannten, weiß man im Grunde wenig. Zu wenige von denen, die gedankenlos über die Weiden laufen, vertiefen sich in ihr Geheimnis. Jede Blume zieht ihre Blumenblätter gegen Abend zusammen, aber jede tut es auf eigentümliche Weise. Das Tausendschön bündelt seine Silberstrahlen undurchdringlich dicht zusammen. Ist das geschehen, so ist die Blume tatsächlich in der Dämmerung unsichtbar; es ragen nämlich nur die roten Unterspitzen der Blumenblätter hervor, und Rot sieht man ja nachts am allerschwersten. Außerdem aber zieht das Tausendschön seine grünen Kelchblätter wie einen Mantelkragen herauf – was am Tage silberweiß und rosig flimmerte, ist eine Stunde nach Sonnenuntergang unsichtbar. Der Hahnenfuß aber schließt gar nicht wirklich, sondern hält seine goldene Tür sperrweit einladend offen. Sind auch die glasigen Kelchinnenseiten verborgen, so sammelt dafür der gelbe Atlas der Außenseiten das schwache Licht und glänzt mit verdoppelter Wucht. Die eine Blume wirbt um den Besuch der Nachtinsekten, die andere hält sie mit geschickter Kraft fern. Wirklich bewahrt das Tausendschön seinen Nektar, der hauptsächlich nachts hervorgebracht wird, für Geschöpfe der Sonne, und man sieht eine winzige, schwarzblaue Tagesfliege mit langen, irisierenden Flügeln besonders häufig auf den Blüten des Tausendschöns, selten auf anderen. Am Hahnenfuß aber wimmeln die Insekten auch nachts.

Wir gehen der Gestalt der Knospen nach, wie sie geballt zwischen den schon entfalteten, blaugrünen Blättern des Geißblattes leuchten, Farbe und Gestalt jedes Busches ist verschieden. Solange die Blätter noch nicht ausgerollt sind, werden die Vogelnester des vergangenen Jahres deutlich. Aber schon sind die ersten Grasmücken angekommen, sie revidieren die alten Plätze. Der Weidenlaubvogel begleitet uns: ›Zilp – zalp, zilp – zalp‹, die junge Roggensaat läuft in saftigen Linien über den dunklen Grund, die Wasserkresse blüht, das Laub des roten Liedweichs schwillt dick, sanft behaart. Naß vom Tau, eben erst aus der unterirdischen Wiege erstanden, krümmt sich die Traube des weißen Lerchensporns empor, und wir lassen uns immer weiter in den energischen Wirbel der Schöpfung hinein.

23. Mai 1930

Die Rauchschwalbe baut in die Gebäude, die Scheunen, Hauseingänge und Ställe hinein. Die Hausschwalbe klebt ihre hängende Wiege außen an, besonders unter den vorspringenden Dachsaum.

Jene baut ein flacheres, diese ein vollkommen halbkugeliges Nest; in jenem liegen rotbraun bespritzte, in diesem reinweiße Eier. Die Rauchschwalbe zwitschert, die Hausschwalbe bringt ein monotones Leiern hervor; jene hält sich gern über der Erde, zwischen den Häusern auf, diese kreist, namentlich bei Regenwetter, hoch oben, fast in den Wolken.

Wenn die Rauchschwalbe durch den Stall fliegt und nach Nistplätzen ausschaut, fängt es an, sommerlich auf der Erde zu werden. Die Früchte der Ulmen sind pfenniggroß, die Ahornblüten liegen gelbgrün, vom Winde verweht. Die Rinder legen sich schon behaglicher in das wallende Gras. Es ist lange her, daß der Krokus blühte. Er streckt auf langen grau-grünen Stengeln, von langen Kelchblättern überstarrt, seine dreispitzigen Samenkapseln in die Höhe. Immer mahnen sie mich zum Versuch, sie auszusäen. Aber die meisten Zwiebelgewächse haben die Fähigkeit verloren, sich durch Samen zu vermehren.

Jetzt taucht ein Wunder nach dem anderen zwischen den Knickwänden auf. Die braungrünen Tüten des Salomonssiegels heben sich empor. Stehen sie erst, vom Regen gebadet, mit weißen Glocken da, begreift man ihren Namen Zionsträne. Am Rande des Kirchhofes fand ich die kräftige, weiße Vogelmilch, sie heißt auch wohl Milchstern, und häufiger als sonst ist mir der kleine, wilde Lauch begegnet, mit kleinen, geschlängelten, züngelnden Peitschenschnüren gleichsam. Auch die Knoblauchrauke blüht reichlich. Man braucht nur ein Blättchen in den Mund zu stecken, um ihren Namen zu verstehen.

Gestern sah ich den ersten Gartenrotschwanz. Die Brust rostrot, die Kehle schwarz und über der Stirn bis hinter die Augen eine kreideweiße Binde, saß er auf dem schneeweiß blühenden, alten, hohlen Sauerkirschenbaum. Er singt wirklich, während der Hausrotschwanz seine Stimme wie herauspreßt. Langt nun nach

Wendehals und Kuckuck der rotrückige Würger an, so wird es bei uns warm, und wir breiten uns in den tropischen Hauch, der in den Federn dieser unvergleichlichen Reisenden aufbewahrt liegt.

6. Juni 1930

Ein Gewitter ging nieder, als könnte nur so die mächtige Tür des Hauses geöffnet werden, in welchem der Sommer wohnt. Ein gesegnetes Wetter herrscht. Die Sonne scheint, der Regen fällt, und, anders, als es der überkluge Schulze im Märchen tat, der Wind ist nicht vergessen, der den Staub der Roggenblüte auf die weibliche Narbe führt. Die Gräben quellen über von warmem Naß; es trägt den zarten Traum der Wasserprimel, das weiße, zierlich zottige Gesicht des Fieberklees, die schmutzigrote, helmartig gebogene Blüte des großen Sumpfläusekrauts mit dem fein gefiederten Laub empor. Eine unsichtbare Hand streute für ein paar Tage, bis sie weiter südlich zu den Brutplätzen schwärmt, eine Flut des schwarz und weißen Trauerfliegenschnäppers über die Gehölze. Immer nervös, rassig, hüpfen der Haus- und Gartenrotschwanz über die Wege, besorgt um ihre Brut, wie das Rotkehlchen, die Schar der Grasmücken. Aus den gelbgrünen, armhohen Halmen der Sommergerste, wohinein die metallischen Enden der Grannen einen violetten Schimmer flecken, steigen die Ammern, und schon in der Nachmittagssonne hebt die ganz selten gewordene Nachtigall ihren bebenden Schlag an. Aus dem gelichteten Waldabhang taucht die gefranste Blüte des nickenden Leinkrautes und des Taubenkropfes, und höher als das Gebüsch der Knicks ragt die rote Lichtnelke mit den weichen, geschwollenen Blättern. Reichster Reichtum drängt von allen Seiten. Hat die linke Hand ein Unkraut gezupft, wächst zur Rechten ein neues. In den Straßen, in die Häuser, in die Kirchen schießen Vögel. ›Srie, srie! –

Srie, srie!‹ Wie rasen die Mauersegler, die Turmschwalben durch die Lüfte und reißen das Gewinkel der Dächer mit in das hohe Blau – in sieben Stunden fliegen sie von England bis in das Herz von Afrika. Der Kuckuck ruft – sein lauer Glockenton löst uns, ganz früh um fünf Uhr, zauberisch den Schlaf. Wie in der Muschel die Stimme des Meeres, so ist in seinem Ruf das Geheimnis der blauenden Ferne aufbewahrt. Sichtbar wird das Wachstum, Träume verkörpern sich. Wenn man durch das graugrüne Roggenfeld, über den wuchernden Hügelrücken wandert, spürt man, wie jeder Halm die Gelenke höher schiebt, als besitze man die wache Sinnlichkeit Merlins. Alles eilt. Nur noch ein Geringes scheidet uns von der Sonnenwende.

Wenn der Weißdorn verblüht ist und die Heckenrosen sich öffnen, dann ist der letzte Gedanke des Frühlings ausgedacht. Ein Abschiedsgefühl erhöht die Kostbarkeit dieser Tage, und in unseren Augen regt sich die Lust der Tränen. Wie zerbrechlich, wie verwüstlich erscheint die Schönheit der Blüten! Aber wenn sie abgeweht die Erde decken, die rotweißen der Kastanien, die weißen des Hagedorns, dann ist die Befruchtung geschehen, und in großer Ruhe reift unter der Narbe der Samen. Wie eine große Sängerin ihre Stimme über das Orchester schweben läßt, so überleuchtet der Glanz der weißen Dornblüte, leise gerötet, alles andere Weiß der Hecken und Wiesen, indes die schnell verschäumte Blütenflut der Schlehenbüsche längst zu Staub vertrocknet ist.

2. Juli 1930

Das war ein seltener Julianfang mit hochsommerlicher Hitze und gemähten Wiesen. Der Zug der Kleinbahn fährt durch die bezaubernde, von einem blauen Himmel überdachte Landschaft, auf beiden Seiten lange begleitet von warmen Lehmwällen, die überflimmert sind von der weißen Wucherblume mit dem dottergelben Kern. Da, wo das Bähnlein auf seinen ihm entgegenkommenden Bruder warten muß, haben sie doch nur ein Geleise gemeinsam, und wo der Platz sich etwas weitet, der die Lehmwände auseinander läßt, hält der Natternkopf seine blauen, von den roten Staubfäden durchzüngelten Rispen in die Sommerluft. Alle Hecken sind erfüllt von piependen Vogeljungen, klangvoll tiefere Laute der Eltern weisen sie zurecht auf ihrer ersten Lebensfahrt. So heiß war es, daß man den Schatten liebgewann. Als ich den Waldhang hinaufklimme, liegt die österliche Kühle, in der ich hier zuletzt weilte, wie ein verklungenes Märchen hinter mir, und vergebens suche ich nach dem weißen Lerchensporn, der im April reichlich blühte – erst als ich die dunkle, stämmige Blätterschar des Bingelkrautes mit dem Stock niederdrücke, kranken mir ein paar vergilbte, matte Blätter entgegen. Ganz genau beachtet jede Pflanze ihre Stelle im Rhythmus des Jahres. April – das ist die Zeit für den Lerchensporn, sein glasartig zerbrechlicher Gliederbau hat etwas von der Eigentümlichkeit dieses Monats. Jetzt samt das Bingelkraut bereits. Wie mit langen, schlapp herunterfallenden, gelblich-grauweißen Zipfelmützen bedeckt, gucken die Köpfe des bei der Hitze auch längst verblühten Aronstabes hervor. Ziehe ich die Haut weg, so finde ich die kleine Gruppe grüner Beeren, die erst im August rot leuchten. Verheerungen richten bei der Trockenheit die Spindelbaummotte und ihre Verwandte an, die Ahlkirschenmotte. Mit fortlaufendem, grauseidigem Gewebe überzogen, umschleiern die weißen oder gelblichen, schwarzpunktierten Raupen ihre Nährpflanzen, den Hartriegel, das Pfaffenhütchen, die Ahlkirsche, den Kreuzbaum, und fressen sie oft gänzlich kahl. Dazu war in unserer Gegend ein Maikäferflugjahr, und viele Eichen stehen entlaubt, die Blätter verzehrt. Zum Glück verschwinden solche Bäume aber doch in der Fülle des

Unversehrten. In der Waldluft, in der Abenddämmerung, fühlt sich das Heer der Spanner und Motten wohl. Beim Absuchen der Kiefernstämme findet man Säckchen, außen aus alten Nadeln, Kiefernrindeteilchen und Gras- und Stengelstückchen bestehend, während das Innere in einer seidenen Röhre die dem Ausschlüpfen nahe Puppe des Spinners birgt. In der warmen Hand schlüpft ein Männchen mit dichter Behaarung und rußschwarzen Flügelläppchen aus und schwirrt wie toll darauf umher. So fühlte sich das Wesen der Natur der Menschenhand nicht ganz fremd.

16. Juli 1930

Eine breite Hundstagshitze herrschte um die Julimitte. Schon in der Stadt beginnen die weißen Landstraßen, um dann vor den Toren gleißend durch die sonnenbeglühte Ebene zu eilen. Wolkenschwaden steigen auf, Gewitter drohen, aber der Nordwest treibt sie über den Himmel, und er herrscht, ein froher Wächter, über ein ungestört blaues Gewölbe. Mit leise klagenden Lauten heben sich die Bluthänflinge von den Staketen, die Brust wie von einem schnellen, in Rot getauchten Pinsel angespritzt. Das letzte Klingeln des Meiereiwagens verhallt, und die Wärme der Einsamkeit beginnt. Sie wird nicht aufgeregt durch den hochbeladenen Heuwagen, der von der Wiese kommt.

Der Wärme, die über den Sandwegen brütet, freuen sich die grauweißen Stengel der Immortellen, und sie öffnen ihre strohtrockenen, schwefelgelben Blütenknöpfe.

Der besonders warme Juni, dazu die Julihitze, haben alle Früchte üppig geschwellt. Eben noch tauchten am Spindelbaum vorsichtig die grünen, nabenlosen Räder der Blüten hervor, jetzt sind sie gelbhäutige Samenbehälter geworden und zeigen sich im dunkelgrünen, dem des Apfelsinenbaumes ähnlichen Laube.

Die noch unreifen, gelbgrünen, kaum rot beflogenen wilden Kirschen schlucken Stare und Dohlen gierig ganz hinunter. Da, wo sich die Viehtrift buckelt, der Sonne hingegeben, ist die Grasnarbe verbrannt, und bedauernd liest die Pächtersfrau jeden Morgen eine Schicht abgefallener Äpfel und Birnen vom Boden auf, die von der Dürre gelöst wurden. Dafür strotzen aber die Büsche an den Knickwegen von Haselnüssen in krausem, grünem Halskragen. Hartriegel, Kreuzdorn, Schneeball und Hagedorn sind alle reich gesegnet und danken der Gunst des Jahres mit ausgebildeter Gestalt. Auf den großen Weiden suchen Kühe und Pferde geduldig das wenige, frischgebliebene Gras, die Hauhechel und den Thymian, die Hitzefreunde. Zur Mittagsstunde steht das Vieh bis zum Bauch im Wasser des Sees, mit den Schwänzen die Fliegen scheuchend. Herden von Kiebitzen freuen sich über dem Wasser, weiße und gelbe Wasserrosen blühen, und, als müßte selbst er einmal ruhen, klammert sich der Plattbauch, die große Libelle mit den riesigen Augen, an die Brombeerranken. Der lackschwarze, gestreckte Hinterleib ist eine indianische Göttersäule, mit hellblauen und hellgrünen Hieroglyphen beschrieben.

Von mythischem Schrecken erfaßt jagt das Vieh plötzlich den Abhang hinauf. Die Mittagshitze selbst hat es entsetzt.

20. Juli 1930

Die eisenschwarzen Mauersegler durchsicheln das hohe, sanfte Blau des Himmels, den immer wieder die Haube der Regenwolken bezieht, immer wieder freigibt. Emsig folgt der Blick den schnellen Vögeln, wir müssen uns eilen, bald verlassen sie uns.

In den Pappeln wimmelt wohlig der Sommerhauch. Die Vollrosen wichen in diesem Sommer oft in ihre Urgestalt, die einfache Heckenrose, zurück. Sie tragen grünlackierte Hagebutten.

Der Fingerhut wickelt Samentüte auf Samentüte, die Zweige der schwarzen Johannisbeere müssen sich unter der Beschwerde der kirschengroß gediehenen Früchte auf die Erde legen. Gut hört und sieht es sich an, wenn der Abendwind das Laub der Weide, des deutschen Ölbaums, mild beglänzt von der letzten Sonne, aufwühlt, daß die weiße Unterseite der langen Blätter aufschimmert und sie wie fernes Echo des Meeres rauschen.

Selten sah man so hohe und kräftige Gestalten auch der wilden Blumen. Die Hitze trieb sie, der Regen sänftigte sie, in Wohlsein blühen sie, das Johanniskraut, dessen Blätter von Öldrüsen durchsichtig punktiert sind – die frühere Phantasie sah in ihnen Wundmale Christi und nannte es auch das Herrgottsblutkraut, die ewig blühende, Gewöhnliche Schafgarbe und ihre Schwester, die Bertramsschafgarbe, die weniger, aber größere Blütenkörbchen trägt und lieber an nassen Stellen steht – die Glockenblume, in allen Varianten, die kleine mit rötlichblauen Blüten, vor allem aber die mächtig aufgeschossene rapunzelähnliche, Nachtquartier für Bienen und Hummeln.

Der Gesang der Vögel ebbt ab, und die meisten begeben sich in die Mauser. Aber der Zaunkönig weiß nichts von Schlaffheit, er alarmiert schon den frühen Morgen, die Elstern schäckern, es klingt in einiger Ferne, als wenn man Streichhölzer in der Schachtel schüttele, und Stimmen der Baumkronen selbst, gurren Hohl- und Ringeltaube. Nie höre ich die tiefen Laute, ohne an das Märchen von Jorinde und Joringel zu denken: »Es war ein schöner Abend, die Sonne schien zwischen den Stämmen der Bäume hell ins dunkle Grün des Waldes, und die Turteltaube sang kläglich auf den alten Maibuchen.« Verstummen auch bald die meisten der alten Vögel oder wird ihr Gesang langsamer, überlegter, so ist der Chor flügge gewordener Jungen wach, jeder Baum, jede Hecke ertönt von ihren ungeübten Rufen.

Aus dem Haferfeld springt erschreckt ein gelbroter Rehbock, das graugrüne Meer der Halme wellt seiner Flucht nach, junge Eichhörnchen huschen über die Wege, Rebhuhnmütter führen ihre Jungen. Sie trösten uns über die Schwermut hinweg, die uns beim Anblick des Früchtesegens als einer Vollendung befällt.

4. August 1930

Die zur See sich senkenden Lehmhänge überpurpurt die Flut des großblühenden Weideröschens. Sieht man die einzelne Pflanze sorgsam an, so leuchtet die Blüte wie ein karminroter Trinkkelch, unglaublich frisch und hell, und jede trägt die Narbe wie ein kleines Malteserkreuz im Busen. Purpur ist eigentlich die Farbe des Julimonats. Mit ihm verglimmt sie. Die roten Platterbsen sitzen voll von langen, prallen Schoten, die meist den Samen schon herausgesprengt haben. Das Mädesüß streckt seine weißen, kräftig duftenden Spitzen über die Grabenränder. Die Knöpfe des Rainfarns springen auf und glühen wie erhitztes Messing. In weißer Pracht öffnet sich die große Zaunwinde, in warmen Nächten von Liguster- und Windenschwärmern besucht.

Das Meer wimmelt von Quallen, die der Regensturm der letzten Tage losriß. Wie Fallschirme schweben sie. Sie sind die Schmetterlinge der Tiefe. Eine dieser Medusen entfaltet in kristallener Glocke drei Ringe von glänzendem Purpur, gegen die sich ein Bündel milchweißer ›Füße‹ abhebt. Eine andere Art gleicht einem Glaspilz, umsäumt von einem Spitzenkranz in lebhaftestem Preußischblau. Beide Arten sind wehrlos. Die Qualle, die den Badenden wirklich brennt – der Schmerz dauert oft tagelang –, ist vielleicht die Schönste von allen. Ihre Gallerte ist nicht kristallweiß und klar, sondern zeigt ein blasses, wolkiges Strohgelb, braun durchsternt, und böse sieht das Gewimmel ihrer

Fühlfaden aus. Aber wenn man sie von der Höhe des Abhanges herab in der ruhigen Flut schweben sieht, gleicht sie einer fahrenden Blume.

Auf dem Sande der Küste blüht jetzt kobaltblau die Stranddistel wie ein vom Himmel gefallener Fleck. Verlasse ich den Strand, glüht mir aus den Stoppeln des Hafers das rote Gauchheil entgegen. Die Stoppeln pfeifen schon vom Herbst. Gestern Nacht verließen uns nun wirklich mit ihren wohlgenährten Jungen die Mauersegler, nachdem sie in vollendetem Schwebefluge die Kuppel des Augusthimmels erklommen hatten, und da ihr heller Jubel verklang, sinkt eine kleine Schwermut über die verlassenen Dächer. Die Sommerlinden, die den ganzen Juli hindurch süß dufteten, tragen statt der Blüten langgestielte, grünliche Nüßchen mit einem Flügel, der die reife Frucht im Schraubenfluge fortführen wird. Die großen grünen Heupferdchen stieben bei jedem Schritt des Wanderers auf. Eintönig erschallt ihr schrilles Zirpen. Es ist ein Herbstgesang.

23. August 1930

Zwar herrscht dem Kalender zufolge der Sommer noch, aber uns scheint, er ist in den heftigen Regengüssen des Augustmonats ertrunken. Betrübt sehen wir das dumpfe Gelb der Weizengarben auf den Feldern lagern, nachdem der Roggen so gut wie vernichtet worden ist. Die Körner sind ausgekeimt, oder ihr Inhalt ist zu nassem Brei versumpft. Verzieht sich der Regen, so breitet sich ein süßes Licht wie ein Abglanz des Sommers, und da die Natur von den verschiedensten Wesen wimmelt, so ist, wenn einiges nicht gedieh, vieles stark und reich geworden. Im Erlenbruch am See fand ich die großen, halbrunden Blätter des Zweiblattes vergilbt; sie sahen wie verstaubte, weggeworfene

Teller aus, der Blütenstengel stach sparrig, die Samenkapseln glichen durchlöcherten Kuppeln, aber im Schutz des Buchenwaldes blühten wunderschön einige wenige Stauden der Sumpfwurz. Von weitem unscheinbar, sind ihre Blüten auch in der Nähe unaufdringlich; das geringe Violett, das kräftigere Braunrot sind von diskretestem Reiz. Es ist, als wagten sie sich im grünen Dämmern des Schattens, auf dem Laube des Vorjahres und inmitten des Bingelkrautes, nicht zu laut rufender Farbe heraus. In ihrer Nähe blüht weiß, mit kleinen Blüten, das Hexenkraut, eine bescheidene Verwandte des Weidenröschens. Seine zugespitzten, ovalen Blätter stehen paarweise. Hält man sie gegen das Licht, so scheinen sie von Nadeln durchstochen, ähnlich wie beim Johanniskraut. Es sind keine Löcher, sondern durchsichtige Drüsen.

Über die Büsche am Wegesrande, auch gern im Schatten, hängen die Beeren des violettblühenden Nachtschattens, die von Grün über Gelb zu leuchtendem Scharlachrot hinwechseln. Sein Bruder, der weiße Nachtschatten, klettert nicht, steht im Sand, gern am Strande. Er blüht weiß, und seine Beeren werden tintenschwarz. Sie sind nicht so giftig, dafür enthalten seine Blätter Solanin, das sich auch in der Kartoffelpflanze findet (der Saft der rohen Kartoffeln ist ungesund). Verläßt man sich auf seine eigenen Augen und läßt nicht Bücher und fremde Meinungen einen Wall aufrichten zwischen sich und der Natur, so bereichert sie mit Entdeckungen. So fand ich, daß der Staubbeutel des Waldnachtschattens sich oben an zwei Stellen öffnet und seine Beeren zweizeilig sind. Das ist nun bei der ganzen Familie der Solanaceen der Fall: nur die Tomate macht eine Ausnahme. Wir hoffen sehnsüchtig auf einen schönen Herbst. Und wenn die Tage kurz werden, wollen wir uns die kühlen Beeren des wilden Schneeballs ins Glas setzen.

10. September 1930

Der Ostwind schwemmt uns das Meer voll Quallen. Der Hafen ist erfüllt von ihnen, wie aus flüssigem, weißgelbem Marmor geformte Fallschirme flackern sie im Wasser. Alle sind sie dem Tode geweiht. Nur im Elemente sind sie ›richtig‹, wie jedes Wesen nur da ganz zu sich kommt, wo es mit seiner Umgebung übereinstimmt. Auf den Strand gespült, vergehen die Quallen zu mißfarbenem Schleim.

In der Lindenlaube pressen sich hellgelbe Blätter auf den Gartentisch, und der Regen klebt sie fest. Es wird früh Herbst in diesem Jahr. Aber der Mittag lockte zuweilen noch die Süßigkeit des Septembers hervor. Heiß brennt die Sonne durch die weißen Wolken. Der schwarzweiße, mächtige Bulle kocht mit seinem Atem die Luft. Der Acker steht überblüht von schwefelgelbem Hederich. Er schwängert den Herbstmittag mit deutlichem Duft, und die Bienen stürzen sich gierig in die Kelche. Am wilden Rosenstrauch sitzen die Schlafäpfel, faustgroße Umbildungen von Blättern und Blattstielen, mit moosartigen, roten, gelben oder grünen Fasern besetzt. Schneide ich die großen Gallen durch, so zeigen sich die Larvenkammern. Kleine weiße Maden winden sich heraus. Hätte ich sie nicht gestört, so würden sie zu Rosengallwespen reifen, die im April und Mai fliegen. Über das Bewußtsein hinaus reichende Instinktsicherheit leitet sie, ihre Eier dem Rosenbusch anzuvertrauen, wie sie die Raupe des Kohlweißlings berät, die Wände hinaufzukriechen, um Larve und Schmetterling zu werden. Nein, der Herbst verführt nicht zur Schwermut. Zwar sagte auch der rotrückige Würger Adieu, das Flöten des Brachvogels verstummte. Vielleicht schaut sein schönes schwarzes Auge in dieser Nacht schon auf Afrika hernieder, und seine Flügel durchziehen den südlichen Himmel. Dafür bleibt uns der Zaunkönig getreu. Immerzu hört man ihn lärmen. Es klingt, als zöge er wie ein Schuljunge unaufhörlich eine alte, rostige Taschenuhr auf.

»Nehmen Sie, sie duften so gut«, hält mir ein alter Bauer auf dem Markt einen Levkojenstrauß hin. Ich kann nicht widerstehen. Für drei häßliche Fünfpfennigstücke erhalte ich die rotviolette Pracht. Die abendliche Lampe schürt ihre herbstliche Glut. Im Garten, den der Nebel füllt, fallen die Äpfel vom Baum, mit dumpfem Aufschlagen. Es ist die Lese, die sich selbst hält. Das Jahr schüttet uns seinen Reichtum in den Schoß.

24. September 1930

Der aus kleinen Samenpfeilen der Früchte bestehende Kugelkranz des Wiesenbocksbarts harrt noch eine Weile, wenn der Wind den des Löwenzahns schon abgerissen hat. Und um diese Spanne länger verweilt in die Herbsttage hinein ein Sommergefühl. Grün, rot und golden längsgestreift, sitzt der blitzende Grasblattkäfer auf den Blättern der unermüdlichen Weißen Taubnessel. Die Blütenballen der Georginen flammen im fetten Laub, wie gelbrote Lampions schimmern die blasigen Samenhüllen der Judenkirschen.

Aber in die tiefsten Stellen des Weges betten sich abgefallene, runzelige Blätter der Eichen, Ulmen und Linden. Ein seufzender Wind streicht über die leeren Felder. Kastanien prallen auf die Chaussee und platzen aus stacheliger Schale. Dafür glänzen reich an vollen Büschelzweigen die noch stumpfroten Bischofsmützen des Spindelstrauches. Als dunkles Zeichen zieht die Nacktschnecke über die feuchte Erde. Flink trippelt über die kurzweilig sonnenbeschienene Gartenbank die haarige Raupe des Mondvogels, flüchtet der zangige Ohrwurm, abgehärtetere Gestalten, als der weiche Sommer schuf. Auf den Telefondrähten reihen sich, wie Notenköpfe auf Linien, die Schwalben. Sie schwirren auf und sausen über die noch grünen Weiden. Schon heben sich vom gelbgrünen Acker die Kartoffelsammler. Erhaben und demütig zugleich erscheint ihre Gebärde, unmittelbar über den Schoß der Erde gezeichnet. Der Pflug geht über das Feld, das eben noch sommerlich die Lupine durchduftete, und zieht sie als Gründünger in die Furchen. Erst säte der Landmann sie, lockte sie zur Gestalt herauf, jetzt gibt er die Vollendeten zurück. Man denkt an den Bildhauer und Eisengießer der Renaissance, Benvenuto Cellini, der, neue Statuen zu formen, ohne Bedenken frühere Werke seiner Hand einschmelzen ließ, weil frische Bildung Fülle des Stoffes verlangte. So kennt auch die Natur kein sentimentales Zögern, und Vernichtung bedeutet ihr zugleich Zeugung.

12. Oktober 1930

Die Schar der Schwalben nahm Abschied. Nur wenige Nachzügler geistern durch die klare Oktoberluft als ein sanftes Erinnern an den verschwundenen Sommer. Die Natur richtet sich ein. Wer durch die Felder gewandert ist, entdeckt zu Hause an seinem Kleide eine Fülle von Samen. Und wer weise ist, betrachtet sie durch eine Lupe und erkennt eine erstaunliche Vielfalt sinnreicher Gestaltung. Ich ging nur eine Stunde lang am Strande, das Steilufer hinauf, wo durchsickerter Mergelgrund besonders viel Wachstum hervorlockt – und zählte zu Hause an Hose und Strumpf hundert Samen der schmutzigrot blühenden Hundszunge. Vier große, sehr stachlige Nüsse sitzen auf der verbreiterten Basis ihres Griffels. Die Stacheln sind kurz, stark und so widerhakig, daß sich die loslösenden Nüsse fest in die Kleider pressen und nur ein energischer Griff sie abpflückt. Bei der großen Klette, die jetzt zum Teil schon verdorrt steht, ist es die Kelchhülle, die sehr zähe Haken trägt. Sie klammern sich an jeden rauhen Gegenstand; außerdem haben auch die Früchte noch einen fedrigen Pappus. Beim klebrigen Labkraut wie beim Hexenkraut ist die Frucht selbst gestachelt, beim Odermennig, dessen Spitze noch jetzt hellgelb blüht, die Kelchröhre. Die Frucht endlich des Zweizahns, einer gelbblühenden Komposite, an Wassergräben häufig, teilt sich in mehrere Rippen, die sich zu geraden, wieder mit Häkchen ausgerüsteten Stacheln verlängern. Überaus reizvoll ist es, sich klarzumachen, daß die zweiklappige ›Nuß‹ der Walnuß im Grunde dem Stein der Pflaume entspricht und daß der Teil, den wir essen, das Paar der verschrumpften Keimblätter ist.

Überraschend ist in diesem Jahr der Reichtum an Früchten bei jeder Pflanze. Die Chaussee ist eingefaßt von Hagedorn, der mehr rot als grün schimmert, so reich ist er behangen. Die Hagebutten gleichen oft kleinen Äpfeln, die Nesseln samen stark, die Haselnußernte ist höchst ergiebig. Wunderschön weinrot blüht die Waldmalve am Zaun, und jetzt erst öffnen sich die Blüten des Efeus. Zwar dünken sie unserem Auge unscheinbar, sie sind klein und hellgrün, aber den Herbstinsekten bedeutet der Efeu, was die Weide im Frühjahr den ersten Fliegen und Käfern des Jahres gilt. Und vielleicht ist es nur Fälschung, wenn wir meinen, Motten und Fliegen und späte Wespen saugten »mit fiebrischer Hast« an den Efeublüten, als wüßten sie, daß die fließende Fülle bald versagt. In Wahrheit hat jedes Ding seine Zeit, jedes Lebewesen erzeugt seinen eigenen Rhythmus, die Jahrtausende der Erdgeschichte haben ihn zu einer festen Melodie gedichtet, und die Samenkapseln des Wasserehrenpreises springen nur bei Regen auf, daß er seine Früchte nicht in der Trockenheit sterben lasse, sondern wegschwemme.

23. Oktober 1930

Wenn in der Frühe der Garten nebelbeklommen daliegt, Dächer und Baumwipfel im feuchten Grau vergraben noch schlafen, dann rettet der unverdrossene, tagesheitere Gesang des Zaunkönigs vor ermattender Schwermut. Von der Melodie des Zaunkönigs erfrischt, streckt der Apfelbaum, »der Rote von Astrachan«, seine tropfenden Arme in die Helle des andringenden Morgens. Er darf ruhen, so schenkungsfreudig sind seine Hände dieses Jahr gewesen, daß wir Nachbarn und Freunden von der Fülle seiner Früchte abgeben konnten. Immer singt der Zaunkönig, er kennt keine Launen, er weiß nichts vom Melancholischen, in das sich jede Strophe des Rotkehlchenliedes verfängt, einerlei ob es der Liebesgesang des feurigen Männchens oder die sanfte Abschiedsweise am Abend ist.

Ich bin im Walde gewesen, um Zwiebeln der wilden Hyazinthen für den Garten zu holen. Geisterhafte Überbleibsel der Blumen liegen zu Boden gestreckt, zarte, weiße Stengel, verdorrte Samenkapseln. Sie zerbrechen bei der leisesten Berührung, aber sie bezeichnen die Stelle, wo unterirdisch geborgen die Zwiebeln, schon geschwellt und aufbruchsbereit, die Wende des Jahres erwarten. Zehn bis zwölf Zentimeter tief muß ich graben. Glatt und kegelförmig, von perligem Aussehen, tragen sie an der Unterseite einen Kranz kurzer, saftiger Wurzeln. Geduldig und vertrauensvoll in die braune, feuchte Erde gebettet, wissen sie nichts von den tödlichen Gefahren des Winters. Weise Ohnmacht hält sie umfangen, jede wird der weckende Ruf rechtzeitig treffen.

Eine der Zwiebeln fällt mir auf. Aus der Höhlung, die den tief eingesenkten Keim des späteren Blütenstengels birgt, ragen zwei kleine, haarige Beine. Ich sehe näher zu und entdecke hinter ihnen andere, vier Paare im ganzen, und in ihrer Mitte den torffarbigen

Körper einer Spinne. In sich gekrümmt liegt sie ruhevoll, bewegungslos wie die Zwiebel ihr Haus. Auch die Spinne wartet des Frühlings. Ob sie sich freut, eine so sichere Zuflucht gefunden zu haben? Bewußtlosigkeit entfernt sie von Trauer wie von Freude.

27. November 1930

Es ist die trübste Zeit des Jahres. Erloschen sind die Feuer des Sommers, längst verflattert der heimelnde Geruch der Kartoffelkrautbrände auf den Herbstfeldern. Eisenfarben stehen die Zweige der Bäume in die Luft. Ein eisiger Regen prickelt die Haut. Ich komme an der Schmiede vorbei mit den beiden alten Kastanienbäumen, deren einer ganz dunkle, fast rappenschwarze, deren anderer viel hellere, fuchsbraune Früchte jeden Herbst auf die Chaussee schüttet. Die Dunkelheit kommt früh. Ihr Bruder, der Nebel, hilft die Wege vermummen. Ich bin zwischen den Feldern. Findet das Leben sich noch zurecht? Aber es hat lange genug auf diesem unserem alten Stern geweilt, um sich an alle, an die bittersten Bedingungen anzupassen. In der eisigsten Kälte, im Feuer selbst kann es gedeihen. Man muß es nicht immer nach dem komplizierten Körper des Menschen berechnen. In einer verstöpselten Flasche, in der ich rohen Weinstein aufbewahrte, lebte jahrelang ein winziger Käfer – wie er hineingeraten ist, ahnt mein grober Verstand nicht –, er lebte nicht nur, er vermehrte sich. Die Phantasie der Natur ist großmütig. Sie arbeitet so lange, bis sie jedem Geschöpf seine Existenz ausgedacht hat. Ich taste mich im Nebel den Knickhang hinauf. An den Eichenstämmen weiß ich Efeu. Zwar blüht er nicht mehr – die letzte Blüte fand ich Anfang November –, aber mich locken seine grünen Früchte. Erst im April reifen sie, dafür sind sie jetzt säuerlich frisch und winken mir inmitten prachtvoll glänzenden Laubes. Je nach ihrer

Stellung sind die Blätter verschieden gestaltet. Sie wandeln die berühmte Form ab wie die Musik ein bestimmtes Motiv, und diejenigen, die am blühenden Sproß stehen, sind ganzrandig, haben nur eine Spitze und schwanken zwischen weitem und schmalem Oval. Auch der Efeu hat seine Geschichte. Heute geschwächt und genötigt, sich mit Luftwurzeln an einen kräftigen Bruder anzuklammern, stammt er von versunkenen Ureltern ab und hat große Bäume mit unverzweigten, mächtigen Stämmen zu Verwandten.

Durch die nackten Syringenbüsche oben auf dem Rain huscht ein großes Wiesel, schon hellfarbig, mit schwarzer Schwanzspitze, die es, auch wenn es im Winter ganz weiß geworden ist, behält. Sein schmiegsamer, schlangenartiger Körper gewährt ihm eine Menge Unterkünfte. Jedes Mauseloch ist ihm ein Weg, keine Ritze ist ihm zu eng. Immer ist es bewegt. Schnell hat die Erde es verschluckt, und ich erinnere mich, wie es an einem heißen Augustmittag in der Schwüle einsam auf dem glühenden Sande tanzte, voll Lust sich emporschleudernd, immer wieder hingerissen von der Freude am Leben. Es glich jenem Geistchen des Märchens, das tanzend vor sich hinrief: »Ach, wie froh bin ich, daß niemand weiß, daß ich Rumpelstilzchen heiß'!«

5. Januar 1931

Wer an einem hellen Januarmorgen durch die Dorfstraße geht, der glaubt nicht, daß der Winter die Zeit des Todes und der Not ist. Lange vor Sonnenaufgang sangen die Rotkehlchen im Garten, schilpten die Sperlinge im Efeu und schmetterten die Zaunkönige. Die Buchenzweige starren von Speerspitzen, braunen Knospen, und die Kastanien sieht man im Geiste zu den schildkrötenkopfartigen ersten Blätterschöpfen sich entfalten. Zwar glimmt nur wie eine weiße Scheibe die Sonne durch den hellgrauen Himmel, und der Acker ist hartgefroren unter dünner Schneedecke, ewig aber strömt die Quelle des Grases, Frost und Hitze bräunen seine Spitzen, ewig grün bleibt es am Grunde, jahraus, jahrein. Vor der Macht der alten Bäume überkommt uns der Schauer der langen Zeit. Wer aber will das Alter des Grases aussagen, das unsre Sohle gedankenlos betritt? In graugrünem Golde flimmert das Gewebe der Algen und Flechten auf den Baumrinden. Von der Luft genährt, stickt es sich wie aus zarten Muscheln und Bechern zusammen und spricht Chinas alte Weisheit, daß das Zarte das Starke überwindet.

Der Eichelhäher kreischt und schnarrt durch die aalfarbenen Äste der alten Eichen, mein Fuß versinkt in der Decke des vergangenen Jahres. Unter den Resten des Labkrautes, das wie das Gerippe eines ausgebrannten Luftschiffes über Zweigen hängt, aber an seinen äußersten Spitzen noch grünt, birgt sich ein Hase. Entsetzt springt er vor mir auf, nicht weniger erschrocken bin ich. Unter dem Moose am Buchenstamm finde ich in weicher Seidenflocke Spinnen- und Käfereier, süß geborgen im gefährlichen Dasein. Wie könnte es süß sein, wenn wir nicht auch den Geschmack der Bitternis auf der Zunge hätten? Wenn es wahr ist, daß alles Widersetzliche einander nötig ist, dann enthüllt sich das Gute im Bösen und das Böse im Guten, und Hölle und Paradies sind das eine im andern. Und wer über der Flüchtigkeit der Einzelwesen nach dem Gültigen, dem Bleibenden sucht, gerade der wird das Einzelne lieben und keines der Wesen mit einem andern verwechseln.

2. Februar 1931

Der Ostwind saust über die Heide. Es klingt, als bliesen Dämonen auf Kämmen. Sind sie vorbeigestürmt, so bleibt im dichten

Gesträuch der Schlehenbüsche, die es längst gelernt haben, sich trotzig in den Boden zu stemmen, ein Winseln. Die Hand, die den braunen, vertrockneten Stauden des Johanniskrautes die Samenschalen öffnet, findet nur Eiskörner. Die Krähen mühen sich gegen den Orkan, selbst die großen Heringsmöwen müssen kämpfen. Aber der Februar ist ein seltsamer Monat. Der Wind kann verstummen, dann klingt es aus den Hagebuttenhecken wie ein Seufzen einer frischen Mühe. Der Himmel wird hellgrau, zartblau, die Bäume sehen plötzlich aus, als umflamme sie die Vision der künftigen Blüte. Der Haselnußstrauch aber hält seine männlichen Blüten dem Winde hin, daß er sie spanne wie eine Ziehharmonika, und die kleinen, roten Glutherde der weiblichen Blüten warten auf den gelben Pollen. Trotz des unfreundlichen Winters scheint diesmal alles auf eine gute Ernte wieder zu deuten. Wohin immer dein Stock zwischen die Haselnußblätter langt, wirbelt er eine Wolke jenes grünen Fruchtdunstes in die Höhe. Aus den Ritzen des Steinwalls taucht die Hungerblume auf. Daß die Dunkelheit abnimmt, wird merklich, Februar ist der erste Monat, an dem es wieder Abende gibt, bisher gab es nur plötzliche Nacht. Und der Mensch verliebt sich in die zarte Dämmerung, die sich jetzt wieder zwischen den Tag und die Nacht legt, es ist die Zeit, da die Träume fliegen wie die Fledermäuse, die sich auch schon herauswagen. Im Walde scharren die Fasanen den schützenden Laubhumus um den Samen, legen die Spitzen der wilden Hyazinthenknollen bloß – wie geschäftig sie auch scharren, es bleibt genug Zukunft zurück.

Die Natur erhält alles in einem schwebenden Gleichgewicht. Der Geist wird nicht müde, ihm nachzusinnen.

Wenn man den beherrschten Flugkünsten der Möwen zuschaut, gerade im Widerspiel gegen den Orkan, wird deutlich, daß man nur die Bewegungen der Vögel, Insekten und Fledermäuse im eigentlichen Sinne Fliegen nennen darf. Es gibt fliegende Fische, sie spannen Flossen aus und gleiten über die Meeresfläche, es gibt Baumkröten mit häutigen Zehen, die als Fallschirme dienen, springende Baumeidechsen, an deren verlängerten Rippen die Haut sich segelartig bläht. Keins von ihnen vermag sich zu größeren Höhen aufzuschwingen. Ihr Fliegen ist nur ein Fallen, höchstens ein Springen oder ein Gleiten. Die Fledermaus selbst ist, so sicher sie auch zu schweben meint, vielleicht doch nur ein Versuch der Natur auf dem Wege zum Vogel.

4. März 1931

Die ersten Tage dieses geheimnisvollen Monats tragen perlmutterschillernde Flügel. Sie bewegen sich, unmerklich fast, rhythmisch nach den glasklaren Pfeiftönen der Meisen. Ein Duft von Frühling, Zeugungs- und Brutlust tut sich auf. Noch ist nichts ausgemacht. Es bereitet sich etwas vor, jeder Sonnenstrahl schiebt es weiter, jeder Frostmorgen stößt es zurück. Märzschweigen ist nicht mehr Winterschweigen. Dieses ließ sich von nichts – höchstens von der Elster – stören, jenes aber gerät ins Zittern vor jedem Singversuch der Meise, vor dem ersten Summen der ersten Hummel. Schon ist das gefrorene Weiß der Abhänge grün gerändert, schon läßt die Königskerze ihr flanellenes Hemd aufschwellen.

Märzsonne ist nicht mehr Januarsonne. Sie wärmt uns die Haut und raubt der Landschaft die kalte Schärfe. Bückt auch beißender Nebel das Laub der Lungenblume an den Boden, es richtet sich wieder auf und ermuntert sich zu Knospen, in denen das Blau ruht, um sich rot umzufärben, wenn die Blüten aufgebrochen sind.

Das Käuzchen klagt. Man weiß nicht, ob es böse ist, daß die Sonne es aus dem Schlummer reißt, oder ob es schon Geschlechtslust spürt. Leben und Tod sind einander noch sehr nahe. Alles ist noch Versprechen. Man errät die Umwandlung mehr, als daß man sie sieht. Was verbirgt das Moos, der Schrei der Ammer, die Flügeldecke des ersten Roßkäfers? März, von der Mittagssonne ermutigt, vom Nachtfrost geschreckt, regt sich und tastet.

5. März 1931

Auf dem schmalen Wege, der von dem auf der Höhe gelegenen Meierhofe zum Meer hinunterführt, kämpft sich eine Schafherde im feuchten Frühlingssturm ab. Die beiden Hütehunde klemmen den Schwanz zwischen die Beine, der junge, stämmige Schäfer preßt den Hut ins Gesicht. Klägliches Blöken erfüllt den Sonntagmorgen, weißgrau blitzendes Gewölk hüllt die Landschaft ein. Ich bin mit dem Feldglase hinter einem Schwarm unbekannter Vögel her, aber ich stolpere auf dem hügligen Sandgelände am Meer. Die Vögel lassen mich kaum herankommen, außerdem verklebt der Regen mir die Gläser. Jetzt hat sich eine Schar auf dem Kartoffelacker niedergelassen. Schon aber hat meine Nähe sie beunruhigt, sie fliegen auf, sie sind nur Teile eines wehenden Ganzen, dessen Magie sich zwischen ihnen aufhält – und ich kann nur feststellen, daß sie amselgroß sind, schwärzlich, mit grüngelber Brust, vielleicht eine nordische Drosselart.

Schneeglöckchen und Narzisse im Garten haben bereits geblüht. Wald-Anemone, Hühnerdarm, Sternmiere und Weiße Taubnessel kommen jetzt. Ihre Farbe ist eine Wirkung des Lichts, nicht einer farbigen Substanz der Pflanze. Im weißen Blumenblatt wird wie beim Schaum der See das Licht nicht von festen Stoffteilchen, sondern von Blasen reflektiert. Wenn man das Blütenblatt einer Narzisse zwischen den Fingern zerdrückt, so erscheint auf der Hand keine farbige Materie, aber das Weiß vergeht, und das Blatt ist durchsichtig geworden, während das Blütenblatt eines Geraniums die Hand rot färbt.

Die Frühlingsblumen aber, an die man zuerst denkt, sind gelb. Es gibt allerdings unter den Märzblumen die blaue Veronika und die ersten Veilchen. Aber was ist das Weiß, das Blau gegen den Schauer von Gold! Himmelsschlüssel, bleichgelb wie der erste Sonnenstrahl, nickende gelbe Primel, gelber Steinbrech, Sumpfdotterblume, Feigwurz, Löwenzahn und Huflattich. Alle diese gelben Blumen haben ihre Knospen im vorigen Sommer, zur Zeit der Fülle, angelegt oder ihre Kraft in Knollen, Wurzeln, Zwiebeln aufgespeichert. Jetzt gilt die Macht ihrer Sparsamkeit. Die Wärme wird nicht lange mehr auf sich warten lassen, denn die grüngelbe und die weinrote Zirkelschnecke haben ihre Höhlen verlassen und ziehen über die Grasnarbe, die der Schnee hat räumen müssen.

25. März 1931

Woher weiß ich, daß es schön ist? In vollkommener Grazie steigt das Buschwindröschen aus dunklem, kühlem Waldboden. Der zierliche Stengel biegt oben in leichter Kurve um, und die gegen die Erde gesenkte Blume bewahrt unter ihren weißen, unten rosig getupften Blumenblättern den Schatz der Staubblätter. Drei noch nicht ganz geöffnete, dunkelgrüne, am Rande gesägte Staubblätter trennen sich am Blütenschaft. Aus den vielen Möglichkeiten, aus der Fülle der Daseinsarten wurde hier eine bestimmte Gestalt. In dem Umriß der Blütenblätter, in der gerundeten Glocke der Blüte, in der Kurve des Stengels, in den Einschnitten der Blätter musizieren die Formen miteinander. Wo gäbe es einen besseren Einklang der Farben: des Dunkelgrüns der Blätter, des tiefen Rotes des Stengels, der rosigweißen Blüte?

Aber warum ist die Anemone so einfach? Weil ihr Leben schwierig ist. Sie entsteht im harten Anfang des Frühlings, sie erfährt die bitteren Winde, die eisigen Nächte, der Frost bedroht sie ständig. Und was kämpft nicht alles mit ihr und um sie herum, lichthungrig wie sie? Ein solches Leben aber hat keine Muße, bloßen Schmuck zu erfinden. Die Anemone ist vollkommen das, was sie ist. In stillem Sturm kämpft sie ihren Daseinskampf ohne Zögern, mit weisester Verteilung der Kräfte – jede Bewegung, darum jede Form ein Triumph der Sparsamkeit, der Sachlichkeit. Nur einen Augenblick fand das Weiß der Blüte Zeit, den Stengel um einen Tupfen Rot zu bitten. Sonst aber ist alles klarste Lebenswirtschaft. Und durch diese Einfachheit haucht uns der Mut der Existenz an. Nichts Süßliches, nichts Schwächliches, nichts Affektiertes. Ein Wesen, das aus seiner Mitte heraus lebt und deshalb auch unsere Mitte trifft. Die Anemone braucht sich nicht mit Unnützem zu behängen. Sie findet ihr Lob in ihrem bloßen Dasein. Darum ist sie reich, darum ist sie schön wie ein Kind, wie der unverbildete Mensch. Das Leben ist voll von Gefahren. So rein zu existieren, das ist des Ruhmes genug. Wir werden nicht müde, Natur zu deuten. Nicht mit hastigem Einfall, nicht mit kurzschlüssiger Mystik kommen wir ihr nahe. Ihr steter und fester Gang zur Organisation verrät deutlich einen regen Trieb, der mit dem rohen Stoff gleichsam ringend jetzt siegt, jetzt unterliegt, jetzt in freieren, jetzt in bedrängteren Formen durchbricht. Die wilde Anemone hat das Gesetz ihres Lebens rein bewahrt: niemandem zugehörig, jedem ausgeliefert, Hingabe ans Unermeßliche.

12. April 1931

Der Aprilmonat trug anfangs ein graues Gesicht, und seine Hände waren kalt. Die braunen, wie mißhandelt aussehenden Grasbüschel trauten dem flüchtigen Sonnenschein nicht und bückten sich wie Sklaven wieder hin. Aber heute vibrierte die Luft über mir von einem wohlbekannten, lang entbehrten Summen. Ich durchspähte den Himmel, und durch seine graue Weite fegt das Männchen der Bekassine. Bei der niederstürzenden Flugbewegung saust die Luft durch die ausgebreiteten äußeren Schwanzfedern, und es entsteht jener Ton, wie auf heftig gezupfter Harfe. Er berührt sich mit dem Summen der ersten Hummel und dem zarten Blöken des neugeborenen Ziegenlamms. Gut hat wahrlich zugehört, wer die Schnepfe »Himmelsziege« getauft hat. Vom Moor drang der nur uns jämmerlich klingende Ruf des Kiebitz her, und sofort malt sich uns das wuchtig-fuchtelnde Flugbild vor das innere Auge. Auf der Pappel gleich vor meiner Tür hackt besessen ein Buntspecht zentimetergroße Rindenstücke los, sein Bürzel leuchtet scharlachrot, jetzt rast er fort.

Als bischöflicher Krummstab taucht, die Spitze aufgerollt, der Adlerfarn aus dem Sande. Heiser gackert ein Fasanenhahn, lohebraun und bernsteinrot läuft er ungeschickt über eine Blöße. Aus dem noch kahlen Walde springt jetzt der dionysische Ruf des Grünspechtes. Zuerst hört er sich an wie lauter Hohn, aber nun wird er milder, glockenhaft, fast ein Lied. Und die alte Buche, darauf er sitzt und die wie müde zusammengesunken erscheint, rührt sich wie im Traum, und der Mantel um ihre spitzen Knospen lockert sich. Abends hört man schon den einlullenden Wiegengesang der Ringeltaube. Sie denkt, es ist immer Abend, und wer ihren Gesang vernimmt, den überkommt es wie Sommermüdigkeit.

Der Frühling ließ sich hart an, aber jetzt sind die Ulmenblüten dem Aufspringen nahe, die Schnecken fürchten sich nicht mehr vor Kälte. Wo die Jungen und Mädchen eben noch rodelten, stehen Anemonen auf. Der Wind kann wieder bissig werden, aber ein weicher Regen fließt wie erleichternde Tränenflut. Aus den weiten Falten seines Mantels schüttet ein Gott Rotkehlchen in die Gebüsche, weinrot wird der Kleiber unter dem Bauche. Und der Zitronenfalter fliegt und schwebt, als ob es keinen Zorn und keine Not gäbe.

4. Mai 1931

Wer würde die Stimme des Gimpels, des Dompfaffen, verkennen? Aus regenverhangenem Maimorgen höre ich sie im langsam, spät sich belaubenden Obstgarten. Sie klingt, als ob ein menschlicher Mund schnell und leise über das offene Ende eines Schlüssels blase, endlos wiederholt, während der Vogel wie nach festem Plan alle Knospen der Apfelbäume absucht. Da wird ein Paar der Tiere sichtbar: das Männchen, die Unterseite tief scharlachrot gefärbt, sogar bei diesem kargen Licht wie ein Gefahrsignal aufleuchtend; das Weibchen trotz seines nüchtern grauen Kleides ebenso deutlich sichtbar. Einer unserer ersten Frühlingsvögel ist der Weidenlaubsänger, ein weiches, braunolivengrünes Elflein. In großen Mengen ist er hergeflogen. Busch, Wiese, Wald und Garten erfüllt sein hüpfendes zilp, zalp, zelp, zilp, zalp, zill, als wäre es die Stimme der frisch ausgepackten Blätter. Den allbekannten Gesang des Buchfinken übersetzen die Kinder: »Willst du mich küssen, Liebste?«, aber wenn sie den Weidenlaubvogel hören, sagen sie: »Er zählt sein Geld.« Das Märchen lautet, er rechne sein Reisegeld nach, und er muß lange zählen, denn von den Laubsängern ist er der erste, der kommt, der letzte, der geht. Und Afrika liegt nicht vor der Tür.

Im aufgehellten Vormittagslicht überdeckt jetzt das reiche Gelb des Hahnenfußes das Weidefeld mit schimmerndem Goldnebel. Kommst du am Mittag zurück, entdeckst du einen seltsamen Wechsel. Das Gold hat sich zu einem geheimnisvollen Weiß abgedämpft, das zwar noch stärker glänzt als das morgendliche Gelb, aber von dieser Farbe nur einen blassen Bernsteinhauch zurückbehalten hat, der wie letzter Sonnenschein auf Gebirgsschnee glimmt. So wechselt die Herrschaft des Hahnenfußes merkwürdig mit derjenigen der Gänseblume ab. Noch kann man diesen Wechsel beobachten, in einer oder in zwei Wochen ist das Schauspiel vorbei. Eine offene Gänseblume ist, weil so weiß, weithin sichtbar. Sobald aber das Licht abnimmt, schließt sie sich. Man kann im Zwielicht beobachten, wie Kelch nach Kelch in die Unsichtbarkeit versinkt, während das vertiefte Abendlicht den Hahnenfuß wieder zu glänzendstem Gold aufblitzen läßt.

Sieht es nicht aus, als ob das strahlende Weiß der Gänseblumen die ersten Schwalben herbeigerufen habe? In Wirklichkeit aber sind die Blumen Herde unzähliger kleiner Insekten, daher schießen die Schwalben zu ihnen nieder.

10. Mai 1931

Vor wenigen Wochen rührte sich die Landschaft mühselig unter dem kahlen Regen. Aalfarbig dunkel standen die Baumstämme. Als kleine gelbe Flecke unterbrachen die Kastanienknospen das Grau, leise betupften die Lindenknospen es mit Rot, und hellrosa flirrten die Blüten der Ulmen. Im Regen, den das eingebeulte Pappdach der Veranda auffing, badete aufgeregt eine Schwarzdrossel und hieb nach den Spatzen, die es ihr gleichtun wollten.

Jetzt aber hat sich die Welt pfingstlich erheitert. Über den grünenden jungen Roggen streicht pfeilschnell der Kuckuck, eine große, graue Sperbergestalt. Er ruft zweimal. Ihm antwortet wie ein Lachen aus dem lockeren Humus des Waldbodens, aus zerfallenen Baumstümpfen, die rührend sanfte, weiße Glocke des Sauerklees, mit kräftigem Eigelb die Sumpfdotterblume, verhaltener die Goldnessel, mit grauem Rot am Wegrand die Taubnessel.

Zwischen den sehr gelassen, unmerklich schwellenden Zweigen der Eiche hüpft und flattert der Trauerfliegenschnäpper. Anders als sein häufigerer Bruder, der graue Schnäpper, der die Insekten im Fluge aufhascht, wartet er auf dem Zweige und schießt dann auf die Beute im Gras. Das wunderschöne Männchen überstrahlt mit schwarzer Kappe, weiß gestreiften, schwarzen Flügeln und weißer Unterseite sein graubraunes Weibchen. Nicht sehr häufig, aber seinem Nistplatz jedes Jahr getreu, ist er der holdeste Maigruß, flüchtig und scheu flattert er vorbei. Jedes Jahr erstaunt es, wie gedankenschnell der niedrige Lerchensporn verblüht. Eben suchtest du nach der kleinen, purpurvioletten, schiffchenähnlichen Blüte, und schon hängen im zerschlitzten Laube kleine gelbgrüne Schoten mit lackglänzenden, dunkelbraunen Samen. Und wenn jetzt der Aurorafalter um die Früchte des Wiesenschaumkrautes und der Knoblauchsrauke flattert, ein Weibchen – nur beim Männchen färben sich die Flügel in der vorderen Hälfte schön orangegelb –, dann sucht es nicht nach dem Nektar der Blüten, sondern nach einem Platz für seine Eier. An jede Pflanze legt es nur eins, damit den Raupen der Lebensraum nicht zu eng wird. Wie in einem glücklichen Fieber zittert alles, Vogel, Falter, Blume – mit ihnen der Mensch. Zauberhaft schnell schweben Knospe, Blüte, Frucht, Begattung, Geburt, Reife an seinen erstaunten Augen vorüber.

25. Mai 1931

Trotz des lange verschleppten Frühlings blühen Kastanien und Syringen dies Jahr eine Woche früher als im letzten. Plötzlicher

Hitzeandrang und mächtige Gewitter haben dem Sommer die Tür weit aufgestoßen. Kniehoch züngeln die grünen Flammen des Grases. Da, wo der Wegebauer den Graben am Knick entlang im Vorfrühling zuschüttete, haben sich im lauen Sande ein paar Stauden der gebräuchlichen Ochsenzunge aufgemacht. In den grauen, haarigen Blättern, schon verstaubten, sitzen die kleinen, blaupurpurnen Blüten. Schon öffnet die Kornrade ihre violetten Flügel im jungen Korn. Aus den Steinhaufen, die die Chaussee schottern sollen, blitzt rotgelb das Barbarakraut, leicht kenntlich an seinen dunkelgrünen, glänzenden, gefiederten, leierförmigen Blättern und den kleinen Kreuzblüten, deren Menge, in Ähren gesammelt, leuchtkräftig wird. Sie blüht bis in den letzten Herbst hinein und reift ihre langen, schlanken, vielsamigen Schoten, zufrieden mit jedem Boden; dann sieht die Geschäftige allerdings oft ganz überanstrengt und mitgenommen aus. Der Mai brachte Wärme, Gewitter, Regen und Abkühlung und wieder Wärme, die Welt ergrünte jählings, und aus der gärenden Erde steigen die schönsten Gestalten so schnell, daß das Auge schwer folgen kann, sich oft gegen vieles schließen muß, um einiges mit ganz dichter Aufmerksamkeit zu erhaschen. Der Zitronenfalter sieht schon alt aus, aber wenn du Glück hast, triffst du den Schwalbenschwanz, wie er mit zuckender Bewegung seiner schwefelgelb, schwarz, blau und rot gezeichneten, wundervoll geschwungenen Flügel einer feuchten Stelle der Erde zufliegt, um Nässe zu saugen. Längst haben die Hecken ihre grünen Blattvorhänge zugezogen, und hinter den Vorhängen rühren sich die Wiegen der Vögel, die Nester, auf das klügste versteckt und doch der zudringlichen Menschenhand oft leicht erreichbar. Hecken sind das Glück vieler Vögel: auf eine Entfernung von wenigen Metern fand ich in alten Thujabüschen je ein Nest der Amsel, Goldammer, der Braunelle und einer Grasmücke.

Die Sonne strömt aus wolkenlos heiterem Blau. Der braunkehlige Wiesenschmätzer flitzt von Weidenbusch zu Weidenbusch. Der schmetternde Gesang des Buchfinken applaudiert mit platzender Energie jeder Welle des Lichtes, das Weißkehlchen, der Plattmönch, die Singdrossel, der Zaunkönig jubilieren, indes die Felder grün und still stehen, indes auf dem breiten Wege zwischen den Hecken wilden Schneeballs der Faulbeerbaum verschwenderisch von Blüten glänzt. Gegen diesen herrlichen Tumult, dem der Mensch sich mit allen Sinnen öffnet, tönt dann aus der Dämmerung der goldgrünen Wälder die gemächliche Stimme der Holztaube.

9. Juni 1931

Stücke des Amselgesangs stemmen sich gegen den Wind, der die Magnolie entblättert. Hinter der Amselmutter stelzen ängstlich zwei hochbeinige Junge – es ist nicht alles Lied und Melodie, es ist Angst und Sorge. Es ist die vollste, die üppigste Zeit des Jahres. Die Spindelbaumbüsche sind übersät mit den kleinen gelblichgrünen Blüten, die wie Propeller geformt sind. Das Ackerhornkraut baut schon mehr kleine, runde Samenkapseln, als es Blüten trägt. Es ist die Zeit der Umbelliferen, mit durchsichtig weißem Schleier überdecken sie die Ränder der Chausseen. Das Wiesengras hat seinen kostbarsten Augenblick. Es ist nicht nur voll erleuchteter Farbe, es trägt einen geheimnisvollen, sanft gleitenden, seidigen Schimmer. Woher rührt er? Man entdeckt seine Ursache erst, wenn man in das Meer der Halme hineinspäht. An vielen Gräsern sitzen kleine weiße Schaumklümpchen, wie sie eine ganz kleine Zikade durch Anbohren der Stengel hervorbringt. Sie geben der Wiese noch am Nachmittag des warmen Tages das Aussehen frischester Betautheit.

Im hohen Grase lagert das Vieh. Das Gras blüht bereits, die Rispen bräunen sich. Mit anderem, von Kobaltblau durchschossenem Grün stößt an die Wiese der junge Roggen. Gelblich schimmert die Gerste, auch schon kniehoch. Noch sind die Chöre der Braunellen, der Grasmücken in den Hecken lebendig, aber die Stimme des Kuckucks beginnt zu verstummen. Der Klappertopf schießt auf – wenn sein blasiger Kelch erst die reife Frucht umhüllt, ist es Zeit zur Kornernte. Die Heuernte ist im Gange – nicht lange mehr, und es ist Sonnenwende, die beste Zeit geht zu Ende. Dies Jahr blühte im Garten der Buchsbaum, ein Verwandter des Bingelkrautes. Aus einem übersponnenen, zusammengebogenen, grünglänzenden Blatt des Efeus löst sich, wie Faden aus einem ins Rollen geratenen Wollknäuel, ein Gewimmel junger Kreuzspinnen, stecknadelkopfgroß, gelb mit schwarzen Pünktchen auf dem Rücken. Liegt da auf dem frischen Sproß des Rainfarns ein blaues Streichholz? Aber es fliegt weg – es ist eine Libelle. Der rotrückige Würger flitzt vom Telegrafendraht herunter, er hat wohl schon Junge, er jagt von früh bis spät nach Käfern und Raupen. Kurz sind die warmen Monate, schnell wie die Mauersegler, die wieder mit hellstem Diskant über die Städte streichen, sausen sie vorbei.

30. Juni 1931

Die Sonne stieg scheitelabwärts. Der längste Tag flimmerte über den Fluren. Der Ruf des Kuckucks schmolz hinter den Schwellungen der Weidehügel. Es war, als ob das Märchen des wachsenden Lichtes Lebewohl sagte. Der Sagenruf des Kuckucks – nie erscholl er so häufig wie in diesem Jahre – wer kann ihm widerstehen? Es ist, als ob er nie hart und aufdringlich werden wollte, daher stößt der wunderbare Vogel seinen wandernden, zweigespaltenen Ruf mit geschlossenem Schnabel aus, so klingt er ewig entfernt, mit einem Schauer den Hörer streifend. Und wenn aller Unterschied zwischen den Menschen darin besteht, daß die einen, die meisten, an den Erscheinungen des Daseins vorbeihasten, die anderen an diesem oder jenem Wesen haltmachen, es sehen, aufmerksam in der Gegenwart des anderen Wesens, staunend, daher glücklich, so macht der Kuckuck alle gleich, und keinen kenne ich, der nicht sagte: »Ja, der Kuckuck!« Und nun ist der Aufschwung der Sonne bereits gewesen, schon wallt die Gerste mit langem, goldenem Barthaar. Nicht lange mehr, und der gelbblühende Wiesenklappertopf schwellt seine blasige Kapsel, der Samen inmitten lockert sich, daß der Wind mit ihm klappern kann wie mit einer Kinderrassel – das ist das Signal: Nun werden die Sensen für die Kornmahd geschärft.

So fliegen die Augenblicke der wachsenden Natur, ewig produzierend, in jedem Moment. In tiefer Mittagsruhe liegt inmitten der Viehweide der Tümpel, bewachsen vom Schilfgras, dem zierlichsten Geschöpf der Welt, das keine Schwere kennt und wie ein festgebannter Hauch geistert, das Wasser mit seinem Spiegelbild bezaubernd. Als Flecken purpurnen Staubes liegen auf seiner Oberfläche die winzigen Blüten der Wasserpest. Die gespitzten Blätter des Pfeilkrautes steigen in die Höhe, und wie Lichter zwischen den Tellern der gerundeten Schwimmblätter ragen in der Mitte des Teiches zur Blütezeit die dichten, braungrünen Ähren des schwimmenden Laichkrauts. Ein einsamer Frosch knarrt, da es schon längst von Kaulquappen wimmelt. Ist er der Königssohn des Grimmschen Märchens?

Der Aufmerksame wird sich notieren, daß das Jahr diesmal die Wasserprimeln nicht recht hat gedeihen lassen, dafür Pappeln und Weiden. Die Nässe des Frühjahrs kam rechtzeitig, man wird mit einer ganz guten Ernte rechnen können. Es gab eine üppige Grasblüte. Auch der zäheste, der verknotetste Halm flaggte mit violetten, gelben, rötlichen Staubfäden.

Die Sonne, wiewohl sie den Scheitel verlassen hat, brennt immer wieder. Verlasse ich die Weide, den Tümpel, so breiten sich bestaubt die Hecken am weißen Bande der Chaussee. Und doch leuchten die Blüten mit unvermindertem Glanz. Grauen auch die Zweige der Hundsrose wie der Staub ihnen zu Füßen, die Rosen sehen frisch und rein aus wie am ersten Schöpfungstage. Die Mulden der Muttergotteswinde, sie sehen aus wie Satten rosiger Milch mitten im verbrannten Grase, die Malven spannen ihre purpurne Seide gegen das Grau der Hecke, wie Sommerwolke glänzt die weiße Blüte der Brombeere. Ein riesiges Lastauto saust den Weg entlang, eine Wolke von Staub aufrührend. Aber in größter Stille ruft der flammende Mohn seine Gegenwart aus. Es ist, als lebe er zu schnell, als daß sich das Grau in seinen Poren bergen dürfte. Heute bin ich hier, morgen bin ich nicht mehr, so spricht sein rotes Schweigen.

8. Juli 1931

Dichtes Grün verschüttet die dunklen Nester im Herzen der Ulmen. Aber wenn man sich Zeit nimmt, unter dem Baum lagert, der Sommerluft hingegeben, in der der Geruch des Weißdorns nur noch eine Erinnerung ist, schwelgend verdrängt von der Woge des Duftes, die vom nahen Felde von den ›großen‹ Bohnen aufsteigt, entdeckt man ein Stück vom Leben der Krähengemeinschaft. Da hat sich eine junge Nebelkrähe, des Nestes überdrüssig, zu ihrer ersten Welterkundigung entschlossen. Höchst unsicher wagt sie sich, seitwärts schreitend, auf dem Ast entlang; mit Flügelschlagen sucht sie dem Gleichgewicht nach, droht aber jeden Augenblick herunterzustürzen. Noch weiß sie nicht, daß es noch eine andere, nicht jedem Geschöpf verliehene Kunst der Bewegung gibt. Jetzt ist sie die Astbahn zu Ende getrippelt, da wacht, was als Ahnung in den Flügeln lag, wie von einer Inspiration auf – die Schwingen falten sich wie von selbst auf; sie fliegt! Schwindel überfällt den Abenteurer, schon will er den Kopf verlieren, aber mit ermutigendem ›Kräh, Kräh!‹ fegen die Eltern herbei und leiten das Kind ins Nest zurück.

Am grünen Schwall der Blätter, am hüpfenden Schwung des Pappellaubes entzückt sich das Auge, am Crescendo der Mauersegler in der blauen Tiefe des Himmels als an der Fanfare des Sommers das Ohr. Hundert Meilen durchsausen in einer Stunde diese rußdunklen, sichelförmigen Schwingen, sechzehn Stunden lang ist ihr Tag, und niemals sitzen die Mauersegler auf wie die Schwalben tun. Müde? Ach, von Müdesein wissen diese fernen Tiere nichts. Die Luft ist ihr Element. Ihre vier Zehen sind alle nach vorn gerichtet, darum können sie nicht am Zweig, am Telegrafendraht haften wie die Schwalben, bei denen eine der Zehen rückwärts liegt. Ob sie auch in der Luft schlafen? Bei Tagesgrauen sieht man sie aus der höchsten Höhe des Himmels herniederstürzen. Aber wenn man am späten Abend zur Rinne am Dach aufsteigt, dann findet man Männchen und Weibchen zusammen im Neste schlafen.

Lange dauert ihre Nacht nicht. Alles andere treiben sie in der Luft. Federn und Stroh fangen sie im Fluge auf, ihr Leben vollzieht sich im Fluge, auch ihr Liebesspiel, hoch über den Menschen, den anderen Tieren. Nur eine Brut von zwei Jungen ziehen sie auf. Nicht einmal die Mauserung warten sie bei uns ab, wie alle anderen Zugvögel, und anders als die Krähen müssen sie wenige Tage nach dem Verlassen des Nestes zur Reise nach dem Süden mit den Eltern bereit sein. Wie ich schreibe, höre ich die durchdringende Freude ihres Geschreis.

5. Oktober 1931

Eine seltsame Schwermut sinkt in der Mitte des Oktobers auf die verarbeitete Erde. Die Sonne steht tiefer, und die Schatten der Dinge längen und färben sich bläulich. Wie zu einem Gedicht verkürzt, schweben Himmel und Erde, übersonnt von der Erinnerung an das Gewesene. Die Schwalben, die wir auf unseren Wegen noch immer als holde Begleiter fühlen, befällt Unruhe, sie flitzen fieberhaft hin und her – eines Morgens dann durchsucht das Auge den Himmel vergeblich. Weg sind sie auf die große Reise. Kaum, daß ein paar Spätlinge, vielleicht ein Paar, das eine zu späte Brut gehabt hat, die letzten Oktobertage noch durchkreuzen.

Verlassen uns nun so viele geliebte Wesen – die Grasmücken, Fliegenschnäpper, Rohrsänger, auch die Wiesen- und Steinschmätzer sind schon davon –, es gibt keinen Stillstand. Das Reifen der Früchte ist auch ein Wachstumsvorgang. Grün, orangegelb, blutrot hängen die länglichen Beeren des kletternden Nachtschattens über den Graben, vom Zweizahn, von der Hundszunge streift unser Fuß die gezähnten Samen. Aus den Distelköpfen bricht die weiche Seide der Früchte, als sollte sie sich wie ein Totenkissen dem gestorbenen Sommer unter den Kopf breiten. Der regnerische Sommer hatte allem Wachstum zu üppigstem Aufschwung verholfen. Die südlich erwärmten Hänge leuchten mit dem Gelb der Goldrute, aus dem hohen Gras der Wiesen streckt sich mit Purpurfackeln der Weiderich, der Augentrost kann sich nicht zu Ende blühen, und beide Schwestern, die weiße, häufigere und die gelblichweiße Bertramsschafgarbe glänzen. Am kurzen, warmen Mittag fliegt, sicher leuchtend, der Admiral. Er soll noch nicht sterben, er findet eine geschützte Ritze, um den Winter zu durchschlummern.

22. November 1931

Gleich steifen Fäden ragen die entblößten Blattstengel der Eschen in die Luft. Wer hat jemals die Esche im Herbstkleide gesehen? Seit Wochen färbten sich die Eichen bronzegelb, die Buchen warmrot, die Ahornbäume flammend gelb, die Ulmen hängten goldene Fahnen aus. Aber die Esche widerstand der geheimnisvollen Alchimie des Herbstes – bis zuletzt stand sie in unverletzt grünem Sommerkleide da.

Dann macht sich eines Abends ein rauher Wind auf, der zum Novembersturm wächst. Am Morgen steht die Esche nackend, und unter ihr glänzen die Wagengeleise des Landweges smaragdgrün von der Ladung der verschütteten Blätter.

Immer früher sinkt die Sonne. Ihre letzten Strahlen berühren die Hecke, und die roten Hagebutten, schon abgeblaßter und stumpfer, als sie zu Herbstbeginn waren, gewinnen für einen Augenblick ihren alten Glanz zurück. An den langen Schleppen der schwarzen Zaunrübe hängen scharlachrote Beeren wie Perlen. Die Sonne versinkt hinter dem Hügel. Uns zu Häupten fliegen schnelle Vogelscharen und suchen einen Platz zum Übernachten. Kalter Nebel füllt die Niederungen, grau wie die Asche der Waldrebe auf dem Kopf der Hecke.

Ein wunderschöner Herbst hat uns über den verregneten Sommer getröstet. Mit dankbarer Freude sahen wir jeden Morgen die Farben der Kastanienblätter sich anders mischen, Gelb in allen Tönen mit bald dunklerem, bald hellerem Rot. Der Wasserreichtum des Jahres hat alles kräftig treiben lassen. Zwischen den abgeernteten Zweigen der Haseln sitzen die männlichen Kätzchentrauben und an den entblößten Eschen schon die neuen Knospen, frühlingsbereit. Das Rotkehlchen singt, und schallend weckt uns der Zaunkönig. Kiebitze und Stare sammelten sich zu

Scharen und verließen uns. Schon schaut man nach Neuankömmlingen aus, nach Berg- und Schneefinken. Am Strande fand ich einen nordischen Gast, eine Pfuhlschnepfe. Bald wispern Trupps von Goldhähnchen durch den Garten; zwar leben einige sommers und winters bei uns, die Scharen aber, die man jetzt sieht, sind nur gelegentliche Winterbesucher.

Nicht so lange war es her, da zog sich der Weg durch das abwellende Grün der Weiden, glänzend weiß. In seinem warmen Staube badet der Ortolan. Wenn du den Weg jetzt hinunterschaust, wie er in den Tunnel des Buchenwaldes mündet, dann ist das Sommerweiß unter einem dichten Teppich gefallenen Laubes verschwunden. Der schrille Wind streift rasch die letzten Ahornblätter ab und treibt sie über die Felder.

11. Dezember 1931

Unter dem bleichen Himmel steht weltabgeschieden der Moortümpel. Die Blätter des Fieberklees gilben, die Rohrkolben stehen starr, die Samenwolke wickelt sich von ihnen ab – ›Elfenspindeln‹ nennen sie die irischen Bauern, wir sagen kühler ›Lampenputzer‹. Die breiten Blätter der Schwertlilien sind tief abgefressen vom Vieh des letzten Weideganges, sie gleichen Porreepflanzen. Ihre großen Kapseln sind ausgeplatzt; als übereinandergeschichtete Teller liegen die Einzelsamen in ihnen aufgetürmt. Der zerrende Wind wirft sie, einen nach dem anderen, in den Sumpf. Inmitten der weißgelben Häupter des Riedgrases entdecke ich, aus deren grauem Gezupfe gewoben, ein überaus zierliches Nest der Zwergmaus. Der Eingang sitzt seitlich unten, der kleine Finger, den ich vorsichtig hineinstecke, wird von Wärme überflutet, als säße das Tier noch darin.

Durch die kühle Einsamkeit höre ich plötzlich ein Trillern. Ich rühre mich nicht, ziehe mit äußerster Vorsicht mein Fernglas aus der Tasche und entdecke durch das Filigran der Rispen Zwergsteißfüße. Sie sind aus dem Norden gekommen. Sie schwimmen emsig hin und her, necken sich, tauchen zum Fischfang unter und kommen, eine weite Strecke entfernt, wieder zur Höhe. Niemand schießt sie, sie schmecken und riechen nach Tran.

Nur der Tor meint, jetzt, um die Jahreswende, sei draußen nichts Rechtes mehr zu finden. Auch wer sich ein wenig in seiner nächsten Umgebung auszukennen vermeint, erlebt immer, immer wieder Überraschung. Als ich am Gatter des Gutshofes entlangstreifte, hinter dem sich, blaßviolett und honiggelb, Berge von Steck- und Runkelrüben türmen, finde ich, zwischen den schon regenzerfaserten, stachligen Samenhüllen der großen Kletten, an langen, hellbraunen Stengeln merkwürdig bauchige, seitlich aufgeplatzte, kleine, alte Fruchtstauden. Die Blätter waren abgefallen, so mußte ich lange sinnen, bis ich mir die sommerliche Gestalt der breitblättrigen Glockenblume heraufbeschworen hatte. Unter unseren Füßen gärt das abgefallene Laub. In der Dämmerung fliegen die männlichen Frostspanner, klar und rein schält sich die Gestalt der Bäume aus dem Herbsttag, und entzückt schweift das Auge um die vielfältigen Linien.

20. Dezember 1931

Wer lauscht nicht gern der Stimme des Sturmes – vom behüteten Zimmer aus? Seinem Orgelton, seinem hohen Wispern, seinem huschenden Schrei? Wer läßt sich ihn nicht auch draußen durch den Körper fegen? Aber wer an der Küste wohnt, offen dem weiten Meer hingebreitet, der lernt den Wind fürchten.

Das Jahr geht zu Ende, liebenswürdigen Abschieds. Viel Windstille hatten wir, ein seltenes Geschenk hierzulande, die

Bäume zumal genossen die himmlische Ruhe und standen verzaubert still. Aber schwieg er nun auch bei Tage, der Wind, bei Nacht ist er, gleich der Eule, aufgewacht, und nun, da er die Freude seiner Eile gekostet hat, tobt auch durch den Tag der Dezembersturm. Er frißt schnell den Regendunst weg, der seit einer Woche die Wälder verschleiert hat, saust über die Koppeln und reinigt Hecken und Bäume.

Ich muß niederkauern, um nicht umgeworfen zu werden. Wir nähern uns dem kürzesten Tage, und je dichter die heilige Zeit heranwächst, desto mehr verliert der Sturm von seiner düsteren Wut. Endlich wird aus dem Sausen Stille. Die gequälte Erde atmet auf, die Haselkätzchen tanzen, in den Knollen der Feigwurz zuckt es, die Ausläufer der wilden Erdbeeren strecken sich. Ein frommer Schauder überläuft alle Kreaturen, etwas Erlösendes liegt in der Luft, und in der Christnacht sprechen Kühe und Pferde.

5. März 1932

Auf die schon frühlingsbereite Erde schlug doch noch mit harter Hand der Winter. Nachts sank das Thermometer bis auf neun Grad. Der frisch umgebrochene Acker fror krumm, die aufgeblühten Goldlackdolden fielen, die Blätter der Brombeerbüsche trockneten an den Rändern ein. Die Vögel, die schon ihre ersten Gesänge probten, stellten ihre Übungen ein. Unter dem über die Acker flüchtenden Hasen fuhr Staub auf, und das Damwildrudel suchte sich eine Mulde aus, um Schutz vor dem eisigen Ostwind zu finden. Unverdrossen nur girrten die Rebhähne ihre Liebesrufe, dicht an der Chaussee, so daß man ihre Stimmen mit dem Pfeifen der Autos verwechseln konnte. Der Wind faßte die Erde und wirbelte böse mit ihr herum, bis sie ihm als Staub aus den pressenden Armen fiel. In der Nähe des Gutshofes gewährten die Schuppen, schon von Stroh und Heu recht geleert, Obdach. Die Geflügelschar hat sich den Rücken der Dreschmaschine zum Atemholen ausgesucht. Die hellbraune Arbeitsstute zieht langsam mit ihrem Fohlen, beide mit langem Haar beweht, über die Weide und schnaubt am gefrorenen Grase herum. Dem ersten Kiebitz bläst der Wind die Haubenfedern auseinander. Die Knechte fahren Dünger aufs Feld und verstreuen ihn. Noch sieht alles, obwohl das Jahr so milde war, winterlich braun und tot aus, aber aus dem Laub des kleinen Gehölzes brechen mit kräftigen, gelbgrünen Stengeln die Knotenblumen, die großen Schneeglöckchen, die zwar ihren Schwestern, den kleinen Schneeglöckchen oder Schneetröpfchen, sehr ähnlich sehen, aber leicht von ihnen unterscheidbar sind. Aus den zwei blaugrünen Blättern der letzteren steigt ein einblütiger Schaft, bei der Knotenblume herrscht Gelb vor, auch die Blütenblätter sind unter der Spitze grüngelb gefleckt, und die Schäfte steigen aus drei bis fünf Laubblättern. Beider Körper ist zwar zierlich, aber kräftig, man merkt ihnen lange Vorbereitung an. Wie anders sind dann im Sommer, wenn die Luft lau und leicht weht, die Gestalten der Mieren, wie hingehaucht nur, Körper mühelosen Atemzugs.

1. April 1932

Ein warmer Westwind harft in den Baumwipfeln, und die Ferne schwimmt in einem violetten Nebel. Ganz früh ertönt scheuer Amselgesang, der Zaunkönig schmettert, der Buchfink tiriliert, die Stare schnalzen und quietschen. Der Wind stößt plötzlich nach Norden um, er beißt den Nebel weg – die Wiesen liegen tot vergilbt.

Nun sucht man nicht mehr vergebens nach der ersten Primel. Aus dem braunen Bett des Vorjahrlaubes glimmt ein blasser Stern –

bald leuchtet der ganze Grabenrand schwefelgelb auf. Durch das tiefbraune Laub wächst der Teppich des Bingelkrauts, dringen die Anemonen, deren schlanker Stengel bebt, auch wenn kein Wind die geschützteste Stelle des Waldes bewegt. Wenn um die Anemone immer der Gedanke an Ostern lebt, so bergen die Primel und der Himmelsschlüssel ein anderes Geheimnis. Die Blüten der gleichen Art sind zweigestaltig. In einigen schließt ein kleiner, blaßgelber, federiger Wirbel die Mittelröhre, in anderen steht diese Röhre offen, nur daß ein schlanker Schaft, der ein durchsichtig grünes Kügelchen trägt, herausragt. Trotz dieser Verschiedenheit handelt es sich um die gleiche Blume. Auch die Blüten mit geschlossenem Schlunde bergen nämlich jene grünspitzige Lanze, nur von außen nicht sichtbar; auch die Blüten mit offenem Schlund besitzen jenes federige Bündel blaßgelber Staubbeutel, nur ist es bei ihnen eingeschlossen und von außen nicht zu sehen. Die wahre Erklärung für dieses Wunder einer zweifachen Verteilung der Befruchtungsvorrichtung ist noch nicht gefunden. Alles in der Natur ist zugleich einfach und vielfach.

August 1932

In der Brise, die vom Meer kommt, rauscht die grüne Flut des Laubes. Mit wenigen feurigen, mit vielen Regentagen ist es Hochsommer geworden. Das Gras, längst in Samen geschossen, steht, zu Haufen geschichtet, auf den Wiesen.

Die feine Zartheit der ersten Blüten, die der Sichel und der Sense erlagen, ist dahin, aber kräftig blüht es neu aus den geköpften Stauden. Es ruht wie eine leichte Erschöpfung über den Feldern, sehr viele Vögel sind stumm geworden. Zu Tagesanbruch singt laut die Amsel, die ihre Brut längst in Sicherheit weiß. Die Schattenmorellen an der Hausmauer röten sich.

Ein Regenschauer hat von den Hecken den Staub gewaschen, den die vorbeisausenden Autos emporwirbelten. Seine Tropfen hängen an den Spitzen der langen, sich senkenden Gräser, in den Blattbechern des Frauenmantels. Die Gerüche des Sommers füllen die abendliche Luft.

Vom warmen Kornfeld steigt der stechende Geruch der Schuppenmiere, indes der grünverhangene Knickweg, der von der Chaussee seitwärts in die Heimlichkeit des Sommerlebens führt, vom Duft des unermüdlichen Geißblatts gewürzt ist. Erlenfrüchte und Hagedornbeeren mischen sich unter die Heckenblumen, und am Rain, unter den Ranken der Brombeeren, die seidig-weiß oder rötlich-violett blühen, verzehrt eine große schwarze Nacktschnecke einen Pilz. Schlaff steht der Sandmohn.

Ein leichter Nebel sänftigt die Farben von Feld und Wald, aber Spritzer von Gelb, von reichem Sommergelb, behaupten sich gegen das verschwenderische Graugrün der umflorten Wiese. Auf dem goldenen Baldgreis klettern gelb- und schwarzgestreifte Raupen herum. Johannis- und Habichtskraut, hohe gelbe Schwertlilien wehen wie Flaggen über den seidigen, weißen Samenschöpfchen des Wollgrases an der sumpfigen Seite des Teiches, und auf dem Teich selbst lagern neben den leicht eingerollten Blättern auf kurzen Stengeln die gelben Mummeln. Nacktschnecken sind in großer Zahl gekommen, im Felde springen die wilden Kaninchen, eine Wachtel ruft aus dem gilbenden Korn, und eine Schar junger Frösche müht sich, aus dem Teiche auf die Wiese zu gelangen. Wie das Zwielicht in ein Dunkel sinkt, geht auch das Getier zur Ruhe. Der purpurne Weiderich glüht eine Weile auf, dann verliert er die Farbe und versinkt, aber der kremweiße Schaum des Mädesüß glimmt bleich unter den Schatten. Er duftet. Es ist, als wenn in ihm die Seele des Sommers letzte Gestalt gefunden habe.

14. Oktober 1932

Am lauen Anfang des Monats setzte sich abends, da noch das Fenster offen stand, auf die weiße Innenwand meiner kleinen Bürolampe ein Schmetterling. Grell bestrahlte ihn die elektrische Flamme. Da seine Fühler fadendünn ausliefen, erkannte ich ihn als Motte. Der tastende Mensch sucht sich im Schauer des Unbekannten mit Hilfe des schon Gedeuteten zurecht. So redet er die silberne, dick aufliegende Rune auf den Vorderflügeln der Eule – warum ein Schmetterling so heißen kann, begreift, wer sich ihm Aug in Auge gegenüberstellt – als Gamma oder Ypsilon an. Wir sind voreilig. Nicht versteht, wer schnell zu verstehen glaubt. So stammeln wir nur von dem aschgraupurpurnen Wesen. Was wissen wir von ihm? Die Gammaeule fliegt in Helle und in Dämmerung, flatternd. Setzt sie sich, so erscheint sie unschlüssig, ihre Flügel zittern krampfig. Im August fliegt sie um die violetten Blütentrauben der Vogelwicke, später um die Flockenblume, die zähe Schwester der Kornblume.

Die Erde ist noch heiter. Die Füße des Rehbocks, der über den eben gebrochenen Acker flüchtet, regen geschwinde Staubfahnen auf. Das Wespengelb der vom Pflug noch nicht wieder gerührten Stoppeln dunkelt, und Klee und Hühnerdarm wuchern. Odermennig, Goldrute, Schafgarbe blühen unermüdlich. Den Disteln, dem Wasserdost gewährte der lange Sommer Zeit zum Ausatmen. Sie reiften, sie brachen wieder in Blüten aus, samten wieder. Silbern glänzen die entleerten Fruchtböden, grau knikken die Leichen der Klettensträucher an den Rainen, mit grauer Watte überzieht die Waldrebe die Hecken.

Wenn der Nebel den Morgen aus seiner Umarmung läßt, möchte die Hand sich unter die halb geöffneten Kastanienfrüchte breiten, ohne die vielen Radnetze der Kreuzspinne zu zerreißen. Zu Anfang des Monats fand ich, in ein weißes Säcklein getan, die noch im Ei hausenden Spinnenjungen. Berührte ich den Kokon, zerfiel er wie ein Quecksilbertropfen, um sich schleunig wieder zu sammeln.

Die Buchen brachen unter der Last der Kapseln, die sich vierspaltig auffalteten und die Eckern ausleerten. Die Eicheln prasseln nieder. Berührt man ihre metallische Hülse, so fühlt man, daß Eisen auch im Kreischen des Eichelhähers laut wird.

Das Korn ist längst eingescheuert, schon biegt grüne Reihen eben gesäten Korns der Wind. Die Bauern betten Steck- und Runkelrüben in lange, sargähnliche Mieten, und in den Scheunen lagern gut getrocknete, helle Kartoffeln.

Die Felder ruhen den tüchtigen Leib aus. In muskulösen Wirbeln dreht sich über ihnen der Starenschwarm, als lockerer Wurf schnellt ein Hänflingszug. Die Einsamkeit schützt die Rehe. Inmitten des ausgedehnten Stoppelfeldes, zwischen zwei Gehölzen, höhlt sich der Boden und sammelt das Wasser zu kleinem Teich. Ihn umranden Ahorn, Weißbuche, Brombeere. Der Pflüger kehrt Steine in seinen Grund, im Sommer versteckt ihn das hohe Korn. Die herbstliche Leere läßt mich zu ihm. Eine Schwarzdrossel schreit hysterisch auf, eine Kohlmeise geigt. In das dunkle Wasser streut ein schrägstehender, wilder Apfelbaum seine kleinen, gelben, energischen Früchte. Sie sind der Gier des Menschen entzogen. War er einmal dankbar, der Mensch? War er der arme Arbeitsmann des russischen Märchens, der aus der gefüllten Börse, mit welcher der Reiche ihn lohnt, eine kleine Münze nimmt und sie dann auch noch immer wieder in den Brunnen verliert und den die Königstochter heiratet, die zum ersten Mal auf Erden lächelt, als sie ihn sieht? Er dankte dem Baum, von dem er aß.

Es ist so still, wie es nur im Herbst sein kann. Der Baum opfert. Die kleinen, wilden Äpfel umwallt es wie Weihrauch. Sie fallen in den Schlamm, sie geben sich zurück der Stille, die nach dem dumpfen Klang anschwillt. Wachstum löst sich in Duft auf. Das Opfer wird angenommen.

Bukolisches Tagebuch aus dem Jahr 1948

2. Juni

Die Majestät des Tigers feiern William Blakes Verse. In der vortrefflichen Übersetzung seines Zeitgenossen Stolberg lautet die erste Strophe: »Tiger, Tiger, Flammenpracht / In den Wäldern düstrer Nacht, / Sag, welch Gottes Aug und Hand / Dich so furchtbar schön erfand?«

Mit Kraft, doch ohne Gewalt, verkörpern sich die naturischen Gestalten, eifrig, dem Reichtum der Ideen Genüge zu tun. Mit Schwung, mit bemessenem Schwung, vollenden sich Blatt, Flügel, Glied. Adam sah zuerst die Geschöpfe, dann nannte er sie. Der heutige Mensch verdeckt sie rasch mit Begriffen und Erklärungen, darunter verkümmert das Staunen. »Reden lernen wir von den Menschen, Schweigen von den Göttern.«

Als ich an einem sonnigen Vormittag den Damm entlanggehe, rechts die Förde, links Parkbäume, sehe ich mir voraus einen Alten, an dessen Kleidung eine Dame etwas betrachtet. Ich komme näher und entdecke am Rockaufschlag des Alten einen Falter mit vibrierenden Flügeln. Auf meinen bittenden Blick überläßt er ihn mir, er habe ihn aufgelesen, daß er nicht zertreten werde. Zu Hause setze ich ihn auf einen Schwertlilienstrauß. Wer es hat, redet nicht, heißt es vom Tao. Man kann eigentlich nur winken, Zeichen in die Luft schreiben. Ich wähle die trockene Art der Schilderung, da bin ich vor pseudopoetischer Fälschung sicher. Dem vagen Enthusiasmus der meisten Menschen entgegenzukommen, wird oft ein allgemeiner ›poetischer‹ Dunst von Worten verbreitet, als wenn die Poesie der Genauigkeit aus dem Wege gehen müsse. Der Rücken rötlichgrau mit dunkelbraunem, länglichem Fleck vom Hinterhaupt aus, der Hinterleib braungrau, die Vorderflügel von der Wurzel aus rötlichgrau mit braunen, helleren oder dunkleren wolkigen und zackigen Zeichnungen; die Hinterflügel rosenrot nach innen, außerhalb bleicher, gegen dieses Rosenrot je ein schwarzbraun eingefaßter blauender Kern. Schalt ich die müde Flüchtigkeit der modernen Zivilisationsmenschen, so danke ich der Aufmerksamkeit derer, die vor uns gewesen sind. Es geht nichts über einen guten Namen: Die Flecke auf den Hinterflügeln, unter den Vorderflügeln versteckt, trafen mich als erstes, da ich den Falter auf dem Rockaufschlag sah. So hat jener aufmerksame Mensch Jedermann, der nach Voltaire klüger ist als der Einzelne, bei solchen Flecken an die Augenspiegel des Pfaus gedacht und den Falter zum Unterschied von jenem häufigen Tagschmetterling ›Abendpfauenauge‹ gerufen.

Das achtzehnte Jahrhundert drängte die Natur von sich weg wegen ihrer Wildheit und der Vernunft zuliebe, aber ich hüte mich zu generalisieren, denn dieses Jahrhundert zeugte auch einen William Blake, der sich dem mitreißenden Linienzug der Erscheinungen nahe wußte. Wie Lessing zu den Tieren stand und wie anders Jacob Grimm, das zeigen beider Abhandlungen über die Tierfabel. Namen faszinieren wie die Erscheinungen selbst. Ein elektrisches Hin und Her zwischen diesen und jenen zeugt und zaubert.

Zwar habe ich mich gescheut, dem Tier meine Menschlichkeit aufzudrängen, aber es ist an der Luft meines Zimmers gestorben. Sein schöner Leichnam ruht auf dem Papier, ich sinne ihm nach.

8. Juni

Die Erde habe keine andere Ausflucht, als unsichtbar zu werden, entschied Rilke. Mir kann sie nicht sichtbar genug werden, und ich verstehe eher den Gedanken Blakes, Schöpfung sei das Hinabsteigen Gottes, auf daß er sich der Schwäche der Menschen anpasse. Semele verbrannte, als Jupiter sich ihr im Glanze seiner Macht zeigte. Nur Gebrochenes, nur Abglanz ist uns zuträglich. Der Juni zeigt die Materie als inspiriertes Phänomen. Quälte uns langes Zaudern, ehe sparsam Gilbstern und Moschuskraut im Schutz des Grabens und der Hecke endlich auftauchten, stürzt jetzt ein Katarakt von grünen Leibern über die Erde. Schon festigen sich die Buchenblätter, die so zart waren wie die Haut eines Neugeborenen, schon streckt sich mit weißem Wattekopf der Stengel des Huflattichs, nachdem er sich, ausgeblüht, gesenkt hatte. Auffällig dick ist in diesem Jahre der Boden mit den abgesprengten jungen Buchenfrüchten bedeckt. Der Mai brachte Hitze, Kälte. Schnell verblühte der Fieberklee der nassen Niederung. Gelbe Flaggen hißt die gelbe Iris, die rötlich behauchten weißen Blüten der Wasserprimeln werden aus den Gräben emporgetragen, das große rote Läusekraut steigt wulstig aus den feuchten Wiesen, der Froschbiß deckt seine braungrünen Teller auf das ruhige Wasser. Der Roggen reicht mir bis zur Stirn. An Fäden baumeln aus seinen Spitzen die Staubbeutel. Ein Kuckuck keckerte böse, wie ich ihn überraschte, als er auf einem Sandhügel saß, unwillig über die Störung, da ich ihm doch nur zusehen und zuhören wollte. Aber sein Schelten verlor sich gleich in die wohltuende Terz. Mit dem vorrückenden Jahr klingt seine Stimme ferner und ferner, während sie in den ersten Tagen seiner Ankunft voll und nahe triumphiert hatte. Türmen sich erst die

Krale der Heuhaufen, rüstet er schon wieder zur Abreise. Lange Monate hindurch ist dann sein Ruf Sage, die man sich sehnsüchtig erzählt.

Es ist einschneidend symbolisch, wie die Geschöpfe der Sonnenwende zueilen. Weiß schirmen die Umbelliferen. Rosig flattert die zerschlitzte Krone der Kuckuckslichtnelke. Zitterschwänzig huschen Fliegenschnäpper und Brandzagel über die Zäune. Ich sah lange nicht so viele Neuntöter wie im vorigen Jahr. Zartester Ausdruck, blühte dieser Tage die Hundsrose auf. Es ist, als sei der harte Boden selbst bewegt, ergriffen vor seinem eigenen Kinde. Auf den weiten, heißen Feldern werden die Runkelrüben verzogen. Man ist versucht, sich eine Maschine auszudenken, die aus den dichten Sämlingsreihen die dritte oder fünfte Pflanze stehen ließe. Aber ich mute den langsam vorrückenden Knechten und Mägden keine Hast zu. Solcher Langeweile – *ce bienheureux ennui* – entwuchsen einst die Märchen der Völker.

30. Juni

Gewitter sind bei uns in den letzten Jahren selten geworden. Unsere Geißel ist der Wind. Wir stoßen einander an, glücklich versunken, wenn er einmal die zerzausten Bäume in Ruhe läßt. Um die Sonnenwende gab es flüchtig Blitz und Donner, aber ein mächtiger Regen stürzte und tränkte die heiße, vom Winde blankgefegte, gehärtete Erde. In einem Nu verwandelte sich das Gesicht des Jahres. Das weiße Feuer der Schlehen, des Dorns, des Schneeballs war schon verflammt, mit schwächerer Energie blühte der Holunder, seine Blütenblätter decken den Boden mit weißen Nudelsternen. Das Mädesüß beginnt vanillegleich zu duften. Viel früher als sonst öffnet die Linde ihre honiggelben Blüten. Die schwarzen Raupen des Tagpfauenauges verlassen das mütterliche Gespinst. Beide Königskerzen brennen, die Spitze des Johanniskrautes bricht auf, und der Regen wäscht die letzten Hundsrosen weg.

Auch im Unrat steckt noch ein Sinn. Auch er untersteht der Gottheit. Auf Schutthalden glüht sanft die Käsepappel: Linné nannte sie *Malva neglecta*. Was den Menschen vernutzt erscheint, benutzt der Beifuß, hohe Pyramide mit unten weißfilzigen Blättern und kleinen braungrünen Korbblüten.

Wollen die Menschen der Erde entfliehen, bleiben Pflanzen und Tiere ihr nahe. Gejätetes Unkraut steht wieder auf, die mennigroten, höchst lichtempfindlichen Blüten des Gauchheils strahlen weiter, und gemähte Kamillenstengel richten sich empor.

Der heilige Swithin ordnete an, unter freiem Himmel begraben zu werden. Seine Mönche wollten, ungehorsam, ihn in der Kirche zu Winchester beisetzen; da sandte der Heilige, sie zu hindern, einen monatelangen Regen. Regnet es also am 15. Juli, so bleibt es trübe für einen Monat. Will der Zivilisationsmensch über Legende und Sage lachen, so fühlt er doch, daß über dem Bauern und seinem Lande eine unverwelkliche Zeit herrscht. Wenn St. Swithin die jungen Äpfel tauft – ein Duft quillt auf, es ist die Wahrheit des Märchens, die Wahrheit der Dinge, die zu sich selbst kommen. Und die Menschen? »Seid ihr nicht Sage nur? – Was in der Sage / Geschah, geschah bei Nacht, geschah bei Tage, / Und was bei Nacht geschehen oder Tage, / Gehört der Welt. – Was bist du, wo nicht Sage?«

21. Juli

Auf der Fahrt durch die Rheinische Tiefebene betrübte uns der schlechte Stand der Felder, der Kartoffeln, Rüben, des Getreides. Überschwemmung und Kälte haben sechs Wochen lang das

Wachstum gestört. Auf dem Feldberg ist der Schnee vier Meter hoch gelegen. Man trug Winterkleidung. Aber jetzt lagerte die Glut des spät gekommenen Sommers über der weiten Ebene. Ich zählte an zwanzig Störche, die in den letzten Lachen nach Fröschen fahndeten. Ihrer zwölf schwebten in Schraubenlinien zur Höhe des blau glimmenden Himmels. Sie verwischten die menschliche Mühe, verwischten ohne Anstrengung die glitzernden französischen Flugmaschinen bei Rastatt. Als der Rhein aufblitzte, schwoll mir das Herz vor Wehmut, vor Freude.

Auf dem Baseler Bahnhof zwängte ich mich durch die Menge, die eine große Transportkiste neugierig umgab. Sie barg einen schwarzen Panther aus Hinterindien. Mein Auge erhaschte nur ab und zu ein Stück lodernden Felles. Die *Basler Nachrichten* kommentierten: »Denken Sie daran, wenn Sie im zoologischen Garten in seine wilden, gelben Augen sehen, daß es sich nicht um eine ›grausame Bestie‹ handelt, sondern um ein Wesen, das sein Recht auf Leben und unsere Achtung ebenso verdient wie wir Menschen.«

Indes das Schweizer Volk in maßvoller Freude des Rütlischwurs gedenkt, sitze ich im einsamen Garten eines Landhauses im Kanton Bern. Ich habe Zeit, Pflanzen nachzusinnen. Im hundertjährigen Feigenbaum erwidern die weichen Linien seiner Fruchtbeutel dem sich windenden Stamme wie der Gestalt seiner lappigen Blätter. In den Stengeln des Holunders blutet das Violett dem Purpurschwarz seiner Beeren vor. Orgiastisch blühen Rosen, Löwenmaul, Zinnien, Helenium.

Auf dem Acker längs der Landstraße roden ein junger Bauer und seine Frau Kartoffeln. Er pflügt sie auf. Die nierenroten, blanken Pferde schlagen mit den Schwänzen, sich der Bremsen zu erwehren. Die Frau sammelt die Kartoffeln ein. Sie ist schön und mächtig. Der Haut der bloßen Arme entspringen kleine Schweißtropfen. Sie erinnert mich an die Judith im Grünen Heinrich. Wie ich durch das sonnenglühende Dorf zurückgehe, begegne ich Conrad Ferdinand Meyer. Er geht in Hemdsärmeln und trägt eine Gießkanne.

11. August

Die Augustsonne glüht in der reingewaschenen Luft, wärmt selbst den Kies und prallt auf das Dach des Gartenpavillons. Gießkannenbrause, Heckenschere, ein Bündel Blumen stecken, ein flacher Korb voll abgefallener Dahlien- und Geranienblüten begegnen einander auf der Gartenbank. Stilleben eines Gedichts, Mystik des Sichtbaren. Ich erprobe Valérys Variation des Descartes'schen Satzes: »Jetzt bin ich und denke nicht.« Ich gehe in den Schatten, so mindert sich das Sein. Ein Schwalbenschwanz schwebt, beherrschteren Fluges als andere Schmetterlinge, über den Rasen. Das Ich setzte das Nicht-Ich. Zu solchem Fanatismus des isolierenden Denkens kann ich mich nicht entschließen. Gebe ich auch ein wenig, das meiste wird mir gegeben, gibt ›es‹. Ich habe nicht die kleinblütige Balsamine ›gesetzt‹, die ich heute neben der mir vertrauten großblütigen am Wege fand, und die orangefarbig blühende Stechapfelstaude vor der Tür eines Bauernhauses hat es vorher nicht in mir ›gegeben‹.

Ein Spiel spielt die Natur, indem sie einen bestimmten Charakter durch alle Tonarten treibt. Unerschöpfliche Lust, solchen Typus zu entdecken, wie er durch Kartoffel, Tabak, Petunie, Stechapfel, Tomate, Bilsenkraut geistert. Also käme ich auf die Idee Kants, daß die Grundformen der bildenden Natur den konstituierenden Elementen des Verstandes entsprechen? Ich begebe mich wieder in die Sonne. Der Unterschied von Innen und Außen schwindet. Ich löse mich auf in das All, denn ich streife das Nichts. »C'est la vie, et non point la mort, qui divise l'äme du corps«, sagt wiederum Valéry.

18. August

Auf der Rampe unter dem weit überhängenden Dach des Bauernhofes, das wie eine Henne ihre Küchlein die Bewohner unter sich hegt, blühen über und über in hölzernen Kübeln Fuchsien. Armdick steigen die Stämme. Sie seien so kräftig schon gewesen, als sie vor dreißig Jahren den Hof übernommen habe, erzählt die grauhaarige Besitzerin. Aus dem ›Stock‹ nebenan strahlt es von Begonien. Ein Rebgarten umzieht das Gehöft, Brombeerhecken mit riesigen Früchten. Weiße Hühnerherden picken. Im Laub verborgen, wirft mir ein pflückender Knecht aus hohem Baum Birnen herunter. Um zum ›Freudigen‹ – so heißt der Hof – zu gelangen, mußte ich ein Seitental hinaufklimmen, grüne Bergwiesen hinauf, an einem alten, verlassenen Steinbruch vorbei, wo heute noch Lenaus drei Zigeuner rasten könnten, wo man den Freischütz aufführen könnte. Ungebrochene Stille, große Einsamkeit. Der Ruf des Hähers macht sie mir greifbar. Der Tropfenfall von der Steinwand erschallt aus dem Jenseits. Hier schneiden auf den schwierigen Hängen noch Sichel und Sense das Korn, das Gras und verlangen vom Schnitter die Bewegungen der Ruth und des Boas auf Dürers Holzschnitt. Bereitet sich der Mensch immer nur darauf vor zu leben, hier lebt er, wird er gelebt.

24. August

In dem alten patrizischen Landhause, das mich beherbergt, riecht es nach Äpfeln. Vor dem Südfenster meiner Stube brennen Geranienfackeln. Hier ist alles fest, gründlich, sicher, während zu

Hause alles lose, unbestimmt, ärmlich verwahrlost. Hier schlagen die Uhren die Zeit zweimal, daß der Mensch sie nicht überhöre. Hier stehen überall die stillsten aller Bäume, die Nußbäume. Lässest du ein Stück Papier fallen, gleich wird es hinter dir aufgehoben. Hier wird die Geschichte jedes Dinges, jedes Lebens sorgsam aufbewahrt. Auch das kann, wie die Geschichtslosigkeit, unheimlich werden. Der Deutsche kommt sich in der Schweiz wie ein Patient in einem Sanatorium vor. Es dauert lange, ehe seine ungläubigen Augen der ruhevollen Umgebung trauen. Ihre Nöte vernichtigen sich gegen unsere Not. Ich wanderte nach Lützelflüh. In dem aus dem 17. Jahrhundert stammenden Pfarrhaus weist mir der junge Pfarrer den kleinen Raum, in dem Jeremias Gotthelf schrieb. Er saß mit dem Rücken gegen den Kamin. Als ein mächtiges Feuer ihn erwärmt hatte, riß ihn eine Amtspflicht ins Freie. Er erkältete sich und starb, 57-jährig. In der Veranda seitlich steht die Bank, auf der er seiner Frau vorlas. Nun ruht er unter Platanen neben der Kirche. Das Alter hat den hohen Apfelbaum hinter dem Pfarrhaus längst unnütz gemacht. Aber der Dichter hat von ihm geerntet, und Pietät läßt den Baum unangetastet. Ich las mir einen Bitziusapfel auf, saß dann unter den Platanen am Eingang zum Kirchhof, unter den großen, saftig grünen, südlichen Blättern, und mir war, als hielte ich mit dem Apfel das Eigentliche des Lebens in Händen.

30. August

Der letzte Tag im Lande Jeremias Gotthelfs. Es bezeugt die Macht der Dichtung, »daß uns die Häuser und Bäume auf dem Schauplatz seines Lebens mehr als andere Häuser und Bäume ergreifen«.

Ein sanfter Wind lockert den warmen Augustnachmittag.

Die Zweige der Weinreben schwingen sacht. Das seitliche Fenster des Gartenpavillons bekleiden mit grünem Licht die Blätter der Osterluzei. Sie drängt einen Stengel durch den Fensterrahmen zu dem altmodischen Stahlstich an der Wand, der einen zusammengesunkenen Alten zeigt, wie er dem Klavierspiel eines jungen Mädchens lauscht in der *Wonne der Wehmut*. Darunter steht: Les Exiles (Un Air national). Um mein Glas Most schwirren Wespen. Die südliche Tür des Pavillons führt in den Bauerngarten, in dem Basilikum, Bohnenkraut, Thymian ihre Düfte brauen. An der heißen Planke hängt ein Pfirsich von der Art, die man Venusbrust nennt. Die blauen Dolden der Agapanthe, der Liebesblume, als Knospen unter den Riemenblättern verborgen bei meiner Ankunft, blühen jetzt zum Abschiede.

In der Märchenstadt Solothurn führt eine großartige, von zwei köstlichen Brunnen flankierte Freitreppe zu der barock-klassizistischen Ursenkathedrale. Den Jurastein, aus dem sie gebaut ist, verwandelt das brennende Mittagslicht in weißen Marmor. Die Brunnen spielen wie in den Versen Eichendorffs. Am Hôtel de la Couronne am Fuße der Kathedrale, mit vergoldeten Balkongittern, fährt der Reisewagen aus dem *Taugenichts* vor, und ihm entsteigt die schöne Magelone.

Ich strich durch den Sommerfrieden. Unter den Bäumen saßen Menschen und schauten ins Land oder lasen. Eine Schulklasse zeichnete eine efeubewachsene Mauer und trieb Possen hinter dem Rücken des Lehrers. Im schweigsamen Museum entdeckte ich einen herrlichen Akt Stauffer-Berns, Gesicht und Leib drückten eine schmerzliche Scham aus und ließen von fern an Rembrandts Bathseba denken. Schwer zu verstehen, daß der Maler mit solchen Stücken nicht reüssiert hat. Hier steigt der Glücklich-Unglückliche, der an seiner Liebe schnell verbrannte, wie der Phönix aus der Asche.

Brücken führen über die grün wallende Aare. In naher Ferne steht der kräftige Rücken des Jura, des blauen Berges, wie ihn Gotthelf stets nennt. Und jeder Weg, den man nicht hat gehen können, tut noch in der Erinnerung weh.

11. September

Die milden Linien der Schwäbischen Alb fassen den heiteren Septembertag ein. Auf der Limburghöhe blühen die reich von roten Hagebutten bedeckten Hundsrosen noch und blüht auch der Hartriegel zum zweiten Male. Thymian und Erde duften. Die Spätsommerwärme kocht die grünen, die schwarzen Weinbeeren. Im Kreise breiten sich die braunen Schindeldächer der kleinen Dorfstadt. Durch Obstwaldungen gelangen wir auf die weiße Landstraße zurück.

Ich bin wieder in der kargeren Landschaft Schleswig-Holsteins. Die Felder sind abgeerntet und ruhen einen Augenblick lang den tüchtigen Leib aus. Wie im Nachtraum blühen Storchschnabel, Immortelle, Ackerknauel zu Ende. Vogelschwärme ziehen als Gedanken der Erde. In den Tümpel, mitten im jetzt zugänglichen Stoppelfelde, streut ein krummer, buckliger wilder Apfelbaum seine kleinen, gelben, energischen Früchte. Wie eine Paste umgibt sie eine Schicht Duft. Es kommt mir vor, als würden sie wie ein schuldiges Opfer von der Baummutter, von der Wirtin der Einöde, der Erde zurückgegeben.

Die Ägypter kennen ein Gesetz gegen die Undankbarkeit.

Bei uns ist jeder undankbar auf eigene Faust. Dankbarkeit, gar Dankbarkeit gegen einen Baum, gegen die Erde – das ist Vergangenheit, Mythologie, chinesisches Altertum.

17. September

Das Denken gleitet immer wieder von den Dingen ab. Es gibt Zustände, in welchen sie sich selbst erklären. Dann fallen die übertriebenen Systeme ins Bodenlose, die Methoden des menschlichen Geistes entlarven sich als Raubmächte, die den Kosmos in Verwirrung stürzen, und die große Ordnung tut sich kund. Es waren einmal Entdeckungen: der Gedanke der Mimikry, daß Raupen Stengel nachahmen, daß sie durch Ausstülpung einer Gabel schrecken, daß die Zeichnungen auf den Blumenblättern Saftmale seien, den Insekten die Straße zum Nektar zu weisen. Das alles ist mühsame Zerlegung. Weil der Mensch seinen Weg als schwierig erkennt, läßt er auch das Tier sich Hilfsmittel ersinnen, seinen Schwierigkeiten zu begegnen.

Am Fensterkreuz hängt eine Schmetterlingspuppe an einem Seidenfaden, an gefährlicher, jedem Zugriff ausgesetzter Stelle. Energy is eternal delight, sagte William Blake, unübersetzbar. Er meinte auch die Energie der Meditation, die so überwältigen kann, daß der Sinnende nicht merkt, wie Ameisen über ihm ihren Haufen türmen. Dem Forscher muß wie einem Zauberer zumute sein, wenn er untersucht, was sich in einer Schmetterlingslarve an alten ›Stoffen‹ ab- und an neuen anbaut. Wir setzen unsere Akzente menschlich. Die Raupe erscheint uns unfertig, der Schmetterling erleichterte, gelöste, vollendete Form. Das Tier handelt nicht, es geschieht. Aber auch im Menschen geschieht mehr, als er handelt. Ich begreife es, wenn ich die Puppe betrachte, ein grünlichweißes, schwarzpunktiertes Gebilde. Sein spitzes Ende zuckt hin und her, wenn ich es berühre: es empfindet meinen Finger als feindlich.

Von den wahren Menschen der Vorzeit sagt Tschuangtse, daß sie nicht durch eigene Bewußtheit das Tao beeinträchtigten und nicht durch ihr Menschliches der Natur zu Hilfe zu kommen suchten. Waren sie kühl, so war es wie die Kühle des Herbstes, waren sie warm, so war es wie die Wärme des Frühlings. Alle ihre Gefühlsäußerungen waren unpersönlich wie die vier Jahreszeiten. Allen Wesen begegneten sie, wie es ihnen entsprach, und niemand konnte ihr Letztes durchschauen.

24. September

Aus dem dunkeln Reichtum schönstgeformter Blätter quillt die Fülle der Eicheln. Welche Vollendung der Gestalt, welche Ausgegossenheit, nirgend ein Zuviel, nirgend ein Zuwenig. Die tastenden Finger, die gern die glatte Wölbung umgreifen, glauben zu fühlen, daß dieses blanke Ei ein tausendjähriges Leben enthält. Wie konnte der weichen Blüte so kernfeste Dauer entspringen? Genie der Natur: es ist, als ob etwas in unerschöpflicher Aufmerksamkeit beständig sei. Alle großen Dinge sind ausgeruht, sagt Rilke. Hat die Eichel sich je mühen müssen? Der chinesische Weise sprach: »Ich habe mich ihm (dem Gaukler) gezeigt, wie die Erde uns ihre äußere Gestalt zeigt, die unbewegte und stille, dieweil all die Zeit über sich drinnen das Schaffen vollzieht – ich habe mich ihm zum zweiten Male gezeigt, wie der Himmel sich in seiner gelassenen Ruhe zeigt, und ließ nur ein wenig Kraft unter meinen Fersen hervorspringen.«

Aus der Kraft, die unter solchen Fersen hervorsprang, ist die Eichel entstanden. Es ist dieselbe Kraft, die schafft, ohne es für Liebeswerk, und die auflöst, ohne es für Grausamkeit zu erachten. Denn der heftige Wind streut die Eicheln auf den Jedermannsweg, wo der Fuß des Menschen, des Tieres sie zertritt, als seien sie unwichtig. Die zermalmte Eichel knirscht – ein Riese stirbt. Man versteht, daß das Märchen den verfolgten, in die Enge getriebenen Zauberer sein Herz in einem Ei verwahren läßt.

Vieles geht ungesehen, ungehört am Menschen vorüber. Durch die letzten warmen Luftschichten über den Äckern, wo wie Eingeweide der Erde die goldenen Kartoffeln quollen, flitzen die Schwalben in der Unruhe vor der nahenden Reise. Welche Kraft der Anmut! Adalbert Stifters Lieblingstier, und wessen nicht? Ihr Flügel wischt der Erde die Müdigkeit ab, und »Herkules, in eine Schwalbe verwandelt, gibt es diesen Mythos?« fragt Eryximachos in Valérys Zwiegespräch von der Seele und dem Tanz.

Der Mensch, auch ein körperliches Ereignis, flüchtet vor der Fülle der Mitwesen in die Einfachheit des Gedankens, doch vermag er auch, sich dem Gedankenlosen einzubetten. Sein Bemühen, sich des Unmittelbaren zu versichern, gelingt am besten in der Erfahrung des Geruches. Nur stammelnd vermag er sie zu bezeichnen: sie widersetzt sich der Verarbeitung durch das Wort. Wenn der lautlose Kampf der Verwesung beginnt, entsteht der jodartige, feucht-dumpfe Herbstgeruch. »Wie gekohltes Wasserstoffgas, mit der Einwirkung eines Elektrophors auf das Geruchsorgan«, bestimmt Nees von Esenbeck ihn. Condillac versuchte zu zeigen, daß der Geruchssinn schon ausreiche, dem Menschen die wesentlichsten Ideen zu verschaffen, aus denen alle seine Erkenntnisse gebildet werden: *je suis d'abord odeur de rose.*

19. Oktober

Um zu wirken, wird die Wirklichkeit surrealistisch. Aus den Wipfeln des Waldstücks kreischt sie metallisch. Es ist, als habe die Einsamkeit an sich selbst gelitten und mache sich Luft mit dem Laut des Eichelhähers. Sie schafft sich Gestalt und ruft: »Hier bin ich.« Sie will nicht immer vergessen werden und erscheint: weinhefefarbig der Leib, sammetschwarz Schwingen und Schwanz, und an der Wurzel der großen Vorderflügel ein azurblaues, schwarzgebändertes Schild. Der Vogel strömt von Natürlichkeit so sehr, daß er in das Übernatürliche gerät. Es begibt sich ins Dasein und stürzt in den Häher als seinen kräftigsten Ausdruck. Wie ein Abenteuer, das aufleuchtet, erschreckt und beglückt und in den Alltag als seine dichteste Hülle zurückkehrt, ist der Häher, scheu und vorsichtig, schon wieder verschwunden. Über baumlose Flächen fliegt er nicht gern, denn Jäger und Landmann lauern ihm auf. Aber in der grünen Festung, als seinem Erstgeburtsrecht, spielt er mit der Gefahr, rätscht, schrillt und tollt mit allen Vogelzungen, getrieben vom Lebenswirbel.

Der Oktobernebel dehnt die Stunden. Nichts läßt er aus seinem grauen Schoß. Der Wind starb, der Acker ruht, kein Schritt tappt, keine Radnabe wimmert. Wer erlöst uns von dem Schweigen, das wir anfangs segneten, dann verfluchten? Es platzt. Zwei Elstern schnarren. Da schwimmen die Langschwänze durch den Nebel, schwarz-weiß, wie schon Wolfram von Eschenbach sie sah.

29. Oktober

Liebesblick des Altweibersommers. Von den eisernen Pfählen, die ausgedehnte Viehtrift entlang, strömen, alle in gleicher Richtung, als silberne Banner die Fäden kleiner, schwarzgoldener Spinnen, Erwachsene kleiner, Junge größerer Arten. Sie stehen, den Hinterleib emporgereckt, wie auf Stelzen, die Füße gerade, den Kopf gegen den Wind, und schießen aus den Spinnwarzen des Hinterleibes die oft sehr langen zarten Fäden. Fühlen sie in den Fäden den Sog des Windes kräftig genug, so fassen sie das Gewobene und lassen sich mit allen Füßen gleichzeitig fahren. Gelingt es ihnen, auf künstlich natürlichen Flügeln in andere, weniger bevölkerte Gebiete zu reisen, so bedeckt an schönen Herbsttagen das Silber der ausgedienten Brücken Stakete, Büsche, Dächer.

Die Herbstluft flimmert von diesen Marienfäden. In den Lachen des von den Regengüssen der Tage vorher erweichten Landweges baden schilpend die Sperlinge. Vor mir springt noch ein Heuschreck, ihm fehlt ein Schenkel. Ist auch in der Frühe das abgefallene Laub schon bereift, Taubnessel, Flockenblume, Schafgarbe blühen. Funkenrot glüht die Samenhülle des Pfaffenhütchens, eine unsichtbare Hand drückt ihr die tieforangen Kerne aus, die denjenigen einer Apfelsine gleichen. Jeder Tag schiebt sie der Erde näher. Vielleicht tut das der heilige Niemand der christlichen Legende. Er ist ohne Sünde und tut, was niemand kann. Adieu, Erntewagen und Kranz! Noch hängen Strohhalme der Kornfuhren an den Hecken, aber im Schoß der Wolken bereitet sich schon Schnee.

Aus dem Umkreis der Bukolischen Tagebücher

Kastanien fallen

Da niemand sonst heute schenkt, schenken die Bäume. Aus ihrer bunten Höhe tropft es gewichtig und schlägt auf den grünen Rasen. Glühende Klumpen – es ist, als ob sie aufzischten bei der Berührung mit der Feuchte. Aber die Jungen sind hinter diesen Geschenken her. Waren sie es seit je, in diesen Zeitläuften lassen sie den Früchten nicht Zeit, in der Höhe zu platzen, sondern gehen ihnen mit Steinen und Knüppeln zu Leibe, daß es lebensgefährlich wird, unter den Bäumen hinzustreichen, wenn ihre Fäuste am Werke sind. Sie füllen Töpfe und Blechdosen und lassen die Jüngsten nur von fern andachts- und sehnsuchtsvoll zuschauen.

Die herrlichen, satinschimmernden Gebilde, sich um die Kugelform bewegend, in ein weißes Polster gebettet, von stachligem Panzer bewacht – wem gelänge es, sie achtlos mit dem Fuß wegzustoßen? Mag er auch das Staunen verlernt haben, mindestens fällt ihm die eigene Kindheit ein. Die Kindheit besorgt dies edelste Geschäft des Staunens am besten. Wer aber vermöchte es schöner als die Allerjüngsten? Sie und die Allerältesten, die Dichter, schützen uns vor dem Klischee. Vernutzte, zur Routine erstarrte Wortvorräte gespenstern allezeit in uns umher, vampirisch bereit, jeden frischen Eindruck auf- und auszusaugen. Höchstens die geringen Empfindungen, die eben durch sie noch hervorgereizt wurden, regen sich matt: dann fällt das Wort, wie bei der Narkose die Chloroformhaube über den Patienten, über den Eindruck und erstickt ihn. Frisch aber, unvorbereitet die

Dinge ansehen, als geschähen sie zum allerersten Male, das passiert nur den Jüngsten, den Unfertigen, und so hüten sie sich, als wären sie weise, mit vollendeten Wortklängen heranzuspringen, sondern umtasten, umfühlen die Geschehnisse wie mit Augen, Händen, Füßen, so mit Lauten. Unverbraucht, eigentümlich, staunenswert, begegnen so auch jene Früchte ihrer Welt: dem erstaunten Innern erwidert ein erstauntes Äußeres. Denn erst fertigen Eindruck und fertigen Ausdruck trennt ein Abgrund, sind aber beide im Zustande des Entstehens, des Werdens, so treffen sie einander wie Lippenpaare im Kuß. Und so lallt Michael, der unsere Erde erst anderthalb Jahre bewohnt, »tanne«, Jenspeter, ihm um ein Jahr voraus, »kaudert« »hadananie«, am wunderbarsten aber pürscht sich der zweijährige Gorch herbei, wenn er die glühenden Schätze, das Unbekannte, das, ach, zu rasch ins öde Bekannte umschlagen wird, »stainmio« apostrophiert. Und als Agathe klein war, nannte sie Daniel, den Nachbarssohn, Kastanie! Die Glücklichen! Sie stehen noch vor der Tür, die zur alles verwässernden, alles verdünnenden Gespensterwelt der bloßen Redensarten führt, der Scheinwelt, in der die Erwachsenen, die zu Ende Gewachsenen, sich als Schemen bewegen.

Durch modellierten Atem geben wir den Dingen Namen. Aber selbst das Atmen wird Routine, und beneidenswert ist, wer diese Namen neu zu empfinden vermag, wenn er sie schon nicht mehr zu erfinden braucht. Je länger er unberedet bleibt, desto tiefer wird der Eindruck, und demjenigen, der lange zu schweigen vermag, schwebt, wie dem Kinde die Kastanie, die Welt entgegen als Gedicht.

Der Zitronenvogel

Der erste durchwinterte Zitronenfalter zickzackt über die schon lange blühenden, stäubenden Haselbüsche. In seiner Einsamkeit bannt er den Blick doppelt, dreifach. Das Schwefelgelb seiner graziös gebuchteten Flügel, die weiße Seidenmähne seines Rückens entzücken, als sähe man ihn zum ersten Mal. So schönes Geschöpf braucht keine Stimme. Dem Urgrund, dem er entstieg, legten die Gnostiker das Schweigen als Gattin bei. Mag den Zarten wiedereinfallende Kälte vernichten, er leistet als Vergängliches den wundervollen Dienst des Gleichnisses. Lautlos deutet er auf die große Einheit.

Stoff und Geist hat noch kein Wort gespalten. Welche Weisheit des Fleisches, welche Geistigkeit der Materie! Vertieft sein Anblick das Schweigen um die Phänomene – wenn es sich löst, spricht es mit Mythen, mit Symbolen als allein ihnen gemäßem Ausdruck. Er läßt Jules Renard vom Körper als dem klugen Hunde der blinden Seele und die alten Chemiker vom Archäus sprechen als einer jedem Bestandteil der körperlichen Welt innewohnenden plastischen Natur, deren Wesen man Denken nennen kann, wenn man nur darunter kein bewußtes versteht. Und die Gnostiker glaubten, daß die in der (ganz platonisch gefaßten) Materie gehaltene und darin waltende Weisheit den Demiurgos, den Gott des alten Bundes, ihm selber unbewußt dahin bringe, ihren und aller Dinge Rückgang in die Fülle des Seins zu vermitteln. Wir geraten mit dem Falter in die Vorwelt, da man noch wußte, wie der Materie zumute ist, denn das Ich ist, mit Gottfried

Benn zu sprechen, eine späte Stimmung der Natur. Wir sind in der Zeit, da die Wissenschaft noch nicht aufgehört hatte zu verehren. Noch wird die Schlacht nicht geschlagen, die toben wird zwischen denen, die das Allgemeine, und denen, die das Einzelne für das Primäre halten. In seinem Fluge preist der Falter die ungeschiedene Einhelligkeit. Das Zergliedern, wie es die neue Wissenschaft emsig trieb, heilt zum Ganzen. Goethe beklagt die Zerstückelung der zeitgenössischen Naturwissenschaft. »Indem ich Linnés scharfes, geistreiches Absondern, seine treffenden, zweckmäßigen, oft aber willkürlichen Gesetze in mich aufzunehmen versuchte, ging in meinem Innern ein Zwiespalt vor: das, was er mit Gewalt auseinander zu halten suchte, mußte, nach dem innersten Bedürfnis meines Wesens, zur Vereinigung anstreben.« Er fragte, warum die Naturforscher nicht ein so wichtiges Phänomen, wie es die Metamorphose der Insekten darstellt, auf allen Straßen predigen. Wie versagen auch noch heute die meisten Naturkundebücher! Sie geraten in ein wässeriges Salbadern, in eine nichtige Vermenschlichung, oder sie ergehen sich in unfruchtbaren Synthesen oder werden, als Aufzählung harter, abrupter Details, Nekro- statt Biologie. Wer sah schärfer, redlicher als Goethe? Wer hütete sich mehr, den Gegenständen die Grille, die einem durchs Gehirn läuft, aufzubetten? Er sah im Realen das Ideelle. Der wahren Naturkunde dient als Motto, was Tschuangtse sagt: Wenn man die einzelnen Glieder eines Pferdes aneinanderreihen wollte, so würde man noch kein Pferd dadurch bekommen: »Das Pferd muß zuerst dasein und seinen einzelnen Teilen Zusammenhang geben, dann erst haben wir das vor uns, das wir Pferd nennen.« Die Tatsache, daß einer Eidechse der verlorene Schwanz nachwächst, rührt aus der Einheit des Tieres. Es ist die Idee der Eidechse, die das Organ wieder ersetzt.

Gegenüber so lebhaft-zartem Wesen, so glücklicher Mobilität werden abstrakte Fragen gegenstandslos: Ob etwa die Sinnlichkeit mehr der Feind als der Diener der wahren Erkenntnis oder ob die Empfindung mit Fichte und Leibniz ein unreines Denken oder mit Condillac das Denken ein verfeinertes Empfinden sei. In einem zeugenden Augenblick fallen Empfindung und Denken zusammen, bilden Außen und Innen sich in eins. (»So im Anschauen wie im Begriff« glückte es Goethe 1787 in Sizilien, die Metamorphose der Pflanzen zu gewinnen.)

Vielleicht hat Leibniz recht mit seiner Behauptung, wer nur deutliche Gedanken hegte wie Gott, der hätte keine Sinnesempfindungen. Kaum ins Dasein gerückt aber, unterliegt der Zitronenfalter dem Gebot der Endlichkeit. Mit unbeirrbarer Sicherheit eilt er dem auf ihn wartenden Weibchen zu und vollzieht die Verbindung. Als irdisches Wesen trifft ihn wie den Menschen jene kleine Zäsur im All, der Zwiespalt der Geschlechter.

Es ist, als ob das derbe All seine Zartheit nicht entbehren könne, als ob die Idee seine Art zu perpetuieren beflissen sei, damit uns der Falter als leiser Wink ihrer Götternähe, als Gruß des reinen Seins, nicht verlorengeht.

Osterspaziergang

In der schönen Widmung der *Kinder- und Hausmärchen* vom Jahre 1843 erinnert sich Wilhelm Grimm, wie er gesehen hat, daß die alte Bettina vor einer einfachen Blume still stand und mit der Lust der ersten Jugend in ihren Kelch schaute.

Die Dinge so zu sehen, wie sie sind, war Goethes Ideal.

Können wir es je? Sind sie nicht alle längst gedeutet, erklärt, mit Deutungen und Wertungen beladen, fast darunter verschwunden? Es gehört eine eigene Geisteswendung dazu, um das gestaltlose Wirkliche in seiner eigensten Art zu fassen und es von Hirngespinsten zu unterscheiden, die sich denn doch auch mit einer gewissen Wirklichkeit lebhaft aufdrängen.

Vor dem schneidenden Nordostwind, der mich vor sich hertreibt, daß mich fröstelt, fliehe ich in den Wald. Hier kauern, an den Boden gedrückt, im morschen, braungrauen Vorjahrslaub, Anemonen, weiße Flämmchen. Geburten der Kälte, einem alten, geheimnisvoll sich offenbarenden Drange gehorsam, existieren sie mit mir zusammen und ziehen neben sich die roten Stränge des Sauerklees, unbegreiflich zart, schütter wie der Mulm, in den sie ihre leichten Fadenwurzeln tauchen, meine Hand braucht keine Kraft, sie herauszuheben. Kühler Hauch und Leichtigkeit. In Wahrheit sind sie der ganzen Landschaft verschwistert, strömen ihren eigentümlichen Duft aus, ohne zu verschwenden: sie teilen keine Trunkenheit aus, und doch ist auch ihr Dasein ein zarter schwebender Rausch. Der Ruhm des harmlosen Daseins strahlt von ihnen aus. Hier ist kein Gift gelegt, hier gehen Perdita und

Florizel. Hier dürfen auch die Häher laut werden. Harsch rasselt ihre Stimme.

Laut aber sind sie nur in der Einsamkeit des Innern. Im Vorraum zur Welt, wo der Wald sich lichtet, sind sie listig schweigsam im Wissen, wie gern man ihnen nachstellt. Das weinhefenfarbige Gefieder des Leibes, das Sammetschwarz von Schwingen und Schwanz und der azurblaue, schwarzgebänderte Flügelfleck, welch surrealistisches Zusammen! Aber wie Nietzsche mit Fistelstimme den Übermenschen rief, womit er den Menschen meinte, so bedeutet ›surrealistisch‹ nichts als wirklich. Warum heben wir die Stimme? Weil wir, sowohl am Objekt ermattet wie von seiner Übermacht gepeinigt, glauben, es erschöpft zu haben, und eines schneidenden Tones, einer schreienden Farbe zur Sensation bedürfen.

Das kalte, graue Auge des Hähers bedeutet mir nicht Freundschaft, gewiß auch keine Feindschaft. Aber es deutet auf eine Qualität der Natur, die keine Vertraulichkeit duldet. Vieles hatten wir mit einer falschen Lieblichkeit behängt, so wie die Bezeichnung ›Kinder- und Hausmärchen‹ den alten Mythen ihre Unerbittlichkeit nehmen sollte. Die große Poesie lebt aus dem Urgrund und duldet keine Abschwächung. Wir sind ihr heute wieder nahe, wie ihr das 18. Jahrhundert fern war, wenn es das notwendige Ende des *Königs Lear* zu einem frohen Beisammensein umfälschte und den Taxus beschnitt, um dem wilden Wachstum zu entgehen. Alle Konventionen brachen, neue entstanden. Unter dem Hergebrachten leiden alle Künste. Es glaubt jeder, richtig zu sehen, wenn er das Alte, scheinbar Wohlbekannte in den Bildern findet. Aber jener Schauer desorganisiert erst, um zu organisieren. »Niemand mag lesen als das, woran er schon einigermaßen gewöhnt ist.« Gegen diese Gewöhnlichkeit des Gewohnten richtet sich die immer junge Kunst. Hier muß jeder sich wagen und entscheiden, ob er neu lese, neu sehe, welche Bereicherung an Wirklichkeit, das heißt an Wirksamkeit, er erfahre. Niemand darf sich bequem auf ›Natur‹ berufen.

Als der französische Maler Dufy einem General seine Bilder erläuterte, überzeugte er diesen so wenig, daß sein Besucher sich immer wieder auf die Frage zurückzog, wo bei solchen Bildern eigentlich die Natur bleibe. »Die Natur, mein General«, erwiderte Dufy im liebenswürdigsten Ton, »die Natur, das ist einfach eine Hypothese.« Dufy hätte sich auf Kant berufen können, »daß die Natur an sich nichts ist als ein Inbegriff von Erscheinungen, mithin kein Ding an sich, sondern bloß eine Menge von Vorstellungen des Gemüts«. Und so begnüge oder vergnüge sich das Modell, dem Künstler als Hypothese zu dienen. Sind wir abgeirrt von Goethes Ideal? Aber jetzt handelt es sich um den Gehalt, und »den findet nur der, der etwas dazu zu tun hat«.

Dieses Etwas können wir nicht besser bezeichnen, als eine intensive Parteilichkeit der Empfindung. Ob Goethe ein Picasso erschreckt hätte, wie ihn Beethoven und Kleist erschreckten? Auf jeden Fall würde er sich ihm in der Intensität des Wachstums, des Aneignens vereint empfunden haben. In einem reizenden Aufsatz im *Lanzelot* sagt Duche von Picasso: »Wenn der Gott zu seinem Vergnügen sich in einen Stier, einen Schwan oder in einen Goldregen zu verwandeln vermochte, so braucht er keineswegs auf ewig in den Formen dieser Figuren seiner eigenen Zauberei gefangen zu bleiben. Er schafft sein Werk, ohne jemals zuzulassen, daß in der Darstellung eines Gegenstandes dessen ganze Realität enthalten sei.«

Die ganze Realität? Auch ich vernahm nur einen Teil, da ich, Ostern entgegen, durch die Wälder strich, an dem Hainbuchengebüsch, den Dornhecken entlang, die mit grünen Spitzen aufbruchbereit standen, durch die Anemonen, weiße Flocken, vom

Rotkehlchen umsungen, wo der Wind schwieg, am Kanal entlang, wo die Brassen sich zum Laichen schickten. Ewiges Paradox, daß wir, das Ganze zu erfahren, an das Einzelne gebunden sind, daß wir nur gefesselt frei zu sein vermögen.

Die Rosen und das Rasen

Wozu gibt es Rosen? Das fragt nur ein Narr. Sei Rose, sei schön, und du bist dein eigener Sinn und teilst diesen sogar anderen Wesen mit. Herrliche Verse der Weltdichtung drücken das aus. Dazu duftet die Rose, und in einem amerikanischen Gedicht beklagt jemand, daß er nur eine Nase habe, diesen Duft zu empfangen. Fände sich dem allen zum Trotz jemand, dem Rosen wenn nicht sinnlos, so doch gleichgültig erscheinen – das Jahr 1955 nach Christi Geburt zerstört seine Gleichgültigkeit. Es schafft Rosen den endgültigen Daseinsgrund. Pascal meinte, alles Unglück des Menschen rühre daher, daß er nicht an einer Stelle verweilen könne, aber unser Jahrhundert erdachte sich nicht nur die Schnelligkeit, sondern machte sie zu seinem Gott. Sein unwiderleglichster, sein seiendster Gegenstand ist das Auto. Ernsthafte Männer pflegen es mit einer des Pferdes würdigen lyrischen Inbrunst. Allerdings muß man mit dieser Maschine als einem teuren Danaergeschenk vorsichtig umgehen, und das tut nicht immer jeder, braucht es aber in naher Zukunft nicht mehr, denn Amerika will fortan seine Autostraßen mit Rosensträuchern säumen: nicht etwa des Naturgenusses wegen, sondern um diejenigen Autos, die unsichere Raserei in die Böschung sausen läßt, weich und wonnig aufzufangen! Liegen wir sonst nicht auf Rosen gebettet, dann täten wir es. Kein Bordgestein, kein feister Baum wird uns zerschmettern: die *Rosa multiflora japonica,* die zwei Meter hoch und zwei Meter tief wächst, nimmt uns in ihre dichten Arme. Die Universität von New Hampshire probte. Sie ließ ihre Chauffeure mit höchster Geschwindigkeit den Chausseerand mißachten und in die Rosen stürzen. Das Auto trug ein paar Kratzer davon, und den Insassen war nicht anders zumute, als daß sie in einem Haufen weichen Schnees gelandet wären.

Wir werden auch hierin Amerika nacheifern. Bald werden wir die Bundesautostraßen entlang an blühenden Rosenbüschen vorbeisausen und behaglich die Fahrtrichtung verfehlen, trunken von Duft. Und dieser Trunkenheit am Steuer wegen wird uns niemand mehr belangen können.

Klassischer Sommer

Das Licht liegt über uns gebreitet. Der Wind kann es nicht vertreiben. Es ist der Äther Hölderlins. Es herrscht ein klassischer, uns längst ungewohnt gewordener Sommer. Die zwei kalten Monate Mai und Juni werden orgiastisch nachgeholt: zugleich blühen Ziest, Wicke, Mädesüß, Geißblatt, roter und gelber Weiderich, Odermennig, Flockenblume, Labkraut. Zwar geht es schon die Wölbung des Jahres hinunter, aber Rosen- und Heuduft wehen zu den offenen Fenstern herein. Grand-mère Jenny und Madame Dieudonne blühen, diese rotgelb, jene elfenbeinen, die Ränder violett angehaucht, und die Super-Congo – kein glücklicher Name, es sei denn, der Kongo meine ihren schwarzen Purpur. Sind wir bei den Rosen, sind wir bei den Dichtern. Die Dichter sind überall schon ihrem Begriffe nach die Bewahrer der Natur, bestimmte Schiller, sie treten jedenfalls als ihre Zeugen und ihre Rächer auf, sie werden also entweder Natur sein, oder sie werden die verlorene suchen. Müssen wir uns so viel Mühe geben, Natur zu sein? In diesen Tagen nicht. Aus ihren heimlichen Kammern schickt uns die Natur Scharen junger Vögel zu. Es ist schwer, ihr Farbenspiel mit Worten zu befestigen. Der Gartenrotschwanz trägt sein Rot, sein Schwarz, sein Weiß deutlich umzirkt, der Fliegenschnäpper, witwengrau, sitzt, die Schultern eingezogen, auf dem Wäschedraht, aber die jungen Neuntöter verlieren sich, weißlich, hellbraun, getüpfelt, impressionistisch an die Sommerglut. Der Kuckuck ist abgereist; so spät wie in diesem Jahr, Ende Juli, habe ich ihn noch nie gehört, dazu das eigentümliche Kichern des Weibchens. Auch der Mensch läßt sich einfangen und wird Natur. Dichtung und Natur können einander nicht aus dem Wege gehen – ich las gerade Gottfried Kellers Erzählung *Romeo und Julia auf dem Dorfe*. Zwei Menschen werden von der Gesellschaft allein gelassen und verbrennen, selig-unselig hingegeben, im Feuer ihrer Leidenschaft als ihrer einzigen Zuflucht. *Mourir ou parvenir* könnte das Motto heißen. Der Shakespearesche Titel besteht zu Recht. »Sali starrte mit lachendem Munde auf die Augen, gleich einem Hungrigen, der ein süßes Weizenbrot erblickt, und rief: ›Bei Gott, Vreeli! wie schön bist du!‹ Vrenchen lachte ihn nur noch mehr an und hauchte dazu aus klangvoller Kehle einige kurze mutwillige Lachtöne, welche dem armen Sali nicht anders dünkten als der Gesang einer Nachtigall.« Hier gelang dem modernen Dichter Mythisches. Ein Mädchen verwandelt sich in einen Vogel.

In der brütenden Mittagsstille wird manches wahr, was sonst phantastisch-allegorisch erscheint. Die Schwalben zwitschern: Es ist ein echter Märchenzug, daß Prokne, der Tereus, ihr Mann, die Zunge ausschnitt, damit sie seine Buhlschaft mit ihrer Schwester Philomela nicht verrate, von den Göttern in eine Schwalbe verwandelt wurde, ist doch das Schwalbenzwitschern weniger Gesang als ein Bemühen darum.

Auf den Menschen reimt sich die ganze Natur

Annihilating all that's made
To a green thought in a green shade

MARVELL

Johann Wilhelm Ritter zufolge reimt sich auf den Menschen die ganze Natur. Diesen Reim zu finden, muß der Mensch sich rühren, denn ohne ihn bleibt die Natur unfruchtbar, wie William Blake sagt. Die fortdauernde und gewiß auch nötige rationalisierende Behandlung und Bearbeitung unserer Gegen- und Umstände entfernt uns immer mehr dem Ursprünglichen. Das Ursprüngliche, das bedeutet uns hier nicht eine Sehnsucht, nicht den Wunsch, da zu sein, wo man nicht ist, sondern eine Aufforderung im Sinne von Werner Krafts »Vorwärts bis zum Anfang«. Es bedeutet hingenommen sein, es bedeutet Präsenz der Erscheinungen und den hohen Mut des Individuums ihnen gegenüber.

Schmäht Paul Valéry die Inspiration als Erniedrigung des Menschen zu Mittel und Medium, kann er nicht leugnen, daß er der Erfahrung von Ursprungszuständen einige seiner besten Lebensmomente, also gelungene Gedichte verdankt. Die Hingenommenheit darzustellen, braucht es Vorsichtsmaßregeln. Die Routine der Tätigkeit überlagert schon den Sinneseindruck, nun gar, wenn er zu Worte kommen soll, mit zahllosen, jeder Gelegenheit willigen Klischees.

Unverwüstlich bleibt die Begier, den Erscheinungen nahezukommen. Sprache und Gesicht wollen einander entsprechen.

Untreue ergibt Ungenauigkeit und stopft mit Scheinpoesie die Lücken zu. Wir verletzen ständig unsere Pflicht den Phänomenen gegenüber.

Jemand fragte einen Dichter, der sich des Pflanzennamens ›Mädesüß‹ bedient hatte, er sei reizend, dieser Name, ob er ihn erfunden habe. Gewissenhaft hätte der Dichter antworten müssen, daß er den Namen einem Älteren entnommen habe (was nicht viel ausmachte, vielleicht schreiben wir alle voneinander ab). Ebenso gewissenhaft aber hätte der Ältere bekundet, daß er den Namen keineswegs erfunden habe, der vielmehr aus lauter Sachlichkeit bestehe und dem Schwärmer keinen erotischen Gefallen erweist.

Wer macht sich schon die Mühe, die Wesen und Dinge in ihrem Fürsichsein aufzusuchen und so vielleicht den Namen als eine Tat zu begreifen? Jener Fragende ließ sich dann – ganz leer – so vernehmen: »Wem Gewächse wie Mädesüß fremd sind, der wird sie doch wegen ihres sprachlichen Zaubers gern willkommen heißen. Mädesüß ist ein kleines, unscheinbares Wiesenkraut, aber im Vers vermag es eine hochpoetische Schönheit zu entfalten.« Nun ist das Mädesüß eine meterhohe, weit sichtbare Pflanze und füttert auch den, der sie nicht sieht, mit höchst bemerklichem Duft.

Von solchen Vorfällen aus begreift man die Notwendigkeit, die Poesie immer wieder von der Prosa her zu erfrischen. Tut man bei uns solche Einzelheiten, die einzig fruchtbaren Kriterien der Dichtung, als unwichtig ab, so weist Robert Graves sowohl Pope wie Wordsworth nach: »They were seldom poets enough to check their botanical facts.« Wenn man Verrat an der Sichtbarkeit begeht, soll man nicht zu schnell der Sprache die Unfähigkeit ankreiden, es mit der Wirklichkeit aufzunehmen.

Der Zauber eines Phänomens kann die Sprache in seinen Bann ziehen. Sprache wird dann vom Benannten her durchelektrisiert:

»Jorinde war in eine Nachtigall verwandelt, die sang zicküth, zicküth.« – »L'insecte net gratte la secheresse«: das ist die Zikade. In den Nachtigallensang webt John Lyly die Erinnerung an den Philomele-Prokne-Mythus, an den Verführer Tereus: »Jug, jug, jug, jug, tereu.« Erinnerung der Erinnerung wird das in *The Waste Land,* wenn Eliot ein Londoner Zimmer beschreibt, über dem Kamin »a sylvan scene« (der Ausdruck wiederum Miltons *Verlorenem Paradies* entnommen), die Verwandlung der Philomele: »And still she cried, and still the world pursues, ›Jug, jug‹ to dirty ears.«

In höchster Gegenwart höchstes Altertum. Das grobe Ohr erzieht W. H. Auden zurück zur Freude am Laut des Wassers. Man begreift, wie er seine sarkastische Oxforder Antrittsrede mit einem Gedicht Thomas Hardys schließen kann als des Mannes »Who used to notice such things« (welche, erzählt das Gedicht): »But for the man who wrote it I should not be here.«

Hebbel empfand das Werk Reines als den Ausdruck einer vom Krampf geschüttelten Welt. Zu lange gaben wir uns und den Dingen das Gift des Ideals ein, nun suchen wir ihnen und uns mit Ironie aufzuhelfen. Wie ein Präservativ bei eingekochten Speisen soll sie gegen Feuchtigkeit des Gefühls schützen. Mit Unpoesie sucht man die Poesie zurückzuerobern. Die Theorienhändler bieten ihre Ware feil. Die den Theorien entsprießenden Ergebnisse sind verhungerte, an freiwilliger Enthaltsamkeit zugrunde gehende Proben.

»Auf den Menschen reimt sich die ganze Natur.« – Aber den Reim entthronten die Jüngeren und Jüngsten. Keineswegs zum ersten Male. Um 1600 gab es in England den *Areopag,* einen Klub zur Abschaffung gereimten Maßes, Sidney und Spenser gehörten ihm an. Spenser widerlegte gleich seine eigene Lehre. Um 1600 schilt man den Reim einen Tyrannen, unser Tag hält ihn für ein Werkzeug der Parodie. Vergessen wird, daß es, nach Werner Kraft, darauf ankommt, wer reimt und wer nicht reimt.

Nachdem ich mich im Britischen Museum in die marmorne Erinnerung an den Kampf der Lapithen und Kentauren verloren hatte, stieß ich auf einen Granitblock, der, in der Größe eines Fußschemels, einen Skarabäus darstellt: in Stein gehauene Naturbesessenheit. Wie Dankbarkeit für den Anblick durchfuhr mich die Ahnung eines Verstehenkönnens: »Umwandlung der mythischen Seele in die naturhaft geistige.« Den Raum erfüllte, herrlich weit gespannt, das Lachen Merlins, seiner Welt ohne Abstraktion. Er pflegte vor jeder seiner Weissagungen und Zaubereien zu lachen, ein Lachen als Zeichen der Fülle von Sinn. Die Wahrheit ist uns nur einen Blitz, manchmal ein Gedicht lang gegönnt. Dann nahm mich das gedämpfte Brausen der riesigen Stadt auf.

Weitere Schriften zur Natur

Pflanzennamen

Versuchen wir eine Durchlebung der Pflanzennamen, die, wie Silberfischchen hinter alten Tapeten, älteste Natur, älteste Sprache aufbewahren, so wird uns nicht häufig so hell und warm zumute wie etwa bei dem russischen Volksnamen einer bestimmten Enzianart, der versichert, wer sie bei sich trage, ziehe sich nie den Zorn des Zaren zu – Wahrheit des Märchens – oder bei dem englischen Lokalnamen ›Davidsharfe‹ für die Weißwurz, eine wilde Verwandte des Maiglöckchens – Wahrheit des innigen Blicks (wir entsinnen uns alter Bilder, auf denen David ein zur Hälfte spitzbogiges, mit metallenen Glöckchen behangenes Instrument mit zwei Hämmern rührt) – oder bei der Bezeichnung ›Trommelschlägel‹ für die gelbe Mummel, deren Fruchtstengel das Auge treffen. Drastisch zeigt sich die Vielfalt des Gesichts, wenn dieselbe Weißwurz niedersächsisch ›Su mit Farkn‹ und in Darset ›Sow's Tits‹ heißt.

Wie jede Zeit ihre Vorstellung, sei es des Meeres, sei es des Waldes, vor sich hinträgt, so auch der einzelnen Pflanze. Es gilt, den früheren Blick wieder zu finden, wie er, sich in einem Wortausdruck zu befestigen, eine Pflanze traf, mochte er weltfromm, dogmatisch, gelehrt, wie immer sein. Viele Strebungen sind hier zu berücksichtigen, nicht am häufigsten reiner Natursinn, oft Wunderglaube, Allegoriensucht, vorwissenschaftliches Interesse, abstrakter Ordnungsdrang, am öftesten die Medizin (fast immer geht die Deutung auch hier vom menschlichen Ich aus. Nützt eine Pflanze dem Menschen nicht, so wird sie zu Hundsveilchen,

Wolfsmilch, Gänseblume degradiert). Oft waltet bei der Benennung, zumal der Tiere, ein der Vorstellung gemeinsamer psychischer Zwang der Metapher: Vor zwanzig Jahrhunderten nannte der griechische Bauer einen bestimmten Vogel wie wir heute den ›kleinen König‹, wobei es nichts verschlägt, daß eigentlich das Goldhähnchen, seiner Hau wegen, gemeint ist, nicht der Zaunkönig, wie spätere Sorglosigkeit auch bei Übertragung eines Namens auf verschiedene Pflanzen zu beobachten ist. Natürlich, daß viele Namen dann oft liegen bleiben als tote Häute, denen die Schlange des Inhalts entschlüpft ist, oder als Sprachknorren. Neue Verstehensversuche umschließen sie wie neue Vegetation. Wie Metall ermüdet, wie es oxydiert, der Luft ausgesetzt, Patina anschießt, wie Glas beschlägt, verdufft wie Mauerstein sich mit einer Lepra von Algen und Flechten umhüllt – reizvoll für eines philologischen Leonardo Auge –, so bilden sich am Sprachleib Verbucklungen, Blindheiten, Auswüchse, Anwüchse als Wortungetüme, Sprachmischungen, Hybriden. Wir dulden nicht gern Unverstandenes, die Volksetymologie nimmt es wie der Schmied das geglühte Eisen und hämmert sich *Alyssum maritimum* zu ›Alice‹, *Vinca minor* zu ›Finkenohren‹ um. Ganz verdumpft selten ein Sprachelement, meist findet der Sinn eine Ritze, einzuschlüpfen.

Es entsteht so eine wirbelnde Geschichte bestimmter Namen. Sie zeitigt oft ungeahnte Aufschlüsse. Lebendiger Kenntnis sowohl sprachlicher wie pflanzlicher Erscheinung gelingt oft Erhellung des Ursprünglichen. Unsere Akelei, die sich auch im modernen Wörterbuch noch die Widersinnigkeit einer ›Wassersammlerin‹ (*aquilegia*) gefallen lassen muß, gesellt sich wahr und einfach, wie ein Blick auf die Pflanze oder Dürers Aquarell zeigt, zum griechischen Adjektiv *agkylos,* das mit unsrer ›Angel‹ urverwandt – im Alemannischen auch ›Bienenstachel‹ bezeichnend –

die Grundbedeutung ›spitzig‹ trägt. Bemerkte ein Freund, daß die Nuance, um welche man mißversteht, der Ausgang eigener Gedanken werde, um wieviel schneller genügt ein sprachlicher Reiz, einen Schwall von Assoziationen anzuziehen. Die Sprache scheint elastisch, einer Unsumme von phonetischen Umbildungen willfährig. Dann gibt es Verstockungen, wir stehn endlich vor Sprachleichen. Gleich Klötzen liegen Namen wie Kollerwurz, Felber, Germer und andere um uns herum und wollen auch dem Tüchtigen stumm bleiben. Oft geistert es noch über den Leichen. Über heidnische Mythologie stiegen christliche Legende, mystischer Aberglaube, preziöse Allegorie, dilettantisches Schwärmen, mechanische Übersetzung und leeres Nachplappern krummlinig, nicht immer vom Komplizierten zum Einfachen, sondern auch umgekehrt verfahrend (Zeiten sind wie Menschen Sklaven bestimmter Deut- und Denkgewohnheiten. Mag auch der Wissende erklären, daß es sich auf jenem Bilde Tizians um Aphrodite und Medea und den im Hintergrund spielenden Eros handelt, wir sprechen weiter von der »Himmlischen und Irdischen Liebe«). Oft bewahrheitet sich, daß die Antike ein Geistiges ist, das durchaus in der Form der Objektivität verharrt (wie wunderschöne griechische Pflanzennamen bekunden), oft, daß wirklich die Romantik kränklich ausschweift, aber alle diese Grundneigungen dürfen wir freilich nicht in und als abgeschiedene Zeiten setzen, vielmehr sind sie als jederzeit zusammen tätig zu erfahren, wir sind klassisch und romantisch, diesseitig und jenseitig, komplex und einfach zugleich.

Wie könnten uns sonst verschiedene Erscheinungen überhaupt zugänglich sein? Solche Namensgeschichte hilft dann auch, das Gespenst der Pseudopoesie zu bannen. Dem Auge des Christen deutet sich die Pflanze, die der Römer nüchtern ›Erstling‹ benannte (er numerierte ja, gegenüber dem gotterfüllten

Griechen, seine eigenen Kinder als Quintus, Sextus, Decimus), die Primel nämlich, zu Schlüssel- und Sanktpetersblume um. Oft gibt harsche Sachlichkeit das Stichwort. Unverhohlen nennt man den Löwenzahn ›Pissenlit‹ und ›Pee-a-Bed‹, die Cardamine im Wallonischen ›Chit' d'agass‹ (Elsternsch…), und bedeutet Cowslip, sträuben wir uns auch, ›Kuhdung‹, wie ›Moll-Blobs‹ die Sumpfdotterblume.

Die Geschichte der Pflanzennamen wird also von mannigfachen Gesichtspunkten auszugehen haben und viele Wege der menschlichen Denk- und Anschauungsweise wandern müssen. Uns Heutigen mag wieder eine bestimmte, fast antikische, also auch Goethesche Neigung im Blute liegen, nämlich die strenge Lust, allein in ihrer reinen Tatsächlichkeit das Wesen der Geschöpfe ausgedrückt zu finden. Wer nicht nur der menschlichen Erscheinung verschworen bleibt und die Fremdheit der übrigen Naturgestalten in Nähe zu verwandeln strebt – ungeachtet dessen, daß der Anthropomorphismus eine Form der menschlichen Genialität ist, weswegen Schelling als der Sprecher der deutschen Romantik kühn erklärte, er sei, weil notwendig, von Gott selbst gewollt –, der wird sich besonders angezogen fühlen, wenn dem glücklichen Entdeckerblick aus dem Schutt alter Namen die reine Gestalt einer Pflanze herrlich wie am ersten Tage entgegenblüht. Ein charakteristisches Beispiel eines solchen Fundes bietet die Erlösung des Wortes Nasturtium als eines Namens der Kapuzinerkresse (auf sie ist er freilich nur übertragen von der gewöhnlichen Brunnenkresse, keine gestaltliche Verwandtschaft, der würzige Geschmack der Blätter allein, weswegen die Mönche sie eingeführt haben werden, verknüpft hier das tropische Gewächs mit dem einheimischen) aus der Unsumme seiner lautlichen Permutationen und der Fülle seiner Mißdeutungen (auch heute irrlichtert des Plinius Erklärung im Wesenlosen, er bedeute »quod nasum torqueat«): ein Romanist fand durch das Geröll spätlateinischen und romanischen Apothekerjargons hindurch, daß die Bezeichnung *nasturtium* auf ein griechisches *mnastorgion* zurückweist, mithin auf die Auffassung der Brunnenkresse als derjenigen Pflanze, »die sich nach dem Feuchten sehnt«. Ist es nicht, als atme hier die Pflanze sich selbst hin und als verstumme einmal vor ihr die menschliche Eigensucht? Enthält der Name nicht die dichterische Bemühung, etwa Rilkes, des Erlebnisses inne zu werden, das auch die Dinge haben mit den Nebendingen?

Bildnis einer Blume

Es gibt eine Art der Betrachtung, die mit dem Betrachteten eine magische Bindung eingeht. Zwar beginnt alle Sprache mit dem Wechselspiel des Geistes zwischen Subjektivem und Objektivem, so daß Objektives oder Anschauung der Sinne, aufgenommen in das Gemüt, ein Subjektives oder innere Bestimmung wird, welche in der Sprache wieder heraustritt und objektiv wird. In diesem Heraustreten endet sie, wo sie vorher anfing, nämlich in Anschauung des Sinnes. Es gibt jedoch im Verhältnis zwischen Objektivem und Subjektivem verschiedene Abstände. Je geringer ein solcher wird, desto mehr nähern wir uns der mythischen Auffassung. Mythus ist die in das Gegenständliche oder rein Sinnliche des Ausdrucks versunkene Sprache selbst, und Metapher entsteht erst, wenn durch die fortgesetzte Entwicklung des Mythus Reflexion über denselben entstanden ist und die Trennung des Objektiven und Subjektiven im Subjektiven herbeigeführt hat. Eine dem Gegenstand dicht wie Haut dem Fleisch auf- und anliegende Sprache ist dem Menschen nur in seltenen Zuständen möglich. Sollte eine Bemühung darum in die bloße Addition des Singulären zu verkommen drohen, so muß sie sich nur immer frisch den Dingen zuwenden: je genauer sie betrachtet werden, desto lebhafter trachten sie von sich aus zum Ganzen. Hier scheiden sich die Geister. Hegel war der Meinung, daß ein Gedachtes höher stände als ein nur Vorhandenes (deshalb gab es für ihn nur das Kunstschöne wie für Plato nur das Naturschöne). Er fürchtete, den Zusammenhang zu verlieren, wenn er das Denken ausschaltete. Er ehrte weder jene erste gewaltige Sinnlichkeit des Märchens noch jene zweite Goethes noch auch jene, die die begriffliche Zerpflügung als Vorspiel begreift für wahrhaft erlebte Anschauung, so daß der Begriff nicht am Ende, sondern zu Beginn erscheint.

»Nicht bloß seiend will das mit Nichtsein Bedrohte sein, sondern für sich seiend.« Nur beschränkte Realität ist wirklich für uns. So heben wir aus dem lockeren, luftdurchlässigen, von den Sedimenten der Erdstoffe gespeisten, von Brombeerranken und Wurzelresten durchklammerten Boden der Waldlichtung oder des Raingrabens einen schwarzbraunen, narbig geschuppten Stengel, der mit dünnen Wurzelfasern um sich tastet. Fragen wir, wo dieser Stengel herkomme? Es war ein fruchtbarer Gedanke Schellings, die Organismen als Stauungen des Lebensstromes zu verstehen. Ein mystischer Stoß heftete den schwarzen Faden in die Erde. Hier erholt er sich zu sich selbst, er scheint ein feuchtes Nichts, und dieses Nichts geht schwanger mit einem holden Gebilde. Schon Goethe fürchtete sich bei der Beschreibung einer Pflanze vor der terminologischen Zerstückelung. Jene bewurzelte Stengelachse wandert waagerecht, im Oktober erschimmert seine Spitze engerlingweiß, die Kräfteverteilung läßt das hintere Ende schrumpfen und vergehen, der Stengel spaltet auch zuweilen einen anderen ab. Im vorderen Teil, dem breitesten, trägt der Stengel in einer Knospe das ›Vorbild‹. Geht diese Knospe ihrer Auswickelung zu, so staut sich schon wieder im Stengel schweigsam die Knospe des nächsten Jahres. Wir Menschen sind ›auf den Effekt reduziert‹ – es ist für uns charakteristisch, daß wir für alle Entwicklungszustände dasselbe Wort gebrauchen wie für deren höchste Stufe und die ganze Pflanze Blume nennen – so sehen wir gern nur Anfang, Höhe und Ende als die uns deutlichsten Zäsuren der ›ewigen Unterhaltung‹. Aber es gibt auch die Zwischenphasen. Schon im Januar hebt sich embryonisch, weißgelblich, in schöner Biegung eine schleifige Traube aus dem Erdmoder: ein Blütenplan noch, den später, wenn Luft und Licht sich steigern, drei als Laubblätter schwebende, ursprünglich zu Kelchblättern bestimmte – diese ihre eigentliche Bestimmung wird in diesem Stadium deutlich – Hülldecken einpacken. So von angespannter Erwartung bleiches Zagen: es deutet an, daß Widerstände diesen Lebenslauf nun auch weiterhin bestimmen. Vielleicht muß man hier das ästhetische Empfinden als eine Störung der heiligen Nüchternheit hemmen, die in dieser Etappe herrscht: der Betrachter möchte die sich lockernde Schleife als Ornament preisen. Doch die Anemone hat nicht Zeit, verziererisch auszuschweifen. Ihre Schönheit ist Notwendigkeit. Geschöpf des Kampfes gegen die Elemente, Frost und eisigen Hauch – ihr Name trifft ihr Wesen: Windblume –, besteht sie aus kühner Vorsicht. Ihre Haltung bleibt die der Kurve, weil sie jederzeit bereit sein muß, dem Wind und der Dunkelheit auszuweichen. Von der Geburt ab unter dem Schnee, muß sie sich durch andere Geschöpfe schlängeln, und es ist ihr Sieg, nicht vor der Blüte zu vergehen.

Die Neigung des Stengels bleibt, bis er der grellen Sonne die zu einem weißen Stern ausgefaltete Glocke hinhält. Es will nicht gelingen, die Schönheit in einem lebensfreien Begriff unterzubringen, und die mathematische Erkenntnis hilft nicht, sie auf den Gedanken zurückzuführen. Wenn eine geometrische Figur ästhetisch wirkt, so geschieht es nicht vermöge ihrer Begriffsmäßigkeit, sondern vermöge gewisser Eigenschaften, die sie mit Gestalten gemein haben kann, welche auf mathematische Gesetzmäßigkeit schwerlich zurückgeführt werden könnten. Die mathematische Figur ist als solche gerade darum nicht schön, weil sie ganz in den Begriff aufgeht und mit ihm identisch ist. Vielmehr muß einer Figur gegenüber, die schön ist, der Anschauung ein solches Verhältnis zum Begriff eingeräumt werden, daß der ersteren ein gewisser Spielraum bleibe, innerhalb dessen sie zwar dem Begriff gemäß sein möge, aber nicht durch ihn bestimmt sei. Der Künstler wendet sich, um etwas zu finden, das eine Schönheit in rein räumlicher Anschauung begründe, nicht an die begriffsmäßigste Anschauung von allen, die Gerade, sondern an die Wellenlinie. Wenn auch diese ein bestimmtes mathematisches Gesetz hat, so wird sie in diesem strengen Sinne eben nicht verstanden, sondern vielmehr als befreit von gewissen elementaren mathematischen Bestimmungen: Es war freie Abwechslung, bewegliche Ordnung gemeint. So steht es mit der Leibesbewegung unserer Pflanze. Preisen wir an einer Gestaltung ihre Leichtigkeit, so empfinden wir sie nur dann als wertvoll, wenn wir die Schwere durch sie hindurch fühlen (wie wir bei einem Sprecher nicht den öligen Fluß seiner Rede, sondern sein Ringen mit Widerständen schätzen, bei einem flach verwurzelten Menschen seine sogenannte Liebenswürdigkeit nicht als Gewinn empfinden).

Besuche ich die *Anemone nemorosa* in ihrem offenen Hause, so haucht ihr Wesen spröde Kühle. Anderen Pflanzen erlaubt milderes Wetter, üppigerer Boden einen Putz, zu dessen Ausbreitung, bei der Tulpe etwa, sogar menschliche Kräfte beitragen. Die Anemone gehört sich selbst an. Gerade weil sie meiner Mühe sich fern hält, bezaubert sie. Unvergleichliche Fülle der Kühnheit, die in den Gartenanemonen verloren, in der blauen Leberblume wieder einen anderen Gang geht. Ihr gebogener Körper edle Scham, genügsame Feier der Existenz. Sinnt man lange in ihre Gestalt hinein, so begreift man Goethe, der schon als Dreißigjähriger sagte, »der Begriff vom Dasein und der Vollkommenheit ist ein und eben derselbe«. Aus ihrer Einfachheit hallt Mut. Ihrer Grazie hängt nichts Schwächliches und Ungewisses an; sie ist ja das Ergebnis eines Kampfes. Auch triumphiert diese Grazie nicht, das Leben ist zu gefahrvoll. Ihr Dasein ist ihr Ruhm. Arm erscheint sie und zugleich reich, eine sanftere Schwester des platonischen Eros. »Eros ist hart und dürr und läuft barfuß herum und hat kein Dach, das ihn schütze; auf der nackten Erde ohne Lager muß er schlafen, vor allen Türen triffst du ihn, auf den Straßen unter freiem Himmel liegt er: Eros hat der Mutter Art, und die Armut läßt nicht von ihm. Dann aber ist Eros auch seines Vaters Sohn, des Reichtums (der wieder ein Sohn der Empfindsamkeit ist) und ist, wie dieser, voll Lust nach allem, was schön ist und edel.« Sinnvoll hält die Anemone mit ihren Kräften aus. Sie läßt den drei Schleierblättern zum Schutz des Blütenentwurfs nicht Zeit zur Verwandlung in Kelchblätter. So dient dafür der Kelch als Perigon der einen Blüte. Sie hat auch keine Zeit, Nektar auszuscheiden, verströmt kaum Duft. Der Kranz hochgelber Staubfäden gibt Bienen und Fliegen Pollennahrung. Sie hat weiter keine Muße zu Farbenüberschwang. Die verbliebenen Kelchblätter erbleichen zu Blumenblättern. Der rötliche Stengel leiht der weißen Glocke einen violetten oder purpurnen Anhauch. Die dunkelgrünen, unmittelbar aus dem Rhizom steigenden Blätter zerschlitzen ihre Spreite, um dem Licht Einlaß zu gewähren.

Vielleicht dürfen wir die Absonderung gewisser Stoffe, des Anemonenkampfers, als eine Herbigkeit verstehen. Er hat seine Funktion im Bauplan der Pflanze; die Blutbahn des Menschen – hundert Pflanzen vermögen ihn zu töten – vergiftet er. Es ist, als ob auch dies Moment vor der Geneigtheit warne, alles vorschnell in die rein menschliche Vorstellung zu ziehen. Je mehr Aufhellung in wissenschaftlich-objektiver Erörterung stattfindet, desto geheimnisvoller verschleiert sich das Ganze. Die reine Seinswissenschaft sieht zunächst ab vom menschlichen Ich und arbeitet teilend. Sie fürchtet sich nicht vor Begrifflichkeit. Nicht zu Anfang, sondern am Ende erblüht gleichwohl die gelebte Anschauung. Sie besitzt im geläuterten Subjekt ihre heilige Heimat. Augenwelt, Ohrenwelt, Seelenwelt konzertieren, um der Fülle des Gegebenen innezuwerden, bis das Ich mit der Welt zusammenstimmt. Hegel erklärte zwar die Gestalt als die nächste Existenz des Geistes, zugleich aber sei sie in ihrer physiognomischen und pathognomischen Bestimmtheit ein Zufälliges für ihn; aus der Gestalt der Pflanze vollends ihre Heilkraft zu erkennen, sei einer der leersten Einfälle. Wir aber glauben an das Gesicht des Paracelsus, dem alle Gestalt als dem Wesen einimaginiert galt. Objektivität heißt nicht bloße Passivität des denkenden Subjektes. Goethen erwuchs in »Zarter Empirie« aus lebendigem Kunstsinn die Naturforschung (wie bei den Griechen aus der Poesie die Wissenschaft erwuchs). »In der Identität der künstlerischen Freiheit und jener natürlichen Selbstentfaltung der Dinge im Genie, welches dem inneren Leben derselben vertraut ist und die Natur in der Wahrhaftigkeit ihrer Selbstgespräche belauscht, besteht die Präsenz der letzteren.« Leonardo, der die Entstehung des Regens festhält, dessen zaubernden Augen selbst die Steine wandern, zeichnet im Wiesenstück von Windsor auch unsere Anemone. Er zieht sie in den Wirbel als den Anfang aller Formwerdung. Immer wieder erbraust das Bild.

Im Mai, wenn das Laubdach des Buchenwaldes das Licht vom Boden absperrt, ist die Anemone zur Reife ihrer Früchte gelangt. Ihre Blätter gilben und siechen, sie ziehen sich in den Erdenschoß zurück zu neuer Bemühung. Die Früchte sitzen als kleine, reich behaarte Nüsse dicht gesammelt wie zu einem Morgenstern. In der länglichen, schiefgeschnäbelten Kapsel klingt noch einmal die bewegliche Ordnung im sprachlosen Leben der sinnlichen Form auf. Fahre, Schifflein, durch das Weltall!

Kleine Blume, ich neige, ich verneige mich vor dir.

Begegnung mit den Wasserprimeln

Da die Juniwärme die kleine Lichtung in ihre heißen Arme nahm, so daß der weiße Buschholunder, der Bocksholder, seinen brenzligen Duft heftig ausatmete, unter der Bläue des freudigen Himmels einen biegsamen, auf- und niedersteigenden, durchsichtigen Schwarm von Fliegen um sich bannte und mein Auge in der Entdeckung der schwebenden, summenden, in der Luft stillstehenden, der grüngoldenen, der blanken, der zottigen, der knebelbärtigen Geistchen schwelgte – stand ich kaum noch aufrecht, mein Rad an einen Buchenstamm zu lehnen, und sank so schnell in die kühlen Flammen der Jugend des Laubes und des Grases, verschwemmt aus der Enge meines Wollens und, nach allen Seiten geöffnet, mit gelöstem, erlöstem Leibe aufgenommen in den leidenschaftlich stillen Sommertraum, den keine Willkür zauste. Knecht aber meines Müssens, entriß ich mich, da das Licht zu schwanken schien, der Ewigkeit des Augenblicks, denn das Geschäft des morgigen Tages überstürzte schon das warme Heute und bedrohte es mit Akten und Berichten. Böse raffte ich mein Rad, es der gebahnten, der gewohnten Straße zu nähern. Da, als ich über die Knoten der Wurzeln stolpernd drängte, die Bänder der Gräser die Speichen umwickelten, das schwere Metall der Maschine klumpig mir in der Hand hing, flog meine Augen der große Hauch einer weißen, leise rötlichen Farbe an – und plötzlich schaute ich, den schwarzqualligen Grund eines Waldgrabens entlang, der fast ausgetrocknet, voll scharfen Sumpfgeruches in der geschützten Wärme schwelte, eine reiche Versammlung von

Wasserprimeln, so viele, so rein sich selbst überlassen, so in ihren eigenen Sinn versunken, wie ich es noch niemals gesehen hatte.

Ich zögerte am menschenfernen, in der Weisheit der Absichtlosigkeit gefundenen Ort, betroffen, als überraschte ich eine Schar badender Mädchen, Held eines Märchens, Schwanenjungfern, als belauschte ich, griechischer Jäger, die nackte Diana, und als müßte ich sogleich, wie Aktäon in einen Hirsch verwandelt, zerrissene Beute der eigenen Lust, mein Leben verlieren. Standen nicht der Scham der blühenden Geschöpfe die Mücken bei, die mich in Wange, Hände und Füße stachen? Aber die Pflanzenleiber, mit weißrötlichen Schöpfen – sie beharrten wehrlos, nur von ihrer Schönheit behütet wie der Dichter von seinem Gedicht, in ihr Dasein vertieft, der Keckheit des Gleichnisses entrückt, das mein Übermut immer wieder suchte, wenn ich ihnen einbildete, die weißen Blütenblätter der Überraschten könnten aus fortwährendem Erröten nicht herausgelangen. Noch immer rührte ich mich nicht, bange, den holden Anblick zu verstören.

Ins Wasser gestiegene Primeln, liegen ihre olivgrünen Glieder, gelb ermattet, dort, wo das Wasser sie nicht mehr netzt, dem feuchten Grunde leicht auf, von keiner Wurzel gefesselt. Sie können sich, vogelartig, der Erde gleich wieder wegnehmen. Wie die Lunge des Erdwesens sich zur Kieme des Fisches im Wasser schlitzt, fiedert sich ihr Blatt aus den Winterknospen zu zarten Kämmen auf. Vor der Sonnenwende steigt – wie aus dem Nichts ein Traum – blattlos, einzeln, dünn, menschenfußhoch, ein runder Stengel empor und entläßt quirlartig – der Mensch rückt sich jegliches Wesen nach dem Maße seines Körpers, nach den Bewegungen seiner Hand, nach den Geräten, die er schafft, zurecht – an kurzen Stielen den blassen Purpur zarter, einblättriger, innen goldgelber Blüten. Ohne Wurzel ruhen die herrlichen Gebilde, darin dem Sauerklee ähnlich, auf dem Boden, wie der Traum auf dem Dasein. Wenn die Schwanenjungfer, von der Liebe des Knaben im Märchen gerührt, ihm als Weib folgte, ihm sogar Kinder schenkte, eines Tages entflieht sie ihm wieder in die Einsamkeit ihrer Art.

Wie das Glas die Natur des Wassers aufbewahrt, so bildet sich der Stenge! hohl, aus Glas geblasen gleichsam, und während das Reh leicht über die Zierlichen setzt, knickte mein grober Fuß, da ich zum anderen Grabenrande sprang, der zerbrechlichen Blüteschäfte einen. Ich hob ihn auf, legte ihn, endlich mühsam abschiedsfertig, hinter mich zwischen Sattel und Flügel des Hinterrades. Dort lag die Arme, schon runzelnd, wie Arachne, die sich, vom Zorn der Göttin geschlagen, am eigenen Gürtel erhängte. Als ich mich bei der schnellen Fahrt heimwärts auf der Maschine, die mir jetzt freundlicher vorkam, mehrmals nach ihr umblickte, wollte ich sie doch nicht in den Staub verlieren, sondern zu Hause ins Wasser stellen und vor ihrem nahen Tode mich an ihrer zarten Schönheit Glied für Glied freuen – glich ich nicht doch, unschuldig-schuldig, einem Mädchenräuber, einem Römer, der eine sabinische Schöne entführt, die Ohnmächtige an den Sattel seines Pferdes geknüpft?

Sauromatum

Vor dem Krieg konnte man frühjahrs in Samengeschäften und Kaufhäusern der Stadt für ein paar Groschen eine kartoffelbraune, faustgroße Knolle einhandeln, die ein buntes Plakat als Zwiebel der asiatischen Eidechsenpflanze anpries: sie blühe ohne Erde, ohne Wasser, an jedem hellen Platz unserer Wohnung. Auch in demjenigen, der notgedrungenen Blicks das Nützliche sucht, werkelt der heimliche Dichter – wie könnte sonst der offene bestehen? – und, ein wenig zweifelnd, packt dieser zu Petersilien- und Bohnensaat das mandragorische Gebilde.

Die scheibenartig verbreiterte Knolle, die schwer in der Hand wiegt, zeigt im März einen aus der oberen Mitte wie ein Zahn aufstrebenden, kleinen, weißlichen Keim. In der Zimmerwärme steigert er sich in einigen Wochen zu einem deutlicheren, von Hautlappen umkleideten, mit kleinen, rötlichen Strichen vertikal beschriebenen Kegel. Er gedeiht unter der Erwartung des Schauenden, steigt und steigt und dünnt sich in die Höhe.

Da die weiten Maschen der geräumigen Begriffswörter das Lebendige nicht einfangen können, enttäuschen die Lehrbücher den Wißbegierigen meist. Eher vermag eine Photographie dem zu helfen, der nach einem warmen Gegenüber verlangt. Vielleicht muten Namen ihn herzlicher an? Sauromatum ist allerdings eine gelehrte Bezeichnung, die auf die gefleckte Haut der Saurier anspielt, aber unsere Pflanze hat einen uns vertrauten einheimischen Verwandten, den Aronstab. Namen, ihrer Natur nach mythisch, daher, wie die alten Epen noch wissen, geradezu schaffend, erhalten das Leben der Empfindungen flüssig im Gegensatz zum erdrosselnden Begriff, der sich freilich nicht ganz der Erdennähe zu entschlagen vermag (während die euklidische Mathematik mit großer Mühe bestrebt ist, die ihr eigentliche, überall nahe, anschauliche Evidenz geradezu mutwillig zu verwerfen, um ihr eine logische zu substituieren). Um sich eines Geschöpfes zu versichern, muß die ganze Schöpfung aufgeboten werden. Mit Namen arbeitet sich der Mensch an die Wesen heran. Eine geheime Verwandtschaft erleichtert, aller Ferne zum Trotz, seiner Sehnsucht die Annäherung. Das vielfältige Reich seiner Erfahrungen muß herhalten. Oft mißlingt es, in den Namen das ursprüngliche Gesicht zu entdecken, das sie schuf, oft rühren sie nur als verschollener Klang. Immer aber sondert sich aus dem Vorstellungsgemenge, mit welchem der Mensch die Wesen erobert, ein Merkmal heraus, das, im ersten Teil des Namenswortes ausgedrückt, dem zweiten vorangeht, das die schon bestehende Grundvorstellung ausdrückt: Beide Wortglieder verhalten sich wie Spiel- und Standbein der Statuen. Das unterscheidende Wortelement bleibt kräftig, während das zweite verschrumpft, so daß wir aus den Silben -heit, -keit, -tum nichts Konkretes mehr heraushören, falls dieses nicht gar zu einer bloßen ›Endung‹ verstummt ist. Wenn ein weißer Fisch ›Weißling‹ genannt wird, so ist in der zweiten Silbe die kaum noch erkenntliche Grundvorstellung eines Fisches überhaupt zu Worte gekommen. Die Buntheit des Differenzierens zeigt sich, wenn beispielsweise im Hessischen das Eichhörnchen Baumfuchs, in Süddeutschland derselbe Handwerker Schreiner heißt, der im Norden Tischler ist, der Rohrkolben Lampenputzer, im Plattdeutschen Bullenpesel, im Irischen Elfenspindel genannt wird.

Wie die Natur selbst, die er umfassen will, gelangt ein gelungener Name »zu genauester Bestimmtheit, immer mit etwas Weichem überzogen«. Wenn der Benennende sich nur ein Merkmal ausgesucht hat, was in der Enge des Bewußtseins begründet ist, darf er sich seinerseits auf den Zusammenhang aller Vorstellungen untereinander verlassen. Einen guten Namen zu finden, bedarf es der breiten, bunten Volksempfindung oder des genialen Einzelnen. Dann »bringt der Kontakt mit der Natur das Gefühl wohltuender Sicherheit, selbst als Stück in solche natürliche Ordnung eingebaut zu sein. So erst kommt Menschen, denen sonst – zumal von manchen Theologen – Gewalt angetan wird, jene serene Ruhe zu, wie sie primitiverweise – in den Vorhöfen der Naturwissenschaft – schon dem einsamen Jäger oder Kräutersammler, dem umsichtigen Hirten oder Strahler im Gebirge durch das Mitschwingen mit der Natur eigen ist« (wie Jean Strohl in seiner kostbaren Studie über Oken und Büchner bemerkt).

Das ägyptische Wort *aron,* latinisiert *arum,* das dem Namen des einheimischen Aronstabes zugrunde liegt, ist uns stumm, die Umdeutung in den Stab Arons bleibt willkürlich-phantastisch. Inzwischen hat sich die in die Knolle eingewickelte Idee, »ein beginnendes Vorbild«, geregt, der Keim sich vorderarmlang gestreckt, ein zart geriefelter Mast aufgedreht. Vier der häutigen Scheiden spalteten sich ab vom erweiterten unteren Ende, und in geringerer Entfernung vom oberen der letzten Hülle erscheint blutrot – das Balladenwort sitzt hier an richtiger Stelle – ein Inneres. Immer noch streckt sich das Verhüllte, artikuliert sich allmählich, unten kalebassenartig aus- und eingebuchtet, zu einem kannelierten, länglichen Kruge, der einem jetzt auch deutlich geschiedenen, gelbgrünen Stiel aufsitzt.

Als Flaubert bei der Arbeit an der *Salammbô* inbrünstig der karthagischen Landschaft nachtastet, ergibt sich seinem inneren Auge, von der Vision der Gesamtumgebung gefordert, das Bild einer bestimmten Pflanze, und hingerissen schreibt er an Louise

Colet: »Guy hat mir die gewünschte Auskunft gegeben! Ich hatte recht! Mein Gewährsmann ist der Professor der Botanik am Jardin des Plantes. Also lügt die Ästhetik nicht, und die Realität gibt dem Ideal nicht nach, sondern bestätigt es!« Umgekehrt beschwört der Anblick des blühenden Samomaturns die Landschaft des Himalajas, die Wohnung des Schnees, die Wohnung der Götter.

Erscholl »der Geistergong aus Asien«? Der letzte, an einigen Stellen bereits geplatzte Mantel reißt auf, fällt rückwärts und hängt, in rieselnden Wellen erstarrend, abgerollt am Fuße des Schaftes, brokatne Schleppe, ein glühender Purpur fleckt den gelben Untergrund, schwarz glänzend ragt über ihm ein steiler Kiel: aus seinem unteren flaschigen Fünftel, den der Mantel verhüllt läßt, bricht, wie aus gelber Kreide geklebt, ein Gürtel von Staubgefäßen heraus. Also war das ganze Gebilde eine Knospe. Als verbiete uns ein geheimer Wille den weiteren Zutritt, entquillt zugleich der Gegend des Geschlechts ein uns Menschen fast unerträglicher Geruch, der, falls man die Pflanze im sonnigen Garten hegt, einen Schwarm von Kotfliegen anzieht. Es ist, als sei der Zustand der Materie selbst einen Augenblick lang in Frage gestellt, die Natur selbst in der Schwebe. Ist der Geruch Ausdruck einer Auflösung? Aber schon wandert das Nichts wieder dem Etwas zu. Zeichen, Namen, Deutungen melden sich wieder. Im Mahabharata irrt der Weise Markandeja nach einem Weltuntergang auf dem Meer umher, findet ein auf einem Zweig ruhendes Knäblein und wird von diesem aufgefordert, in ihm auszuruhen. Er tritt durch den geöffneten Mund ein und sieht in ihm die ganze Welt, die er selbst in hundert Jahren nicht zu durchwandern vermochte. Der Knabe war Wischnu, der Gott der ewigen Energie.

So hat sich im Sauromatum die Materie wieder begütigt und

gesammelt, und ihre Freigebigkeit beginnt von neuem. Wir überstanden vielleicht auch einen Weltuntergang. Der Kokila, der indische Kuckuck, kann wieder rufen.

Das Fest ist verrauscht. Gleich vergeßnen Girlanden trocknen Mantel, Schaft, Häute und Scheide ein. Bei uns fruchtet das Sauromatum nicht. Über das Geheimnis seiner Kräfte vermag ich nichts zu sagen. Goethe hätte sich vielleicht von der heftigen Erscheinung abgewandt, wie ihm die indische Mythologie fratzenhaft vorkam. Niemand könnte die Blüte schön im Sinne der Klassik nennen. Dem klassischen Begriff wehrt ihr Prunk, wehren ihre Farben, die an Puma und Jaguar erinnern. Aber wir haben seitdem auch den Surrealismus erfahren und schließen nicht gern aus! Die Romantik schon erweiterte: »Schön ist, was uns an die Natur erinnert und also das Gefühl der unendlichen Lebensfülle anregt. Die Natur ist organisch, und die höchste Schönheit daher ewig und immer vegetabilisch.« So verstanden wird Ferne zu Nähe. Moritz Heimann macht auf das Tolle ethnographischer Photos aufmerksam, die wir bis zum Lachhaften nicht verstünden, Pflöcke in tellerförmigen Oberlippen, gefeilte Zähne, durchbohrte Nasen. »Dann aber finden wir eine von Arbeitskummer entstellte innerafrikanische Frau, und wir kennen sie als Bäuerin im nächsten Dorf; Kinder in Tibet sind uns so vertraut wie unsere eigenen. Und so hört die fremde Antike auf, fremd zu sein, sobald wir sie als Landschaft sehen, als Natur.«

Lautlos verging die Blüte, »doch sind wir schon im Wiederkommen«. Es liegt der Natur an der Blüte nur so viel wie am Blatt, am Samen, an der Wurzel, an der Larve so viel wie am ausgeschlüpften Insekt. So skandiert nur der menschliche Geist. Es gibt hier kein Höher oder Tiefer, im Rhythmus des Planeten wandelt die Natur mindestens so oft vom Verwickelten zum Einfachen wie umgekehrt. Die heutigen Schachtelhalme und gewisse

Moose sind wesentlich einfacher als diejenigen entschwundener Epochen.

Riß die Blüte viel Raum und Kraft an sich, so langen jetzt an der Oberfläche der Knolle ausbrechende Wurzeln nach Erde. Im Sommer steigen aus neuem Keim, der aussieht, als wolle er eine zweite Blüte entlassen, empor auf hohem, geflecktem Stengel herrliche, ruhige Blätter, eingeschlitzt, tiefgrün sich sanft in sich selbst zurückrundend, ich wüßte keine ihnen ähnliche Form in unserer Flora. Vor den Oktoberfrösten, ehe ein kalter Wind sie verletzt, schneidet mein Messer den saftstrotzenden Stengel dicht über der Knolle ab. In fäulniswidrigem Sand geborgen, verbringt sie den fremden Winter in kühlem Dunkel. Viele, viele Jahre schon blieb mir ihre Kraft treu, immer keimt sie im März. Sie wird mich überleben.

Der Sturm der Fruchtbarkeit verläßt die Eidechsenpflanze nicht. Als habe sich ihre pralle Energie an Knolle, Blüte, Blatt nicht ersättigt, sitzen schon während der Blüte der Hauptknolle mehrere kleine auf, winzige, leicht ablösbare, zu eigener Fahrt bereit.

»Sie lebt in lauter Kindern«, heißt es in jenem Aufsatz Goethes von der Natur, »Und die Mutter, wo ist sie?«

Vierfüßiger Prinz

Auf den späten Menschen macht die Einfachheit früher Daseinsformen einen tiefen Eindruck: »Denn heimlich wie die Höhle, o Herr, ist der Mensch, und offen wie die Ebene, o Herr, ist das Tier«, sagt Pesso, der Sohn des Elefantenlenkers, zu Gotamo Buddha, und gegen die Wirkung des unverwirrten Ausdrucks der Schöpfung wehrt sich das Mädchen vom Lande, dem seine Arbeitgeber in der großen Stadt eine Eintrittskarte für den Zoo schenkten und das auf die Frage, wie es ihm gefallen habe, antwortet: »Oh, sehr schön! Aber es ist ja alles nicht wahr!«

Der Späthauch des Jahres treibt einen rotbraunen Falter, eine Zuckereule, an den Fenstervorhang und von da auf das Tischtuch. Ihr wird die weiße, leise bucklige Fläche wie die sibirische Tundra im Schnee vorkommen. Und wie kommt der Falter mir vor? Ich bemächtige mich seiner nur im Staunen. Das Naturgeschichtsbuch nimmt eine Einordnung nach der Länge und Breite, der Zahl der Gliedmaßen vor, aber die Zoll und Quadratzoll, die Bezeichnungen Thorax und Tracheen besagen nichts, sondern mazerieren das Tier, das, wenn überhaupt, nur als ein Ganzes begreiflich wird, in ein abstraktes System. Ich, mit ihm im irdischen und himmlischen Zusammenhang befestigt, werde seiner inne, wenn ich es im schwebenden Gleichgewicht mit allem Vorhandenen empfinde. Ist die Zuckereule nicht ein Zwerg, der auf der Spitze meines Stiefels zittert, bin ich nicht ein Riese? Entdecke ich auf dem Rainfarn ihre aschgraue Schwester, so helfe ich dem Unbekannten mit dem Bekannten aus, indem ich die silbergrundige Rune ihrer Vorderflügel griechisch lese und die so Gezeichnete Gammaeule taufe. Notwendig weile ich im Märchen, dessen irdisch-überirdische Schönheit jenes Mädchen mit seiner stutzigen Antwort meinte.

Die Tiere sind noch im ersten Kapitel der Welt, mit Heinrich von Kleist zu sprechen: »Ich sagte, daß ich gar wohl wüßte, welche Unordnungen in der natürlichen Grazie der Menschen das Bewußtsein anrichtet. Ein junger Mann von meiner Bekanntschaft hätte durch eine bloße Bemerkung, gleichsam vor meinen Augen, seine Unschuld verloren und das Paradies derselben trotz aller ersinnlichen Bemühungen nachher niemals wieder gefunden.« (Und der unvergleichliche Aufsatz *Über das Marionettentheater* erzählt die Geschichte dieses Verlustes.)

Einer Katze ist ein ungraziöses Betragen nicht möglich.

Stößt es diesem vierfüßigen Prinzen einmal zu, unter bloß auf den Menschen zugeschnittenen Umständen, sagen wir: auf einem Teller oder einer Glasfläche auszurutschen, so flieht er in solcher Eile, als hätte es einen solchen Moment überhaupt nicht gegeben, als beriefe dieser das Chaos, dem er auf jeden Fall entrinne. Tiefbeschämt aber verliert der Mensch, der, im Bewußtsein, daß viele Augen auf ihn gerichtet sind, eine freie Fläche oder auch nur die Länge eines Saales zu durchmessen hat, das bißchen Freiheit, das ihm die Natur noch ließ. Sein Organismus verwirrt, sein Schwerpunkt verlagert sich, und bestürzt rettet er sich wie gelähmt in die schützende Menge. Das Tier aber ruht in der Sicherheit seiner Grazie. Es entgeht dem Stich des Bewußtseins. Es ist in jedem Augenblick völlig in seiner Handlung. Ob es sich nährt, ob es schläft, ob es seine Pfote ausstreckt – nirgend klafft eine Lücke. Seine Taten fallen mit seinen Bewegungen, seine Bewegungen mit seinem Begehren, sein Begehren mit seiner Vorstellung zusammen. Nicht der Umriß griechischer

Vasen hat solche Notwendigkeit. In vollendetem Rhythmus verknüpfen sich Wunsch und Erfüllung. Die Gattung hat diesen Rhythmus musiziert, und Individuum und Gattung kommen im Tier einander so nahe, daß der Rhythmus über die Idiosynkrasie des Einzelnen, den Störenfried des eigenwilligen Gedankens, triumphiert. So hat das Tier sich die Fähigkeit bewahrt, die wir verloren haben, ganz im Augenblick zu leben. In diesem Augenblick verewigt sich die Ganzheit seiner Existenz. Nichts vermag hier abzubröckeln, während das Bewußtsein seiner Schönheit die Haltung jenes Jünglings, je mehr er sie wieder zu gewinnen trachtet, rettungslos verdarb. Ganz und gar nimmt jeder Augenblick der Welt das Tier hin, hypnotisiert konzentriert es seine Aufmerksamkeit auf diesen augenblicklichen Zustand: – so lebt das Tier unhistorisch, sagt Nietzsche. In diese glückliche Spannung vermag kein Gedanke an ein Früher oder Später Bresche zu schlagen, wie er das bei uns tut, indem er die Empfindung zum Gedanken, das Konkrete zum Abstrakten zerstäubt und so die Erscheinung desorganisiert. Deshalb spricht auch weder das Tier noch die Pflanze. Mag uns dünken, als ob ein saftgeschwelltes Blatt so voll Lebens, so in der besten Sekunde seines Daseins angelangt, nun auch noch zu einem Ruf sich auftäte, es schweigt, nur der Mensch differenziert sich zu einer Vorstellungsäußerung. Das Tier mit seinen Lauten, die Pflanze noch sicherer mit ihrem Schweigen – die Schöpfung ließ sie nicht weiter wagen.

Das Bewußtsein riß den Menschen ein. Und dieser Riß wurde ihm deutlich. Schmerzlich wird er der Unvollständigkeit seines Wesens inne. Daher heilt er sich am Anblick des Tieres.

Aus diesem Zustande der Resignation versuchte Schiller den Menschen in großartigem Schwunge zu retten, indem er zur Restitution seiner Erscheinung, zum Wiederfinden der verlorenen Unschuld an seinen Willen appellierte: was die Pflanze willenlos, sei der Mensch willens. Die Kantische Knechtung der Erscheinung durch das Sittengesetz erschien ihm peinlich, und ausgezeichnet bemerkt er, daß Kant sich, wie Luther, nie völlig von den früheren Fesseln habe losmachen können und daß seiner ganzen Sittenlehre etwas Mönchisches innewohne ... Wie sich die Schönheitslehre bis zu Kant vergebens abmühte, den Begriff der Anschauung als eines positiven Vermögens, als einer eigenen totalen Sphäre, zu erarbeiten, indem sie der Leibniz-Wolffschen Schule nur für ein getrübtes Denken, für eine dunkle Vorstellung galt, so konnte der Begriff der Erscheinung oder, wie Schiller sagte, der Gestalt nicht gedeihen. Der bedeutende neue Gedanke Schillers ist: Das Sinnliche ist einmal, also muß es wohl auch bestimmt sein, das zu sein, was es ist, und so legt er dem Element der Sinnlichkeit und Unmittelbarkeit eine eigene Natur bei. Es ist höchst charakteristisch, daß dieser letztere Durchbruch gerade Schiller gelang, ihm als dem Tummelplatz des Kampfes, der sich zwischen Abstraktheit und Konkretheit, zwischen Philosophie und Dichtung austrug. Seine Organisation prädestinierte ihn zu diesem Kampf. Seine großen Gedichte bleiben als Wundmale dieses Kampfes zwittrig (wie Ähnliches Nietzsches *Zarathustra* bezeugt, indes Goethe von der Natur selbst dieser Zwietracht enthoben ward).

Konnte Schiller sich mit der Kantischen Überzeugung, das Ideal der Sittlichkeit sei reine Neigungslosigkeit, nicht befreunden, so scheint Regel wieder in rückschreitender Bewegung begriffen zu sein. Mußte nach einer Zeit der unbedingten Orientierung am Göttlichen das Auge des Geistes mit Zwang auf das Irdische gerichtet und bei ihm festgehalten werden und bedurfte es langer Epochen, jene Klarheit, die nur das Überirdische hatte, in die Dumpfheit und Vergessenheit, worin der Sinn des Diesseits lag, hineinzuarbeiten und die Aufmerksamkeit auf das Gegenwärtige als solches, welche Erfahrung genannt wurde, interessant und geltend zu machen, so scheine jetzt die Not des Gegenteils vorhanden, der Sinn so sehr im Irdischen festgewurzelt, daß es gleicher Gewalt bedürfe, ihn darüber zu erheben. So spricht er von der »Erhebung der vermeinten Natur über das mißkannte Denken«, von einer »langweiligen Intensität«, einem »langweiligen Schein der Verschiedenheit«. Er spottet über die Gleichnisspielerei, die das weit entlegen Scheinende zusammengreife, und über die Gewalt, die das ruhende Sinnliche durch diese Verbindung erleide und die ihm dadurch den Schein eines Begriffes erteile, die Hauptsache aber, den Begriff selbst, auszusprechen erspare, spottet derer, die dergleichen als Genialität verehren und sich an der Heiterkeit solcher Bestimmungen ergötzen, die den abstrakten Begriff durch Anschauliches ersetzen und erfreulich machen. Wohl spielt auch bei Regel der Rhythmus eine Rolle, aber er meint nicht den Rhythmus der Natur, sondern den immanenten des Begriffes, in den man nicht durch Willkür und sonst erworbene Weisheit eingreifen dürfe (diese Enthaltsamkeit sei vielmehr selbst ein wesentliches Moment der Aufmerksamkeit auf den Begriff).

Bei aller Bewunderung der Kraft des Begriffs, des Ausdenkens seiner abstrakten Beziehungen, wie sie Regel großartig entwickelt und am eigenen Werk zeigt: sie kann uns nicht hindern, die Erscheinungen nicht als trübend, sondern als erhellend anzusehen. Sollten wir uns daher nicht der Tiere dankbar versichern, als sinnfälliger Zeichen dessen, was Schiller meint, wenn er sich nach einer Art Menschen umsieht (gegen den Schluß der Abhandlung über naive und sentimentalische Dichtung), »Welche ohne zu arbeiten tätig ist«? Greift hier nicht das reine Denken selbst zum Tier hinüber? Ähnliches muß Schelling im Sinn gelegen haben, da er die Weltkörper als Darstellungen des ganzen

Universums schildert, sie »frei, unabhängig wie die Ideen der Dinge, losgelassen, sich genügend, mit einem Wort selige Tiere und, verglichen mit sterblichen Menschen, unsterbliche Gotte« nennt.

Auch Kleist sagte, daß in dem Maße, als in der organischen Welt die Reflexion dunkler und schwächer wird, die Grazie darin immer strahlender und herrschender hervorsticht. Auch er meinte, daß sie erst, wenn die Erkenntnis gleichsam durch ein Unendliches gegangen, sich wieder einfinde, daß wir also von dem Baum der Erkenntnis essen müßten, um in den Stand der Unschuld zurückzufallen, was denn das letzte Kapitel von der Geschichte der Welt sei. Wir sind noch nicht so weit. Bis dahin hilft unserer Unvollkommenheit der Anblick des Tieres auf, seiner Anmut, die es wie Salz das Meer gleichmäßig durchtränkt und uns das Unendliche, ins Hier und Jetzt, wie von der Dichtung, ins Enge gebracht, offenbart.

Schmetterling und Buch

Wer stutzte nicht, wenn er liest, daß Descartes am 18. Juni 1643 an die Prinzessin Elisabeth schreibt, nur wenige Stunden des Tages beschäftige er seine Imagination mit Mathematik, nur wenige Stunden im Jahr sein Denken mit Metaphysik, sonst lebe er ganz dem Ausruhen, das die Sinne gewähren?

Eine Netzhauterkrankung zwang mich, zehn Wochen des vergangenen Sommers allem Gedruckten fernzubleiben.

So führte ich die Augen in den Schriften des bloßen Daseins spazieren, und daß sie deren nicht müde wurden, dafür sorgte die herrlichste von ihnen, die der Bäume, deren die gewählte Gegend die großartigsten aufwies, mit ihr die unzähligen anderen. Die Gegend, die kein Reiseführer rühmt, war arm, der Boden mager. Nur bei lehmiger Zutat brachte er Weizen, aber Eichen und Buchen entstiegen ihm mit genügsamer Kraft. Ein kühler Frühsommer hatte die Sehnsucht nach Wärme gesteigert. Mußte es nicht ein strahlender Sommer werden nach dem ingrimmigen Winter? Der Juli enttäuschte freilich, doch mit dem ersten August blaute der Himmel, kein Regendunst verschleierte die Sonne. Sie brannte, das Getreide reifte. Als ob ich gewußt hätte, daß solche Glanzzeit nicht länger als – genau – eine Woche dauern sollte, bevor sie in unermüdlichem Regen unterging, lief ich die weißgebrannten Wege zwischen den Hafer- und Roggenbreiten, in den Wäldern, an den Seen auf und nieder, hin und her, um keine Minute der Paradiesesfrist zu versäumen. Mich überfiel die geschöpfliche Macht des Daseienden. Eines heißen Mittags geriet ich auf einen sandigen Feldweg, zu dessen beiden Seiten, erhöht, vom Wege durch kurze Raine geschieden, der Roggen weißgelb, hochreif knisterte. Auf diesem Rain wuchsen unzählige, blauviolett blühende Natternzungen – ihr Blau glühte, ich begriff, warum die Dänen sie den ›blauen Husar‹ nennen –, und um ihre Reihen drehte sich hurtig ein einziger, großer Schmetterling. Wir sind in unseren Breiten nicht reich an Arten, ich erkannte ihn schnell an seinen spitz ausgezogenen Flügeln als einen Schwalbenschwanz – unser Bewußtsein ist eng, an einen Punkt nur der vibrierenden Wirklichkeit, wie ihn die Sinne sich erwählen, kann sich der Name ansetzen. Ich war in der siedenden Einsamkeit plötzlich allein mit dem Tier. Sein Anblick überfiel mich, und mit höchster Anspannung suchte ich seines Aussehens innezuwerden. Es blieb allein, mit jagender Emsigkeit umschwirrte es die Blüten der Natternzungen, beständig den dünnen Rüssel einführend (als wüßte auch es, daß die Stunde stürzt). Mir war, als ob ich mit dem großen Drachenblick gesegnet wäre, aber – das All mußte sich zum Etwas demütigen; ich stammelte mir ein paar Notizen vor: auf hochgelbem Grunde hat ein Kohlestift Flächenteile geschwärzt, der Kopf sieht von oben wie ein Dachshaupt aus. Mir schwindelte ein wenig, ich ging den Weg weiter, memorierte vor mich hin die seltsame Gestalt, kehrte wieder um in der Bängnis, ich möchte das Unerschöpfliche immer noch nicht ›ausbesehen‹ haben, und versank wiederum in das Gesicht. Mir war, als dröhne durch die heiße Luft ein mittelalterlicher Kanon: Existentia est singulorum (das Allgemeine existiert nicht; Existenz ist des Einzelwesens). Ich verging in das Tier – glichen wir einander nicht im Eifer des Seins? – ich löste mich auf, ich kam wieder zu mir aus dem mesmerischen Bann. Ich baute auf: Götter mit Hundeköpfen, Götter mit Sperberhäuptern stiegen aus dem Boden in die Luft um mich her. Secimus quod facimus. Erschöpft ließ ich ab, Diener der Erscheinung, der ihr Herr werden will, lag nieder unter einem alten Dornbaum, ruhte daran wie die weiße Motte, die lautlos an seiner Rinde – saß, stand? (das Verbum muß noch gefunden werden aus dem Naturell des Insekts).

Abgekühlt, längst aus der Sonne zurück, im Zimmer sitzend, dessen Trübe der rinnende Regen mehrt, schlug ich ein Naturgeschichtsbuch auf. ›Schwalbenschwanz‹, las ich, *Papilio machaon* – gern wüßte ich, warum das Tier nach dem Äskulapsohn heißt – »in Süddeutschland häufiger als in Norddeutschland. Flugzeit: April, Mai und Juli, August. Generation doppelt. Die Frühjahrsgeneration aus überwinterten Puppen meist kleiner. Die Sommergeneration oft lebhafter gelb mit einem Stich ins Braune und mit schmälerem Streifen an dem Hinterleib. An Doldengewächsen –«. Schon ließ ich das Buch fallen (eine Beschreibung der Farben, die folgte, vermochte im leblosen Nacheinander nicht die Illusion des schwebenden Aufeinmals zu beschwören). Die Bücherwand mit ihren Schätzen zerfiel – jener Augusttag tauchte vor mir auf. Abbreviaturen anderen Schlages, die das Geheimnis sammeln statt es zu zerdrücken, erstanden: die Stenogramme Rembrandts, der östlichen Meister. Ich entzückte mich an der Identität ihrer Philosophie und Graphik.

Gewiß, wenn heute die Maschine mir durch hydraulischen Druck das Wasser bis ins höchste Stockwerk preßt, so wäre ich ein Tor, machte ich den täglichen Gang zum Brunnen. Aber es gibt Dinge, derer ich nur habhaft werden kann, wenn ich die Schwierigkeit der Schöpfung selbst aufsuche (und wie die Wesen in den Ziffern der gewöhnlichen Naturkunde untergehen, so verfallen sie noch schneller im verantwortungslos schwärmenden Poetisieren). So fand der Kampf zwischen Wesen und Chimäre die Ruhe im Wort des nur aus der zeitlichen Gegenwart gewichenen Freundes Moritz Heimann: »Wenn ein Lebendiges, und alles ist dann lebendig, mit demselben Schauer, der es, für Augenblicke, im Strom der Einheit hinwellen sieht, auf dem festen Lande als Einzelnes geschaut wird, unwiederholbar, drohend dem Auge und gegenüber, wie mit einem Überfall von magischem Schreck – so ist Existenz an sich schon ein Schicksal, unverstehbar in seiner Vorhandenheit und darum ein Gegenstand des Bildens.«

Winterliche Schwäne

Es gibt Wesen und Dinge, die schneller absterben als andere – vielleicht müßte man richtiger sagen: denen die Menschen absterben –, auch wenn sie einmal kräftig sie selbst gewesen sind. Es ist, als sei ihnen das Eingeweide weggewelkt, und sie stehen im Heute als leere, blasse Attrappen in kleinstädtischen Gärten, Blumenläden, in Bürgerstuben vergessenen Datums, eben weil sie noch dastehen, und die Hand stäubt sie beim Reinmachen gewohnheitsmäßig und vergebens ab. Das Pferd in Lessings Fabel konnte sich noch einen Schwanenhals wünschen, und dessen elegante Biegung wollte im Jugendstil des Jahrhundertendes aufleben. Vielleicht ist diese ornamentale Verwendbarkeit schuld daran gewesen, daß nunmehr der Schwan selbst gar kein Lebewesen mehr sein will und, zu pappener, porzellanener oder gußeiserner Nippsache erfroren, ein gedankenloses Scheindasein führt. Ihre Verwendung hat die Sache selbst aufgezehrt, so sehr, daß man nicht mehr weiß, was ›schwanen‹ bedeutet, und sogar die Schwäne selbst, die man auf den Seen der städtischen Parks schweigend herumrudern sieht, wie Stefan-Georgesche Gedichte vergangen dämmern, auch die Legende des sterbenden, der vor seinem Tode den ersten und letzten Klageruf ausstößt, zum toten Hausrat des »Schnee-« oder gar »alabasterweißen Busens«, der »kirschroten Lippen«, des »Kusses der Musen« verworfen, auf dem Scherbenberg der Redensarten gelandet scheint. Scheint, sagen wir vorsichtig – denn hat nicht H. C. Andersen ein reizendes Märchen vom häßlichen jungen Entlein geschrieben, und sollte es ihm nicht gelungen sein, dem verbrauchten Tier zu seinem Recht auf Leben zu verhelfen? Aber selbst hier lesen wir den Schwan eher als Allegorie denn als selbständiges Wesen. Gibt es Dichtungen, in denen jener Klageruf alle Ornamentik und Allegorik durchbricht? Ich jedenfalls höre viel mehr mit Storm die Wandergans, die » mit hartem Schrei nur fliegt in Herbstesnacht vorbei«, also wieder nicht den Schwan. Unterliegt er nicht sogar, wenn in der großen Musik der Schwanenritter auftaucht? Als Student saß ich auf der Galerie so dicht über der Bühnenöffnung, daß Lohengrins Nachen und der ihn zog sich als albernes Blechspielzeug auf einer Drehscheibe entzauberten. Fragte doch jener Lohengrin der Wiener Hofoper, als der Nachen zu früh weggezogen ward, einen der umstehenden Ritter: »Bitte, wann geht der nächste Schwan?«

Den vielen, vielen Menschen jedoch, denen ihr Schicksal nicht vergönnt, an fernen Meeresküsten, nur den Himmel als Dach, die Scharen der Singschwäne hoch unter den Wolken, der Jägerkugel unerreichbar, sausen und ihren Ruf als ein fernes Glockengetön zu hören, ihnen schenkt der Winter den ersten Blick, den Wesen den ihnen eingesenkten Zauber zurück. Unversehens machte sich mit stiebendem Schnee ein eisiger Oststurm auf, peitschte die Förde, daß sie über die Ränder der kleinen Stadt quoll, die Bäume der Mole badete, die Autos, die allein die Straße am Hafen entlangzufahren wagten, in Gondeln verwandelte, das Pflaster polierte und Wind und Schnee die mühsamen Menschen jagte. Aber sosehr sie jagten, im Ernst ihrer Geschäfte – auf der kleinen, von beiden Seiten ansteigenden, glitschigen Holzbrücke, die schon innerhalb der Stadt über die Bucht führt, blieben sie mitten im gleitenden Lauf, sich am Geländer festhaltend, stehen. In den kleinen Bootswerfthafen, den man jüngst auszuheben begann, hatte sich, der Innenseite der Stadt zu, eine fremde Schar von Höckerschwänen geflüchtet. Der Sturm milderte sich hier gnädig, sie wiegten sich auf den schwappenden Wassern, schlängelten die Hälse, strichen mit den Schnäbeln über den Rücken, filterten die Eisflut, ließen sie sich spielerisch durchs Kleid rinnen und schwankten hin und schwankten her. Alt und jung blieb stehen, ein Mütterchen zog kostbares Brot aus der Tasche, Kinder lockten, junge Männer starrten in Vergessenheit ihres Tuns, dann eilte alles weiter, bis ein neuer Trupp verweilte. Warum blieb er stehen, da die Mittagspause karg genug war? Elysisch, halkyonisch lächelte im Zentrum des Wintersturms den beladenen, menschlichen Ernst die Geborgenheit der Kreatur an, den Elementen verschwistert. Diese Verschwisterung übertrug sich magisch auf den Menschen. Wie in einer Jungmühle gemahlen, trippelte die Alte weiter. Eine mystisch-natürliche Zuversicht verwandelte die geschäftigste, die böseste Miene. Die wuchtige Zärtlichkeit der herrlichen Vögel überzeugte, ihre Ruhe war unverstellt, den mächtig graziösen Umriß ihrer freien Schönheit verdarb keine Befangenheit und keine Absicht. Und ihrer Ruhe entwuchs als sichere Ahnung die Großartigkeit ihres Fluges. Auch ich war unter den Schauenden. Dicht neben mir stieg einer der Schwäne auf einen Balken, auf nilpferdgrauen Ruderfüßen das weiße Schiff seiner Federn. Hatte er Lohengrin durch den Eissturm hergetragen? Abgeschüttelt war die Last der Vergangenheit, die Drohung der Zukunft. Er wartete, bis unter uns Elsa von Brabant gefunden war – er ließ uns in die immer gegenwärtige, immer verkannte Wahrheit des Märchens ein.

Wenn die Brunnen verschlafen rauschen …

Es herrschte Sommer. Er herrschte wirklich, denn er war ein richtiger Sommer. Er holte nach, was der vorherige versäumt hatte. Er legte breit aus, und die Luft schwoll zu Hitzeschwaden an. Ganz Europa wischte sich den Schweiß vom Gesicht. Hatte man in nassen Sommern gehöhnt: »Ach, es hat ja auch lange nicht geregnet!«, so ironisierte man jetzt das beständige Hoch. Die Schulen gaben hitzefrei, den Maurern gestattete man, um fünf Uhr zu beginnen, dem Landvolk, drei Stunden lang Mittagspause zu machen, den Postbeamten, in Hemdsärmeln den Dienst zu versehen. Nur die Bundesbahn änderte, der Hitze zum Trotz, weder ihr Tempo noch ihre Termine. Da glitt durch die Sommerlandschaft, in aller Frühe pünktlich, an grünen Knicks, an sandigen Wällen, an schimmernden Seen entlang der Triebwagen von H. nach S. Schon näherte er sich der Station K. Das Bahnhofsgebäude lag da, ein Dornröschenschloß, von Eichendorff entworfen, von Storm ausgebaut, mit Sonnenlichtern gesprenkelt, je nachdem eine schläfrige Brise das Laub der nahen Bäume drehte. Hörte hier das Zeitalter der Technik auf? War man vom Übermut des Fortschritts geheilt? Warum fuhr der Zug nicht ein?

Meine gemächlich warme Darstellung weiche der kühlen Sprache der Zeitungsnachricht. Im Präteritum gehalten, mildert sie das Entsetzen des Miterlebens: »Am Dienstagmorgen hatte der fahrplanmäßige Frühzug H.–N. vor K. halten müssen, da die Einfahrt nicht freigegeben war. Auf dem Bahnsteig stand eine Reihe von Fahrgästen ohne Fahrkarten, die Schalter- und

Diensträume lagen vollkommen verwaist. Unter anhaltendem Pfeifen fuhr der Zug schließlich, obwohl die Schranken nicht geschlossen waren, über die Straße in den Bahnhof ein. Wie sich herausstellte, hatten sowohl der Schalterbeamte als auch der Schrankenwärter die Zeit verschlafen. Sie mußten von einem Mann des Zugpersonals geweckt werden.« Nun durchfährt den Leser ein eisiger Schreck. Was wird mit den Frevlern geschehen? Wird man sie hinrichten? Wird wie in Brentanos *Geschichte vom braven Kasperl und dem schönen Annerl* der Pardonbringer zu spät Gnade, Gnade schreien? Werden zwei Familien über Brotlosigkeit jammern müssen?

Verzagen wir nicht zu schnell! Ein glücklicher Umstand läßt mich ein Stück aus dem Schreiben zitieren, das den beiden Tätern oder vielmehr Untätern aus der Kanzlei des Mannes zuging, der die Bundesbahnfäden, jedenfalls unseres Bezirks, in der Hand hält. Es lautet: »... Ich schreibe in Hemdsärmeln bei weit geöffneten Fenstern. Hitze durchschwelt mein Büro, ein Rosengeruch mildert die naturgeschenkte Müdigkeit, und ich lehne mich einen Augenblick wohlig zurück. Ich weiß, daß ich, ein Stück der Obrigkeit, mich nicht gehen lassen darf, ich weiß, daß die Behörde – in übertragenem Sinne – die Augen nicht zudrücken darf, wenn Sie, meine Herren, das in unübertragenem Sinne tun, genauer gesprochen, die Augen nicht nur zudrücken, sondern über Gebühr lange zugedrückt halten. Aber welcher Mut zur Natur hat Sie getrieben! Wie wenig hat Sie das geschäftige Treiben des Säkulums, die Perfektion der Technik beunruhigt! Klagen nicht alle Kommunikationsmittel der Gegenwart über das heillose Auseinandergehen von Leben und Dichtung? Sie, meine Braven, heilten den Bruch. Die Poesie dankt Ihnen. Ich gehe wohl nicht fehl mit der Annahme, daß Sie von der Lektüre romantischer Bücher her kommen. Welche Rolle spielt die

Verschlafenheit allein bei Eichendorff! Was konnten Sie anders tun, als der Morgenröte zum Trotz die Augen zu schließen und sich der Träumerei zu überliefern? In einer Zeit, da diesem Eichendorff zufolge selbst die Brunnen verschlafen rauschen und selbst die alertesten Mädchen sich erst die Augen klarwaschen müssen, bevor ihr Dienst beginnt. Alles dies erwogen, kann ich Ihnen mitteilen, daß ich Ihr Gnadengesuch mit dem wärmsten Wohlwollen betrachte« – schon will sich der Leser, dem Briefschreiber gleich, erleichtert zurücklehnen, doch gemach, es heißt weiter: »... ehe ich es der mir übergeordneten Dienststelle zur weiteren Behandlung ausliefere.«

Indem ich von der gemächlichen Schreibweise zur Zeitungsnachricht umschalte, erfahre ich: »Die Bediensteten der Bundesbahn in K., die durch ihren gesunden Morgenschlaf am Dienstag eine Störung verursachten, werden nach Mitteilung der Bundesbahndirektion in H. wahrscheinlich mit einer Verwarnung davonkommen.« Kann bei so sommerlicher Wärme die kalte Wirklichkeit eindringen? Aber sie spricht mit unerbittlicher Stimme. Es ist vorerst nur wahrscheinlich, daß der Herr aller Bahnen im Sinne seines Untergebenen beschließen wird. Nur wahrscheinlich ist die Begnadigung der zwei Rousseauisten. Nur hoffen dürfen wir, daß Sommerwetter und Rosengeruch sie nicht nur wahrscheinlich, sondern wahrmachen werden.

Abschied vom Oktober

Am lauen Anfang des Monats ließ sich abends, da noch das Fenster offen stand, auf der weißen porzellanenen Innenwand meiner kleinen Bürolampe, von der elektrischen Birne bestrahlt, ein herrlicher Schmetterling nieder. Da aber seine Fühler nicht keulig, sondern fadendünn ausliefen, erkannten wir ihn als Motte. Der tastende Mensch sucht sich im Schauer des Unbekannten mit Hilfe des in der puren Weile seines Erdendaseins schon Gedeuteten zurecht: die silbern gleißende, dicht aufliegende Rune auf den Vorderflügeln der Eule – warum ein Schmetterling Eule heißen kann, begreift, wer sich ihm von Angesicht zu Angesicht gegenüberstellt – erinnert ihn an das griechische Gamma oder das Zeichen Ypsilon. Weiser ist es, die ganze Motte zu schauen versuchen: Nicht etwa sie stammelt auf ihrer Schwinge einen griechischen Laut hervor, sondern wir stammeln vor ihrer Erscheinung und wissen nichts, empfangen höchstens eine Ahnung der Gründe, aus denen aschgrau und dunkelpurpurn verhalten das wunderbare Wesen stieg. Es kommt aus verborgener Welt: Die Gammaeule fliegt am Tage, in der Sonne oder in der Dämmerung scheu und hastig, setzt sie sich, so erscheint sie unschlüssig, und ihre Flügel zittern krampfig. Sie fliegt im August um die violetten Blütentrauben der Vogelwicke, im Spätherbst geistert sie gern um die Flockenblume, die starke, aus kräftigen Blättern ragende, lila blühende Schwester der Kornblume.

Ausgeheitert, ausgeheilt, erwartet die Erde die trübe Zeit. Die Füße des Rehbocks, der über den eben gebrochenen, vom Winde schnell getrockneten Acker flüchtet, treiben geschwinde Staubfahnen auf. Das Wespengelb der Stoppeln ist, wo nach der Ernte der Pflug sie nicht schon wieder rührte, gedunkelt, und Klee und Hühnerdarm wuchern. Odermennig, Goldrute, Schafgarbe blühen unermüdlich. Den Disteln, dem Wasserdost gewährte der Sommer Zeit zum seligsten Ausatmen: sie reiften, sie brachen wieder in Blüte aus, reiften wieder. Silbern glänzen die entleerten Fruchtböden, grau knicken die Leichen der großen Klettensträucher am Wege, mit watteartigem Gespinst überzieht die Waldrebe die Hecken.

Wenn der Nebel den Morgen aus seiner Umarmung läßt, möchte die Hand durch das Fenster sich unter die halb geöffneten Früchte der Kastanien breiten, ohne die vielen Radnetze der Kreuzspinne zu stören. Noch heute reizt wie ehemals ihre Kunst die Minerva, und der schöne Leib der Spinnerin war gestern noch der Körper der Arachne. Zu Anfang des Monats fand ich im Buchsbaum, in einen weißen Sack gesteckt, die goldenen Eier der Kreuzspinne. Berührte mein Finger den Kokon, so zerfiel er wie Quecksilbertropfen in Atome, um sich in Frieden wieder zu versammeln.

Die Buchen krümmen sich unter der Last der Eckern, die sich dreilippig auffalten und die Samen ausleeren. Die Eicheln prasseln nieder. Berührt man ihre metallene Hülse, so findet man, daß Eisen auch im Kreischen des Eichelhähers laut wird.

Die Frucht ist längst eingebracht, schon biegt grüne Reihen frisch gesäten Korns der Wind. Die Bauern graben Steck- und Runkelrüben in lange sargähnliche Mieten ein, und in den Scheunen lagern Haufen schön trockener heller Kartoffeln.

Die Felder ruhen den fruchtbaren Leib aus. In muskulösem Wirbel dreht sich über sie fort der Starenschwarm, in lockerer, leichter Wolke ein Hänflingszug. Die Einsamkeit schützt die

Rehe. Inmitten des großen Stoppelfeldes, zwischen zwei kleinen Wäldern, höhlt sich der Boden, ein Teich suchte sich die tiefste Stelle. Bäume und Büsche schützen ihn. Der Pflüger wirft ab und zu einen Stein auf die Böschung. Im Sommer birgt ihn das Korn. Jetzt wage ich mich zu ihm. Eine Schwarzdrossel zetert davon, eine Kohlmeise geigt. In den schwarzen Wasserspiegel, den zusammengeschrumpften, streut ein wilder, schräg stehender Apfelbaum seine kleinen, gelben, energischen Früchte. Der Obstsegen des Jahres war sonst nicht reichlich. In den Läden der Städte bietet sich die Frucht den Vorbeieilenden dar. Hier, den Städten fern, hat der Mensch den Baum allein gelassen, bescheiden und maßvoll. Hier gleicht er dem armen Arbeitsmann des Märchens, der aus der gefüllten Börse, mit der der Reiche ihn lohnt, ein kleines Geldstück nimmt, es immer wieder in den Brunnen verliert und dann die Königstochter heiratet, die zum ersten Mal lächelt, als sie ihn sieht. Er läßt den Baum allein. Es ist so still, wie es nur im Herbst sein kann. Oben am Rande des Beckens hat um den ledrigen Stamm späte Sonnenglut den Tritt der Kuh, des Rehwildes im Lehm gebacken. Ein Iltisgerippe bleicht weiter. Und der wilde Apfelbaum opfert. Die kleinen wilden Äpfel umwallt es wie ein Rauch Duftes. Sie fallen in den Schlamm. Er biegt sich weich um sie herum, bevor sie der Frost krallt. Nach dem dumpfverhüllten Klang schwillt die Stille großartig an. Wachstum hat sich in Duft verwandelt. Paradiesische Ruhe, herrliche Wehmut nach dem Ende der Zeiten.

Land im November

Wie der rotgelbe Dotter des Wendehalseis durch seine dünne Schale glänzt, so verhalten geht die Novembersonne durch weißgrauen Morgendunst auf.

Aus den kleinen Liebesbergen, den Kelchen des weißen Studentenröschens, das bis in den Oktober an den Wasserläufen blühte, sind harte hölzerne Kapseln geworden; die gelbflaumigen, zarten Blüten des Igelkolbens haben sich zu hartzinkigen Morgensternen gewandelt, der Wind bürstet die vereinzelten Samen in die strotzenden Gräben. Noch nicht eingeschüchtert blüht der weiße Nachtschatten, mit blauschwarzen Beeren schon behangen, und immer noch hält an geschützter Stelle der goldknöpfige Rainfarn mit kräftigem Geruch die Würze des gestorbenen Sommers fest.

Der Fuß schurrt durch das Laub, das Regen und erster Frost stürzten. Was schneidet den nebeligen Tag mit funkelnder Schere? Niemand beachtet den Spindelbusch im Sommer, die kleinen, gelbgrünen Pentagramme seiner Blüten, sein dunkles Laub, das dem der Zitrone ähnelt. Jetzt aber hat sich jeder Blütenstand in ein kleines fünfeckiges, mit weinroter Seide überzogenes Kästchen verwandelt; gerade in der Spätherbstschwermut springt es auf und stößt fünf feurig orangefarbige Samenkörner heraus. Wenn man sie zerschneidet, gesellt sich dem Rot, dem Gelb ein feines Grün. Begeistert steht der Busch da, wie von einer Vision überflammt, den vor wenigen Monaten nur ein paar graue Motten kannten.

Gegen den Trübsinn des lichtarmen Tages, belagert von der Gewißheit, daß die nächsten Wochen tiefer ins Dunkle führen, streitet lächelnd der Immortellenstrauß vor mir auf dem Tisch mit seinen pergamentstarken roten, gelben und weißen Hüllblättern. Ich habe die Strohblumen zu spät vom Gartenbeet geschnitten, winzige Samen fliegen, von haarigem Pappuskranz getragen, aufs Papier. Auch die große Kapsel einer Kaiserkronenstaude, die einer Schiffsschraube ähnelt, leert flache, hellbraune Samenblätter zwischen meine Buchstaben. War es gestern, daß ich am Rande des Sees das große Weidenröschen mit seinen pfennigrunden hellroten Blüten bewunderte und sann, daß es die Fuchsie unseres Landes sei?

Der Gegenwart wieder gehorsam, seh ich am schweigsamen Fenstervorhang eine Zuckereule haften, die vorderen über die hinteren Flügel gebreitet, auf innigem Grau eine rübenrote Zeichnung. Ich hielt eine Ohrenfledermaus, Geschöpf der Dämmerung, in der Hand, ein Bündel von Nerven, die Flughäute an die aus Bambus und Matte gewirkten Segel chinesischer Dschunken erinnernd. Man vergißt das Entsetzen des grauseidenen Wesens nicht, das, wie Wind das Getreide, Welle auf Welle den weichen Körper überschwemmte. Wie konnte diese Empfindlichkeit sich durch den Sturz der geologischen Zeiten herüberretten? Und wie kann die Zuckereule verharren? Welch göttliche Kühnheit bewahrt sie mit holdester Vorsicht?

Wenn die Dämmerung fällt, fliegen selbst jetzt noch aus den nassen Büschen zur Seite der Waldwege Schmetterlinge auf. Schmetterlinge im November? Ich nahm eine elektrische Taschenlampe und suchte »der Erdenkräfte zitterndes Gedränge«. Ich fand sie auf und nieder steigen, wie aus dem Regendunst selbst geronnen, die hellbraunen Männchen des Obstbaumfrostspanners, die Vorderflügel dunkler bestäubt, die Hinterflügel bräunlich grau. Und dann suchte ich nach den Weibchen und entdeckte an den rohbehauenen Baumstumpen, die die Viehtrift säumen, auf ihrem gerillten, grünnassen, glitschigen Holze kleine, unruhige, käferähnliche Gestalten (manche von Springspinnen überfallen und ausgesogen). Einen kurzen, dicken Leib versuchen zwei matte hellgraue Flügelstummel vergebens zu lüften – aber im Dunkel des sinkenden Jahres finden die Männchen die Weibchen, und die Hochzeit gedeiht.

Man tut gut, sich das Gesicht der kurzen Tage zu merken, ehe sie es ganz an das künstliche Licht der Lampen verlieren. Am Montag ängstigte sich ein Hase über meinen Weg, am Dienstag sah ich einen verspäteten Steinschmätzer, halb laufen, halb fliegen, die verkörperte Furcht, und am Mittwoch muß der weißgestreifte Schatten am Knick ein Dachs gewesen sein. Die letzten Tage der Woche bleiben unerfüllt. Da mache ich es wie Jean Pauls herrlicher Pagentanzmeister Aubin: ich lege mir einen Kalender an und schreibe mir für jeden Tag auf, ob er der Geburts- oder Sterbetag eines berühmten Mannes oder der Tag einer großen Begebenheit oder ein Völkerfesttag sei, oder welcher Käfer daran ohngefähr in die Erde oder welcher Zugvogel zu seiner Winterlustbarkeit abreise.

Während ich aber schreibe, sitzt über meinem Kopf, nur durch den Bodenraum getrennt, in einem der fünf Windlöcher des Schornsteins eine schöne alte Schleiereule: der Oberleib aschgrau gewässert, wie mit schwarzen und weißen Perlen durchwirkt, der Unterleib rostgelb. Nein, ich wage nicht, sie weiter zu beschreiben. Wenn ich mich ihr, leise die Bodentreppe hinauf, näher schleiche, gibt sie Töne von sich, die ähnlich dem Schnauben eines mit offenem Munde schlafenden Menschen klingen. Am Tage aber sitzt sie hoch oben im Kamin und fängt in ihren Blick Himmel, Erde und Wasser. Mir ist, als sei ich mit ihr behütet von einem jener

Bodhisattas, der, als er die unermeßliche Reihe seiner Geburten erschöpft hatte und bereit war, in das Nichts einzugehen, vom kummervollen Gesicht der Erde betroffen, erhaben selbstlos beschloß, die Reihe der erlösten Wesen nicht zu eröffnen, sondern zu beschließen, »Da, wo noch eine Mücke leidet, da«, sagte die Gottheit, »bin ich noch.«

Planet im Dezember

Wo hält der Planet, der Schweifende, im Dezember? Wie kann ich es wissen. Ich muß ihn selbst befragen. Ein unvergleichliches irisches Märchen erzählt: Ein Menschensohn, den es beunruhigt, daß der Begräbnistag des geliebten herrlichen Vaters kalt und naß und stürmisch, der seiner nichtigen Mutter warm, sonnig und heiter ist, macht sich auf, den Grund zu erfahren, und seine Nachbarn beladen ihn mit Fragen nach dem Sinn eines täglichen Unglücks. Er trifft auf seinen Wegen niemand, bis ihn zur sinkenden Nacht in einer Waldlichtung ein Haus aufnimmt, in dem einsam ein Mädchen wohnt. Sie gibt ihm Lagerstatt, aber er schläft nicht, er hört sie hin und her gehen und ihre Arbeit verrichten, und er sieht, sie entfacht ein mächtiges Feuer, läßt sich plötzlich nieder und bedeckt sich selbst mit den brennenden Kohlen. Sie bleibt eine ganze Weile still. Vor dem Entsetzten dann schüttelt sie sich wie ein Esel, der sich im Wegsande gerollt hat, und springt bis zum Scheitel in eine Bütte mit Wasser. »Wenn du nicht verbrannt bist, bist du jetzt ertrunken.« Aber sie steigt heraus, ergreift einen Strick, knotet ihn an den Kreuzbalken und erhängt sich. Sie hängt und läuft bald wieder durch das Haus. In der Morgenfrühe heißt sie ihn aufstehen, essen und heimkehren. »Wer bist du?« fragt er.

»Ich bin der Planet. Du schliefst nicht? Du hast mich gesehen: Eine Stunde verbrachte ich im Feuer, und wer in der Zeit geboren wird, wird verbrannt. Warest du wach, als ich ins Wasser stieg? Eine Stunde verbrachte ich dort, und wer in der Zeit geboren wird, ertrinkt. Und warest du auch munter, als ich mich erhängte? Eine Stunde brachte ich am Balken hängend zu, und wer in der Zeit geboren wird, wird erhängt!« Der Held des Märchens erfuhr alles, weil er nicht fragte, sondern sah (ein gleichfalls keltisches Wort raunt: »Die Kuh der Gerechtigkeit darf nicht gemolken werden«).

Auf den Sandbänken des Meeres kreischen die schwarzköpfigen und die großen Möwen mit den gewellten Hakenschnäbeln. Es tönt, als schnitte Glas in Muschel. Aber der Himmel ist weit und die Erde groß, daß ihre Stimme, ihnen verschwistert, im Grunde leise bleibt, wie rinnendes Blut von Watte, von der ewigen speisenden Luft verschluckt wird. Aber die Erde behauptet sich ihr mit mächtigen Knochen, granitenen Findlingsblöcken, mit geringeren, wie mit Pygmäengebein, landeinwärts. Das Wasser endlich, es duckt sich wie der Tiger mit den lautesten, mit den leisesten Farben, und alles kehrt in sich zurück. Die Wolke des Himmels trifft sich als Tümpel, das Bergfinkengefieder begegnet sich in der Rückenschale des Taschenkrebses, den die Möwe schlug.

Das hauchige Laub des Moschuskrautes verging, nur etwas schneller als die Gräte des Fischleibes. Wer schreit, sagt weniger als wer spricht. Es gibt Tierleiber, denen eine Kälte nicht schadet, bei der das Quecksilber gefriert. In einer verstöpselten Flasche, die rohen Weinstein bewahrte, lebte jahrelang ein winziger Käfer – er lebte nicht nur, er vermehrte sich. Die Phantasie der Natur treibt, bis sie jedem Geschöpf seine Existenz ausgedacht hat. Ich taste mich im Nebel den Knickhang hinauf. An den Eichenstämmen weiß ich den Efeu. Anfang November noch fand ich ihn blühen, gelbgrün, Lockung vieler später Insekten. Jetzt fasse ich seine grünen Früchte, erst im April reifen sie: herrlich frisch sitzen sie im hängenden Laube. Seine Blätter wandeln die geweihte Form ab wie die Musik ein bestimmtes Motiv, und diejenigen, die den blühenden Sproß geleiten, sind einspitzig nur und schwanken zwischen weitem und schmalem Oval. Heute klammert er sich mit Luftwurzeln an die Rinde, die Natur nahm versunkene Ureltern zurück, aber noch jetzt hat er große Bäume mit unverzweigten, mächtigen Stämmen zu Verwandten. »Ginseng flog einst, auf einem Kometen reitend, vom Mond zur Erde. Von ihm stammte nicht nur die Aralie, sondern auch der Efeu, der, als er seinen Fuß auf die Erde setzte, plötzlich seine Kraft verlor und sich seitdem an anderen Gewächsen halten muß.« Der Duft seiner Blüten ist dir nicht angenehm? Aber du bist nicht allein, und wenn du die Efeublüte in der Herbstnacht bei Laternenschein besuchst, weißt du, wem der Duft zugesprochen wird. Der verbrecherische Hahnenfuß ist es, der da noch die verschwemmten Wiesen überwuchert mit gelber Kolbenblüte? Mag er der menschlichen Hand schaden – Bettler brauchen seinen Saft, um die Haut für das Mitleid zu verwunden – die Tiere, die Erde, den Himmel vergiftet er nicht. Wenn den Griechen der Mensch das Maß aller Dinge bedeutete, so wollte dieses Maß die Hitze des Persönlichen an die Wärme des Göttlichen verlieren.

Noch nicht lange, so fand ich eine große schwarze Raupe der Grasglucke und setzte sie zwischen die Amaryllisknospen der Fensterbank – am Abend hatte sie sich verpuppt; wie in einer gelben Hängematte lag sie, leise an grüner Haut aufgehängt. Sie trägt das Weltall so gut wie ich. Nicht weniger, nicht mehr behütet als sie bin ich.

Gemach denn! Der alte Verwalter des benachbarten Gutes Adamsdotter reinigt gelassen die Wasserläufe und brennt das Gras unter den Büschen der Wege ab. Immer begleiten ihn zwei junge Bernhardiner und ein Schäferhund. Er wohnt zu ebener Erde im Westflügel der alten Wasserburg. Ich traf ihn bei der

Durchsicht von Rechnungen. Den engen Raum durchhellte mühsam ein Kerzenstummel, auf eine alte Tomatenkiste geklebt. Der Alte lacht über meine ›Nerven‹, er hat in seinem Zimmer nichts, das zart geschützt werden müßte, es seien denn die Zwiebeln der Muskathyazinthen, die er jeden Herbst im Walde zur Topfzucht aushebt. Sein ausgemergeltes, weises Gesicht sieht im zuckenden Schein der Kerze noch weiser, noch ›ausgeflogener‹ aus, und doch verharrt er so dicht bei den Dingen. Er fühlt sich im hohen Alter wohl auf dieser Erde und zeugt vom »Liede in allen Dingen«. Wie im Herbst ein Starenschwarm plötzlich den schweren Eichbaum spricht, so spricht er manches aus, was ohne ihn, den alten Adamsdotter, sich verschwiegen hätte. Sinnliche Aufmerksamkeit läßt ihn über den Schätzen seines wachen Auges, seines empfindlichen Ohres kramen. Er bewegt sich nicht schneller, als sich der Same des Goldmilzkrautes bräunt. Vielleicht holt er sich Rat bei seinem Amazonenpapagei, dessen Käfig am Fuße seines Bettes steht. Auf den Deckeln alter Evangeliare sind Heilige abgebildet im Gespräch mit Vögeln. Tiersprachekundig schauen die Heiligen in das Getümmel der Menschen: beruhigt-beruhigend. Sie quält nicht die Frage, ob der Mensch allein den Sinn des Daseins bedeute. Doch zuweilen zuckt, wie ein Traum, das Gesicht auch des Alten auf: wenn seine siebzehnjährige Enkelin kommt. Wenn selbst ihn, den Sicheren, den Süchtefreien, die Schönheit des Mädchens berührt – dianengleich läuft sie, zart-üppig lacht sie – wie soll mir da geschehen? In ihren holunderbeerbraunen Augen suchst du vergebens nach Traurigkeit. Sie ist Undine, und wenn sie in der Frühe des Jahres das Eis der Bäche und Teiche betritt, so schmilzt es unter ihrem warmen Fuß. Selig sinkt sie unter. Ihr Leib erwärmt die erstarrte Flut, und Hahnenfuß und Froschlöffel fangen an zu blühen. Und wie der Held im Märchen sehe ich die Antwort auf alle meine Fragen.

Sternbilder-Kalendarium

Magische Zeichen des Tierkreises. Wo wurzelt ihr? In der Besinnung der Jahrtausende, und ihren Sinn zu erschöpfen reicht keine Zeit. Wenn in der Winternacht das Licht des Orions in mein Auge taucht, weiß ich, daß aller Raum, die Milchstraße und alle Systeme an den Rändern der Welt widergespiegelt in ergänzendem Gleichgewicht in uns schweben, unter der Oberfläche des bewußten Lebens.

Nicht dem Ungedanken des Fortschritts streben wir zu, sondern rhythmisch dem Sinne. Alles ist immer da, so fühlen wir, wenn wir mitten im Dezember die von der Amaryllis aufbewahrte Sonne holdselig aufgehen sehen. Aber schnell blüht sie ab, uns wird vor der eigenen Ahnung bange, wir teilen uns schnell wieder in die Minuten, denn die Allgegenwart gehört allein der Gottheit.

Die Sonne tritt aus dem Zeichen des Steinbocks in das des Wassermanns. Januar ist der lichtärmste Monat, aber wir glauben es nicht, der Steinbock klettert bergauf. Er ist Uranos' Zeichen. Sowenig man eine Flamme mit der bloßen Hand fassen kann, so wenig kann man die magischen Geisteswelten, die den zwölf Welträumen entsprechen, ausdeuten, denn alles ist nur der augenblickliche Ausdruck eines unaufhörlichen Prozesses. Geburtsstunde der schweren Geister: Dantes, Michelangelos, Dostojewskis, Schopenhauers. Den, der nach dem Sinne des Zeichens sucht, nach seiner Wirkung, bedrängen Gleichnisse: Tiefe, Einsamkeit, Gewissensnot, düstere Farben: Schwarz, Violett, Kastanienbraun, Dunkelgrün, heftiger Duft, bitterer Geschmack. Aber zuweilen geben Abende einen Frühlingsvorgeschmack. Wie weit man sehen kann! Wie weit der Raum sich dehnt! Die gefrorene Erde klingt unter der Ferse. Ein gelber Weidenstrauch erlebt, gelb aufglänzend, die Vision seiner Blüte.

Die Fische sind das nächste Zeichen. Über den Amethyst, die sachten Farben Pistaziengrün und milchiges Blau, die Sehnsucht, das Barock, geht es zum Zitronengelb. Nach Zitrone duftet das Moschuskraut, wenn du dich unter die Haselblüte duckst, in deren Zweigen Nester flattern, Merkmale des süßesten Vertrauens der Vögel zu den Menschen. »Und der Fisch spielet und bläst Ströme der Glut.« Am 14. Februar, am Valentinstage, paaren sich die Vögel. Die Elstern haben es schon im Januarschnee getan. Verlangen, Bangen und Sinnlichkeit, Kinder Neptuns, herrschen.

Stürme verkünden die Frühlingstag- und -nachtgleiche, wenn die Sonne in den Widder tritt. Wie Huflattichgold blitzt der März, die Zeit der schöpferischen Kraft. Auf den trockenen Weiden gebären die Schafmütter. Ein grauwolliges Knäuel, zart rot durchzuckt, sah ich so in sich gefallen liegen, daß ich dachte, es wäre gestorben. Aber es hebt sich auf überlangen, stockigen Beinen, orakelt mit einem Stummel von Schwanz und findet unter dem regengrauen Berg von Mutter, die mich trotzig bedroht, das Euter. Etwas pickt am nassen Schlamm des Wiesengrabens: die erste Schnepfe flitzt. Die Arche öffnet ihre Tür: ein zweiter Vogel fliegt stürzend über mir, der erste Kiebitz.

Wir stehen unter dem Stier. In der Abenddämmerung glänzt im Westen die Venus unter der Sichel des neuen Mondes. Schon gibt es süße, ganz weiße, ganz laue Tage. Man fühlt, wie die Körner in der erwärmten Erde platzen, aber morgen plagt und quält der Wind und stößt die ersten Schwalben vor sich her. Seit vielen Jahren kehren sie hier zulande am 25. April zurück. Mit ihrer Ankunft wird die Alchemie der Erde eifrig. In derselben Woche fallen die Grasmücken in das Land. Zart und edel hauchen sie durch die Zweige, der wildeste Wind wird um sie zärtlich.

Die Zwillinge glühen, Kastor bläulich, Pollux damaskusrot. Dachs, Otter, Amsel, Häher, Spinne und Wespe, stechende Farben, der Moschus, Karneol und Achat sind die Zeichen des Zeichens. Kraft in der Beweglichkeit, Eigentum Merkurs. Wem es gelänge, dem Mienenspiel der Schöpfung jetzt aufzupassen, müßte die Aufmerksamkeit Merlins besitzen. Mit bauchiger Scheide schlitzt der Aronstab den Boden auf. Oder ist es ein vergrabener Faun, der aufersteht? Auf dem Zaun sitzt, am ganzen Leib nervös zitternd, ein Gartenrotschwanz. Der Lerchensporn, der beim Donner welkt, samt schon. Die Fülle der Geschöpfe, ihrer Farben, ihrer Stimmen zieht vorüber.

Und alles eilt der Sonnenwende zu. Die Sonne weilt im Hause des Krebses. Es ist der Monat Rousseaus. Unter dem Hauch des glockentönigen Kuckucksrufes entfaltet sich das Buchenlaub. Unter den Kronen liegen auf dem Boden, den die Hüllblätter des Feldahorns decken, türkisblaue Eierschalen: die ersten Starenjungen schlüpften. Die Anemonen sind verblüht. Das Gras steht hoch. Schattenlöcher in den Wiesen. Herrlich wirft die Eiche markigen Schatten. Ein glückliches, nein, noch kein wehmütiges Ach! Die Sonne wendet sich, tritt in den Löwen. Der Sommer fängt an! Die Farben gellen, der Thymian duftet, Geschmack des Lorbeers. Vor der großen Hitze erblassen die Blütenblätter der wilden Rosen, die Staubfäden werden ein zimmetfarbener Büschel, die Hagebutte schwillt. Auf dem Meeresdeich verwelkt das Gras. Wo seine Narbe birst und die Steine, weiß rufend, herausstehen, blühen mit angespannter Kraft die goldenen Rasen des Mauerpfeffers. Ein samumleises Summen von Schwärmen kleiner grauer Mücken: Ein greller Gott wispert mit sich selbst, eilig und hitzig, aus trockenen gespaltenen Lippen.

Wir stehen im Zeichen der Jungfrau. Die Farben werden flüchtig, die Nuance meldet sich. Es ist so heiß, daß die Eidechsen gähnen. Man vergißt nicht, daß es die Zeit der plötzlichen Gewitter ist. In den Nächten sind schön die Sterne, sie flimmern wie Augen, die sich nicht ans Dunkel gewöhnen können. Was der August nicht reift, reift der September nicht mehr. Die Landschaft blaut. Das Grün hat seine Frische verloren. Das wilde Stiefmütterchen sperrt den dreifach gezähnten Fruchtmund auf und verstreut seinen ameisenblanken Samen, das Geißblatt blüht zum zweiten Male. Reinlich geordnet, schachbrettartig klar, stehen die Kornhocken. Es ist der vogelstillste Monat, der Diskant der Mauersegler ist verschwunden, der Würger zieht fort. Schon muß man bei Licht zu Abend essen.

Am 23. September tritt die Sonne aus dem Zeichen der Jungfrau in das der Waage. Ihr Tagbogen und ihr Nachtbogen sind gleich groß: Herbstanfang. Aller Widerstreit, alle Zweifel scheinen versöhnt. Harfenklang, Romanzenlust, die Narde, Blau des Saphirs, Rosa der längst vergangenen Hundsrose. Jetzt müssen alle Früchte gepflückt werden. Lange Bänder reisender Vögel kräuseln sich im hohen Blau. Die Schatten fressen und lassen manches schon gar nicht mehr los.

Der Skorpion kommt zu Ehren. Orion brüstete sich, er wollte alle Tiere der Erde jagen; die Erde besann sich auf ihre Kraft, schuf den Skorpion, der den Orion tötete. Schon friert es eine Nacht, aber an den letzten Nasturtiumsblüten vibriert noch eine Gammaeule: sie sucht wie verzweifelt den Purpurkelch. Die Hand, die den Samen der Glockenblume untersucht, greift einen Ohrwurm, er sitzt schon im Winterquartier. Blauer Kartoffelkrautrauch zögert. Die Häuser versinken früh in abendliche

Traurigkeit. Aber um die Mittagsstunde weht der Wind südlich warm, Grashüpfer schnellen. Es sind die Geisterstimmen des entschwundenen Sommers.

»Der Schütze! Wie dreht er sich, Köcher und Pfeil!« Die Tage krümmen sich gleich den Blättern, die der Sturm die Straße entlang treibt. Von der Schlafkammer aus höre ich schon früh den Wind sausen und trommeln. Er schlürft den Regen aus der Dachrinne. Er trinkt die Pfützen leer, der Regen füllt sie wieder. Von der Kastanie brechen die letzten Blätter. Die Esche braucht die Hand nur leise zu rühren: wie sich tot stellende Käfer fallen die Blätter mit geschwächten Gelenken.

Wieder springt der Steinbock. Der Dezember läßt sich die Trauer seiner Dunkelheit nicht aus den Händen winden. Der Mond geht auf, messinggelb, von blondem Flaum umhuscht; eine Armlänge entfernt zuckt der Hesperus. Eis umhüllt den Bach wie das farblose Fleisch einer kandierten Birne, Eis den Tümpel wie eine Scherbe, daß sie nur nicht die Weiden absägt, die ihn umfrieren. Der Pächter führt mich in seinen Viehstall. Ein Schauer von Gesundheit erfüllt den grauenden Raum. Da liegen die großen Rinder, ruhen und käuen wieder, ein milchsüßer Geruch umweht sie, leise durchbeizt von den geschnittenen Steckrüben. Es ist ein epischer Zustand, eine gesellige Einsamkeit, geschaffen vom Besitzer und ihn dafür mit der Mächtigkeit der Existenz einhüllend. Alles existiert, weil es wunderbar ist.

Und die Sonne wendet sich wieder und tritt in das Zeichen des Wassermannes …

Schleswigsche Landschaft

Wir sind in der Gegend der großen Gutshöfe. Einer reiht sich an den anderen. Meist von mächtigen alten Bäumen, oft auch von breiten Gräben umgeben – dann sind es eigentlich alte Wasserburgen – kauern sie sich in die Landschaft, von ihr hingenommen und getragen und wiederum die Landschaft tragend und schützend. Sie machen einen unvergleichlich gebieterischen und schweren Eindruck, und es wirkt doppelt zauberisch, wenn etwa plötzlich in rotem Kleide die Tochter des Gutsverwalters oder der Herr selbst zum Eingangstor herausgeradelt kommt. Das große, wuchtige Leben des platten Landes zieht das Gehöft in seinen Bann. Es wird jetzt so früh dunkel, da muß man sich sputen, den Tag zu erhaschen. In hohen Bergen aufgetürmt, belasten die eben eingebrachten Steckrüben den Hof. Ihre braunroten, leise violett getönten Leiber kämpfen nur noch schwach gegen den wässerigen Nebel an, der sich mit der zunehmenden Dämmerung verbündet. Die abgeschirrten Pferde werden, bevor sie in den Stall kehren, zum Trinken in den Teich geritten. Dampf quillt von ihren Leibern auf. Unwillig blasen ihre Nüstern den tiefschwarzen Spiegel auf, den gelbe Ulmenblätter vergebens zu erhellen suchen. Das Jungvieh lässt man vereinzelt noch draußen weiden, obgleich die Nächte schon sehr kalt sind – sonst aber sind die Rinder eingestallt, das elektrische Licht wird angeknipst, und man sieht befriedigt die lange Reihe der Kauenden. Tief aufgewühlt sind die Wege abseits der Chaussee, gelb flammen die Massholderbüsche und -bäume, und die ein wenig violett angehauchten roten Bischofsmützen des Spindelstrauches leuchten. Nicht mehr überhangen wie im Sommer sind die Knickwege, jene für die Landschaft so charakteristischen, vom Gesträuch der Feldabgrenzungen eingesäumten Pfade. Man findet sie auch im Holsteinischen, dort sind sie vielleicht ein wenig reicher, weil sie, wörtlich genommen, ungeschoren wachsen können, während hier die Macht des Nordwestwindes zunimmt, Hecken und Bäume ankränkelt, bei uns, im Schleswigschen. Und dann noch eins, das haben die Holsteiner nicht: die Erdwälle, die den Ackerbesitz sondern, sind im Schleswigschen oft mit Syringen bepflanzt. Wie mit Elfenkörpern umwallen im Frühsommer die weißblühenden, wie mit Menschenleibern die rotvioletten die Saat, und süßer Duft schmeichelt, süßer Duft des puren Daseins.

Wer so im Herbst diese Wege wandert, dem fällt es leicht, schwermütig zu werden. Grausam und fremd wird das Land, der fette ungebrochene Boden. Nebel und Dunkelheit schlucken dich, den Fuß saugt der Lehm ein. Aus den Dorfhäusern kämpft sich mühsam Licht. Ich trete in einen kleinen Laden, mir eine Zigarre zu kaufen, in Wahrheit eine menschliche Stimme zu hören. Aber ich komme nicht auf meine Rechnung: die blasse Frau reicht mir alles schweigend. Endlich fahre ich ein Stück mit der Kleinbahn. Da geht freilich nebenan das Gespräch, mit großen, schweren Lauten, als gingen die Worte auf Holzschuhen. Zuweilen aber bläst es wie eine hohe Singstimme hinein: voll Trauer. Nein, das Leben fließt hier nicht leicht. Singen die Leute hier, so singen sie in sich hinein, nicht, wie die Italiener, aus sich heraus. Und im Eisenbahnabteil sitzen die Fahrenden einander stundenlang stumm gegenüber – es muß schon ein kleines Kind sich spielend herumbewegen oder ein Stück Wild am Rande des Waldes draußen heraustreten, dann hat selbst der verdrossene Schaffner Zeit, dem Kinde unter das Kinn zu greifen, und die Grauhaarige mir gegenüber öffnet wirklich den Mund und sagt zu einer Nachbarin, auf das Reh deutend: »Kiek – doar.«

Nach der neuen Sachlichkeit brauchen wir hier nicht zu suchen, hier herrscht die alte, ewige, des Bauern nämlich, der sich mit zäher, unendlicher Geduld um das Dasein bemüht, der in ein paar klaren tiefen Vorstellungen in ihm Gestalt nimmt, anders als beim Städter, bei dem die vielen eiligen Erlebnisse des wechselnden Tages in die Gefahr kommen, einander auszudrücken, wegzulöschen, ohne tiefe Spuren zu hinterlassen, ähnlich wie die Lichtbilder des Kinos. Schön und richtig bemerkt Jean Paul: »Der Bauer trägt ebenso viele Ideen in seinem Gedächtnis als der Gelehrte, nur andere, Sachen, Bäume, Äcker, Menschen. Überladung des Gedächtnisses kann also nichts heißen als versäumte Kultur anderer Kräfte.« Und dem Oberflächlichen, der sich über die Wortkargheit des Bauern, dessen Ernte der Hagel zerschlagen hatte, als über ein Zeichen einer stumpfen Seele wunderte, antwortete der Wissende mit der Gegenfrage: »Willst du sagen, du kenntest die Tiefe seiner Erregung unter der stillen Fläche seiner Augen, wenn er in die dumpfe Stube zurückkehrte und die Frau ihn lakonisch fragte?«

Mit leichtsinnigen Phantastereien überhüpfen sie hier das Dasein nicht. Aber aus der Tiefe quillt, wie Saft aus der Birke, die echte Einbildungskraft. Wenn der Mensch sich gegen den Sturm der Elemente sein Haus gesichert hat und in diesem Hause den engeren Raum, dann bereitet er sich auch den Ort seiner Seele, die an der Unvollendung des Irdischen keine Genüge findet. Der Wind klatscht ein gelbes Ahornblatt gegen die Fensterscheibe: das ist die breite schwimmhäutige Tatze des Wasserriesen Grendel, von dem schon das alte Angelsachsenepos Beowulf zu melden weiß. Wirft der Wind eine verspätete Kastanie in den Teich, so ist es die Brust der Nixe, die von einem neugierigen Besuch des Dorfes zurückkehrend – vielleicht preßte sie eben ihr weißes Gesicht gegen das Glas –, erschreckt ins Wasser zurückstürzt. Heidnische Mächte werden lebendig – der Glockenklang der fernen Kirche verstummt vor dem Tumult der Elemente, zumal im Herbst. Denn wir sind ja im ›meerumschlungenen‹ Lande: nie ist die See weit. Wo du auch bist, du spürst sie, wenn du sie auch nicht siehst: das macht vielleicht den Zauber unserer Landschaft aus. Welch Vogelleben an der Westküste, wenn die verschiedenen Entenarten, Spieß-, Brand-, Krick- und Löffelente, auf dem Zuge vom Norden nach dem Süden uns berühren. In unzählbaren Scharen ziehen sie dahin, in ihrem Geleite Mengen von Raubvögeln. Ihnen folgend die Gänse, zuerst die Graugänse, später die schwarzen Bernickel- oder Seegänse. Dann die Menge der Limosetten, Strandläufer, Regenpfeifer und Kampfläufer. Ihrer sind so viele, daß man von ferne eine Wolke zu sehen glaubt. Überwältigend das Geräusch ihrer Flügel, ihr markerschütterndes Geschrei – hoch über unseren Köpfen saust es dahin. Es ist der wilde Jäger mit seinem Gefolge, dazu stöhnen die Bäume um die Gehöfte. Und wenn es auch die Nacht zum Sonntag ist, der Glockenklang der Kirche am Morgen verstummt vor dem Urton der Elemente.

Wenn dem Leser der *Grimmschen Märchen* notwendig die Landschaft Mitteldeutschlands aufsteigt, mit ihren Fachwerkhäusern, ihren Gärten, ihrem Walde – hier ist eine andere Gegend. Schon die niederdeutschen Bauernhäuser mit ihren wie eine Mütze tief über die Ohren gezogenen Strohdächern, ihren Pferdekopfgiebeln verraten es, aber dann vor allem die Allgegenwart des Meeres. Vor einigen Jahren hatte ein Landmann an der Westküste einen ganz jungen Seehund gefangen. Er ließ ihn am Rande eines Wasserloches, das auf seiner Koppel lag, von einer Jagdhündin säugen – aber Pferde und Rinder scheuten auf der an der Koppel vorbeiführenden Straße, durch den fremden Geruch verwirrt, und die Weidstiere konnte keine Macht der Erde auf der Weide festhalten. So geistern hier andere Gestalten auf: Trolle und Dämonen und Wasserkobolde.

Skandinaviens Nähe wird spürbar. Aber freilich verbinden ähnliche Landschaften sich mit uns, und die Menschen, die hier wurzeln, bekommen Nerven für die unsichtbaren Zusammenhänge. Wie in Westfalen, wie in Schottland gibt es hier Leute, die das ›zweite Gesicht‹ haben. Er hat sich, am Deich liegend, weit aus der wirklichen Welt weggeträumt, der Dichter Liliencron im *Poggfred*, nun wacht er auf und besinnt sich:

Ich bin ein Spökenkieker, das muß wahr sein;
An meiner Küste trifft sich das zuweilen.
Ich schau ins offne Meer, die Luft muß klar sein,
Da seh ich wunderbare Segel eilen.
Und wer nicht mit mir fühlt, muß ein Barbar sein;
Ich kann ihn nicht von seiner Prosa heilen.

Doch unser Land ist nicht eindeutig bestimmt (es sei denn durch die Umarmung des Meeres), sondern dreierlei wirbt um die Aufmerksamkeit des Wanderers. Seine Oberfläche bildet eine Ebene, die an der Westküste zum Teil niedriger liegt als das Meer. Östlich erhöht sich diese Ebene, so daß vom Süden nach Osten ein Höhenzug sich hinzieht, wodurch das Land zwei Senkungen erfährt, an einer Seite zur Nord-, an der anderen zur Ostsee. Der eine Teil nun dieses Landes begreift das fruchtbare, hochgelegene Geestland an der Ostküste; der zweite Teil die unfruchtbare Geest in der Mitte des Landes, von Süden nach Norden verbreitet, und aus sandigem Boden, Heidestrecken und Torfmooren bestehend, und der dritte Teil das fruchtbare Marschland an der Westküste, zu dem außer dem Küstengebiet die Inseln der Westsee gehören: Pellworm, Nordstrand, die Halligen, ein Teil von Föhr und Sylt. Sieht auf dem dürren Mittelrücken der Hafer aus wie Haar auf dem Kopf eines kranken Kindes, so steht üppig und reich der Weizen im Kleiboden der Marsch – überall werden die Unterschiede des Landes auch dem flüchtig schweifendem Auge offenbar.

Paradiesisch ist es in der sommerlichen Marsch, wenn das Korn in der Milch steht und das Vieh die prallen Leiber in den Klee taucht. Die Luft ist voll vom Gesang der Lerchen, und die großen Gehöfte liegen wie Hüterinnen eines Schatzes, denen aber die unermüdliche Sonne die Augen in Traum und Sehnsucht verzaubert hat, so daß sie es geschehen lassen, wenn der Puck die Melkeimer umstülpt, die Mägde in den Nacken kitzelt und die Pferde am Schwanz zieht. Immer gesegneter erscheint dem Wanderer die ununterbrochene Ebene, von unzähligen Wassergräben durchschnitten, diese Weite, »wie ein üppiges Weib etwa, das dem Mann keinen unbezwungenen Rest läßt« mit Achim Stoltenbergs ausgezeichnetem Ausdruck.

Süß aber liegt es sich auch in der eigentlichen Heidegegend, wie sie sich in einer Breite von zwei bis vier Meilen bis zum Limfjord hinaufstreckt, im Jütischen noch weit mehr Fuß gewinnend. Dann kann man am heißen Sommertage das Aufplatzen der Samenkapseln des Besenginsters belauschen: das hört sich an, als ob Sommerelfen mit zarten Geschossen einen Heuschreck bestürmen. Wie er flammt, orangerot, der spirrige Strauch, der zufrieden ist, seine Füße in den weißen Sand zu stecken. Ein zitternder Hitzedunst kringelt am Horizont. Die webenden Farben schlagen sich auf der kleinen Marmorkugel der Moosbeere nieder, deren Blüten denen winziger Alpenveilchen gleichen. Glockenblumenblau wölbt sich der Himmel. Die Glockenheide erhebt ihre blaßroten Blüten, die Hügel bekommen von der erst beginnenden gewöhnlichen Heide einen violetten Schimmer. Der Goldregenpfeifer sitzt einsam auf seiner Erderhöhung und wiederholt halbe Tage seine langgezogenen, süß melancholischen Flötentöne, die Heidelerche lullt, der Porsch duftet.

Und wenn uns die italienische Hitze die Glieder gekocht hat, da wir den grüngoldenen Zizindelen im Heidekraut, den Bläulingen und Blutströpfchenfaltern zuschauten, stehen wir endlich auf – es ist ja nicht Herbst, es ist ein schöner, unendlich langer Sommertag –, wandern durch die Heideebene, an den kleinen Mooren, an den Bündeln des schon geschnittenen rotstengeligen Buchweizens vorbei, endlich durch sanft ansteigenden schönen Buchenwald – da stehen wir plötzlich am steil abfallenden Ufer, und unten liegt die Ostsee, ein blauer Traum. Wir schließen die Augen. Ist der Traum fortgeflogen? Seidig breitet sich das Wasser, unbegreiflich zart gegen den weißen Sand leise andringend. Mag es auch im November, im Dezember böse werden und die Wiesen überfluten, wo kein Steilufer das Land schützt, so daß die letzten Salzastern elend ertrinken – jetzt ist es die Sanftheit selbst. Verklärt erscheint der eigene Körper, in dieses Wasser getaucht. Und schwimmend schweben wir über der Tiefe, die weit hinaus noch bis zum Grunde durchsichtig bleibt. Doch dann wird es dunkelgrün und dunkelblau unter uns. Und schwimmend, schwebend, denken wir der Sage untergegangener Städte:

Julin, die hohe Stadt am Sunde, Die still die Meerflut überschwoll. Wie klingt die fabelhafte Kunde Mir heut ans Herz erinn'rungsvoll.
O Knabenträume, rein und helle,
O Jugendlust, wo gingt ihr hin! –
Es rauscht der Wind es rinnt die Welle, Wo sind Vineta und Julin?

Schleswig-holsteinische Landschaft

Ein Gelehrter fand Topfscherben mit Versen des Euripides, baute daraus die verlorene Tragödie und fand seine Arbeit so gut, daß er die Originale wegwarf. Verfahren wir nicht allen Geschehnissen gegenüber so, wenn wir sie auch stolz Weltgeschichte nennen? Kann Weltgeschichte nicht überhaupt nur als Autobiographie Sinn haben? Jeder fängt nur auf, was seine Augen in Zeit oder Landschaft oder Buch erwischen, hält nur, was seine Hände halten können, sein Geist träumen kann, und das Geschöpfte, das Geträumte, nimmt Form und Farbe des Gefäßes an. So dichten wir auch das Land, das uns beherbergt. Auch Tatsachen müssen gedichtet werden, ehe sie uns gehören. Warum ich in Schleswig-Holstein wohne? Weil ich der Verfasser des Gedichtbuches *Der grüne Gott* bin. Ich verdanke diesen Ausdruck Oskar Loerke. Er begegnet zuerst in dem Gedichtbande *Pansmusik* – so nannte Loerke die zweite Auflage des zuerst 1916 erschienenen Bandes, den Moritz Heimann einfach *Gedichte* hatte getauft haben wollen – und zwar in dem Gedicht *Die Ferienstube* an der folgenden Stelle:

> Ein kleines Fenster läßt im weiten Wetter lesen,
> Dort gleißt es hell: Wir drinnen sind nur trübe Wesen. Mir
> scheint ein Stück vom grünen Gott, dem Blühenden
> Ein Stück vom Luft- und Feuergott, dem Glühenden

Zum zweiten Mal findet er sich im Nachwort zu dem mir gewidmeten Versband *Der Silberdistelwald* aus dem Jahre 1934: »Ich lernte bei Dir das immer geschehende Jüngste Gericht gewahren. Ich lernte bei Dir: Im Dasein des Grünen Gottes (kühler und weniger bestimmt gesagt: der Natur) – in seinem bloßen Dasein als dem währenden Vollzug seiner Gesetze liegt dieses Gericht: das mildeste und härteste, das denkbar ist.« Gibt es irgendwo in Deutschland saftigeres Laub als bei uns? Ich weiß, das ist eine Einbildung, aber sie besitzt mich nun einmal mit Charles Louis Philippe: »Ce que j'aime le mieux au monde, les feuillages, n'existent plus et je souffre de tout mon coeur au milieu de ces paysages de pierre.« Bei Theodor Storm heißt eine ganze Geschichte *Ein grünes Blatt.* Es ist, als ob hier alles der Macht des Laubes gehorche, am Alltag wie am Ferientage. Traf Theodor Storm anderswo als im Traum seine schmelzenden Frauen? Das Land raunte ihm jedenfalls das Stichwort ›Immensee‹ zu. Mir scheint, hier gehen die Menschen mehr als sonst in der Landschaft auf. Der große, von ziehenden Wolken bewohnte Himmel überwölbt Dörfer und Städte – frei steht er auch über dem wieder aufgebauten Kiel. Er winkt den Bewohnern Freiheit und Selbständigkeit zu, zumal das Meer, das ungebundene, sich nie weit entfernt. Da dieses Land zwischen zwei Meeren liegt, gibt es viel Wind; überhaupt ist die Witterung herb, sie kann grausam sein. Unser Frühling dauert kaum so lange, daß wir ihn besingen könnten. Oft stört ihn ein jäher Kältenachstoß; oft schiebt ihn plötzliche, verstiebende Wärme über sich hinaus. »April is the cruellest month«, beginnt T. S. Eliot sein *Waste Land,* bei uns muß auch der März, oft auch der Mai, so genannt werden.

Wir verbringen unser Jahr mit der Erwartung des Sommers; kommt er nicht, so hoffen wir auf den Herbst; versagt auch der, so sind wir unglücklich. Wenn aber ein sonniger September glückt, so tausche ich nicht mit der Adria: so hold spielt dann das Licht, so blau wellt dann die Ostsee. Vielleicht zeichnet, weil lange

Sommerseligkeit hier selten passiert, die Menschen Verhaltenheit, kühl abschätzender Blick und schwerfällige Zurückhaltung. Aber es gibt auch den Spökenkieker. Das Gros der *Grimmschen Märchen* könnte hier nicht entstanden sein, sie wurzeln in einer Waldlandschaft, wir leben schon dem Skandinavischen zu; Troll, Meerjungfer, Schimmelreiter steigen aus unseren Breiten, unseren Wassern. Statt Joringel und Jorinde lebt hier der Elfenfürst, der kunstreiche, böse mitgenommene Meisterschmied Wieland, und er muß sich bald aufmachen, die flüchtige Allweiß wiederzuholen, die Schwanenjungfer, die er sich zum Weibe nahm. Begegnet man unter den Schleswig-Holsteinern viel Plattheit, trivialem Materialismus und Kunstfremdheit, so sind sie unverbraucht, lassen sich gern erzählen und können drastisch erwidern. Stark und originell sind die plattdeutschen Märchen, die Wilhelm Wisser sammelte. Zwischen den grünen Knicks unseres Landes träumt es sich Liliencronisch. Den wirtschaftenden Frauen, den erntenden Bauern, den netzeflickenden Fischern, den melkenden Mägden sieht es sich gut zu; man weiß, daß ihrer aller Metier nicht leicht ist. Uns schenken sich hier Wunder von Wolken, Weiden, Bäumen, Vogelscharen, lange vor sich hin spinnenden Chausseen, an Gutshöfen vorbei und durch Dörfer, über Heidestrecken und Hügelschwellung. Oft sinkt der Fuß in Sand, und die viel hier siedelnde Elster schnarrt. Immer winkt, auch ungesehen, das Meer. Ein heißer Sommer läßt die Bäume früh rosten, ein feuchter hält sie bis in den Herbst grün. Der nächste Weg kann nach Immensee führen, der nächste Dampfer zur Fahrt über die Siebenseen locken, und eine Ostseestadt steigt verzaubert aus dem Wassernebel. Mit seiner heidnischen Schönheit wurde dieses Land die Mutter meiner Dichtung.

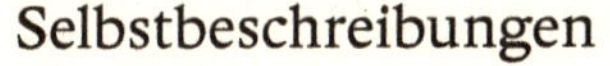

Selbstbeschreibungen

Wilhelm Lehmann über sich selbst

Der Vater meiner Mutter, der sich vom Dorfbarbier zum Wundarzt in Hamburg heraufgearbeitet hatte, ging in grauem Flauschrock durch seinen im alten St. Pauli gelegenen Garten, in den sich zuweilen ein wunderbares Tier aus der anstoßenden Handlung Hagenbecks flüchtete, und pflegte seine hochstämmigen Fuchsien; der andere Großvater blies im städtischen Orchester zu Lübeck das Horn.

Ich wurde am 4. Mai 1882 in der venezolanischen Hafenstadt Puerto Cabello geboren, wo mein Vater die Filiale eines Lübecker Geschäftes leitete. Zusammen mit meiner Mutter und meinem jüngeren Bruder fuhr ich als Dreijähriger nach Europa. Aus einer traumhaft fließenden Kindheit in Wandsbek weckte mit einigen Stößen die Schule, das Matthias-Claudius-Gymnasium. Der Vater, kaum zurückgekehrt, verließ seine Familie und verscholl in Mexiko. Mit heroischer Anstrengung brachte die Mutter, völlig mittellos, ihre drei Kinder, eine Tochter wurde nachgeboren, durch das bürgerliche Dasein.

Der verwandelnde Finger der Dichtung berührte schon den jungen Schüler. Es war die Zeit von Hauptmanns *Versunkener Glocke,* von Hermann Stehrs und Emil Strauß' ersten Novellen. Verworren und tief uneins mit mir selbst, suchte ich in mehr bösen als guten Lehr- und Wanderjahren, als Student der Philologie in Tübingen, Straßburg, dann in Berlin, wo ich den großen Lehrmeister in Moritz Heimann fand, an den ich schon von Wandsbek aus zu schreiben gewagt hatte, weil ein Aufsatz über

Hölderlin mich gebannt hatte, und der im Winter 1902 den verquälten Studenten mit mir unbekannter Güte in sein Haus nahm. Die Freundschaft mit ihm und seiner Frau, die bald folgende mit Oskar Loerke sind die grundlegenden Ereignisse meines dichterischen Lebens.

Ich bestand, mühsam genug, die üblichen Examina, heiratete, leitete eine Dorfschule, lehrte an der Freien Schulgemeinde Wickersdorf, nach dem Kriege in Holzminden und dann im heimatlichen Schleswig-Holstein. Alfred Kerr nahm einen poetischen Erstling in seine Wochenschrift *Pan,* S. Fischer druckte die ersten Novellen, dann 1917 den Roman *Der Bilderstürmer, Die Schmetterlingspuppe* 1918. Ich machte als gemeiner Soldat die letzten Kämpfe an der Westfront mit, geriet in Gefangenschaft, kehrte 1919 heim. Ein Inflationsverlag, Fr. Lintz in Trier, veröffentlichte den Roman *Weingott,* der mir aus der Hand Alfred Döblins den Kleistpreis von 1923 eintrug, die Erzählungen *Der vogelfreie Joseph, Der Sturz auf die Erde* 1923 (zuerst in der *Vossischen Zeitung*); bei Fischer erschien 1934 als mein letztes Buch vor dem Einbruch des Ungeistes *Die Hochzeit der Aufrührer.*

Zwei große Romane blieben ungedruckt. Die deutschen Verleger mieden mich inbrünstig. Unendliche Mühe kostete es mich, meine Lyrik zu veröffentlichen. Ich sammelte sie in der *Antwort des Schweigens* (1935 im Widerstandsverlage in Berlin), im *Grünen Gott* (1942) und im *Entzückten Staub* (1946, beide bei Lambert Schneider).

Ich fand stets nur wenige Leser und war gezwungen, neben der dichterischen Arbeit meine Beamtentätigkeit auszuüben. Einem jungen Autor wünscht Jean Paul ein Amt, einem alten Befreiung. Ich habe freilich oft mit Freuden, zuweilen mit Glück, unterrichtet. Zum zweiten Male verloren wir Deutschen einen Weltkrieg, zum zweiten Male erleben wir die übliche Diskussion, die Untersuchung aller Werte, auch des Dichterischen. Die legendären ›weiten Kreise‹, geschweige denn die offizielle Öffentlichkeit haben von mir nie Notiz genommen. Wir dürfen wieder fühlen, denken, sprechen, wie wir wollen. Dies Glück erkauften wir mit zwölf furchtbaren Katakombenjahren. Ich weiß nicht, ob ich mir ein Verdienst daraus machen darf, daß ich niemals irgendeinem Zeitgeist gedient habe, denn ich habe unter der Notwendigkeit meiner und damit der großen Natur gestanden und hoffe, ihr bis zum Ende treu zu bleiben, auch in einem Lande, das sich selbst zerstört hat.

Es kennzeichnet meine Situation, wenn zur Stunde, wo ich dies schreibe, da Schweizer Freunde mich zu einer Vorlesung einladen, Hermann Hesse sich äußert: »Der in Eckernförde lebende deutsche Lyriker Wilhelm Lehmann gehört nach meinem Urteil zu den nicht häufigen echt dichterischen und echt lyrischen Begabungen in der heutigen deutschen Literatur. Seit dem Tode Oskar Loerkes rechne ich ihn zu den wenigen, die ich ganz ernst nehme. Er hat, was so selten ist, das Gleichgewicht von sprachlicher Potenz und Kraft des Erlebens. Unter den Dichtern, zumal in der deutschen Literatur und auch in der deutschschweizerischen, überwiegen die formalen Begabungen, die über den lyrischen Ausdruck zwar verfügen, aber wenig Substanz und neues Erleben der Wirklichkeit haben. Andere, seltenere, haben das originale, wertvolle Erleben in vollem Maße, es fehlt ihnen aber die Schönheit und Natürlichkeit des Ausdrucks. Wilhelm Lehmann hat beides und wird nach meiner Meinung manchen heute Berühmteren überdauern. Es wäre ein Gewinn, wenn die Schweiz diesen bedeutenden Dichter besser kennenlernen würde.« Und wie um Goethes Verse zu bewahrheiten:

»Niemand darf hereinrennen / Mit seinen besten Gaben; / Sollen's die Deutschen mit Dank erkennen, / Müssen sie Zeit haben«, schrieb im Dezember 1945 der junge englische Schriftsteller John Manifold in der Londoner Wochenschrift *Our Time:* »Wilhelm Lehmann wurde immer wieder neu entdeckt, dann vergessen, dann erstaunt entdeckt. Neue Experimente der Moderne jagten seine gemeisterte Flötenmusik in den Hintergrund. Entzückte Überraschung zieht ihn dann wieder aus dem Hintergrund hervor. Er hat sich nie in die literarische Arena begeben. Man ignorierte ihn. Er ignorierte zurück. Auf diese Weise wird man nicht über Nacht berühmt, aber kanonisch, klassisch.«

Von der Notwendigkeit der Dichtung durch mein bloßes Dasein überzeugt, habe ich ihre Vergeblichkeit unter der Mehrzahl der Menschen kosten müssen. Um so lebendiger quillt, da niemand auch in den Künsten ohne einigen Zuruf gedeiht, mein Dank denen, die mir zugehört haben und zuhören werden.

Dank an die Elemente. Ein Selbstporträt

Wenn man älter wird, muß man mit Bewußtsein auf einer gewissen Stufe stehen bleiben.

GOETHE

Als ein Schriftsteller, der erst gegen das Ende seines siebzig Jahre langen Lebens außerhalb der kleinen Reihe seiner engeren Freunde einige Beachtung gefunden hat, wäre ich in früherer Zeit williger der Aufforderung gefolgt, über mich zu berichten. Gern beantworte ich nur Fragen, die ich mir selbst stelle.

Die Zerfällung der Welt in Ich und Nicht-Ich versuchte Fichte rückgängig zu machen, indem er erklärte, das Ich setze erst die Welt. Wie sehr es das Nicht-Ich gibt, beweist der harte Kampf, den er dagegen führt. Es könnte dichterischer Glaube sein, daß man das Pfauenauge auf den Fliesen vorm Haus ›setzt‹, dadurch daß man es in seine Verse aufnimmt. Aber das Pfauenauge bleibt, kühl gesagt, Materie, Anlaß der menschlichen Empfindung. Es bleibt auch bei sich. Daß gewisse Phänomene mit objektiver Notwendigkeit zu einer gewissen Gemütsstimmung anregen, daß wir sowohl sagen können, sie spricht jene Phänomene aus, als diese sprechen jene aus, zeigt den Menschen als einen Mikrokosmos. Dem späten, müden Zivilisationsmenschen hat das von desorientierter Einseitigkeit stark veränderte Kulturleben diesen Zusammenhang gelöst, und der Dichter wird für einen archaischen Typus gehalten. Unzeitgemäßheit wird ihm gern zum Vorwurf gemacht. Gleichwohl zwingt Melancholie bei Blätterfall auch dem Heutigen die Grundgestimmtheit auf. Die selige Einheit mit allem Gewordenen schenkt sich dem Kinde, ohne daß es sich anzustrengen braucht. Sie verschwindet als begütigende Gegenwart dem wachsenden Menschen, und er muß sie sich im Geiste zurückholen.

Wie weit das seiner Sensibilität, seinem Verstande, seiner Kunst gelingt, entscheidet über den Grad seines Dichtertums. »Laß mir einige Minuten, und ich kann die Stelle reproduzieren«, sagte Oskar Loerke zu mir. Gemeint war eine solche aus meinem ersten Roman *Der Bilderstürmer* (1917):

»Der März brüllte nur noch halb so heftig als in der Frühe; der halbe Sturm kam allen wie eine ganze Pause vor. Auch der Löwenzahn in der Ecke bei der Regentonne vor dem Saale meinte das, benutzte die Pause und machte schnell eine gelbe Strahlenblüte auf.«

Ich könnte ein solches Verharren bei dem Zusammenhang von Phänomen und Empfindung, eine solche Botmäßigkeit vor dem Greifbaren, die eine zweite, die dichterische Wirklichkeit erzeugt, deuten als Unwillen über die Kurzsichtig- und Kurzfühligkeit der meisten Menschen. Es ist in der Tat, als ob ein Fluch sie getroffen habe, die Einhelligkeit zu vergessen, und als einen so Verfluchten, von der Natur im Stiche Gelassenen, stellt jener Roman die Person seines Bilderstürmers vor. Das Menschliche ist mir immer so viel wert gewesen, als es die Einhelligkeit bewahrt. Ein Freund hat diesen Blick auf den Menschen als einen bösen bezeichnet. Wahrer deutet sich solches Daseinsgefühl als ein Begehr nach reinem Sein, als Ahnung, die, am Zorn über das Versagen des Menschlichen wahrlich bestätigt, sich der Unschuld der Materie erinnert, dem prämoralischen Proömion der Schöpfung zusinnt – hielt das Spiel etwa, was das Vorspiel verspricht? – derart, daß ein Untertauchen in die Gründe eine

Wiedergeburt des Menschen bedeuten könnte. Ich kann solches Begehren auch als naturforscherischen Drang bezeichnen. Das wäre nun doch meine Antwort auf die Frage eines Freundes, seit wann die Lyrik in meinem Werke vorherrsche. Sie hat darin immer gehaust. Jedenfalls lassen sich in meiner Epik, vielleicht zu ihrem Schaden, ähnlich wie in derjenigen C. F. Meyers, die Stellen leicht entdecken, die Keimzellen von Gedichten darstellen. Die Wendung zum Gedicht bedeutet Ungeduld über der Epik, nur eine Wendung vom Ungebundenen zum Gebundenen, vom Weiten zum Engen. Die Gewißheit von der Zusammengehörigkeit des Vorhandenen fand im Gedicht ihren legitimen Ausdruck.

Diese meine Haltung entscheidet wie mein Verhältnis zur Existenz auch das zur Dichtung. Ohne Sinne gilt mir kein Sinn. Auch die höchste Ekstase enthält Spurenelemente des Hierseins. Inbegriff jener Mächte, an denen das Reich der Vergänglichkeit endet, wie könnte er anders in die Dichtung eingehen, als daß er sich in den Müttern inkarnierte? Grundmächte, ist das nicht überspannende Metaphysik? Aber sie gewinnen Gestalt, wenn Oskar Loerke sie in der Geduld des Baumes befestigt. Bei Dostojewski verflüssigt sich, vielleicht auch aus einer Verzweiflung des Dichters, der Mensch, bereit, sich neu zu ballen, bei Ljeskow ersteht er in der Glorie seiner Vielfalt, mit allen Beweisen seines Erdenaufenthaltes. Die Wallfahrt des verzauberten Pilgers, die Unsterblichkeit Golowans bettet sich in die Güte den Elementen gegenüber. Der Bauer Pisonski betet »Vermehr und laß wachsen, Herr, deine Gaben auf dieser Erde, damit ein jeder sein Teil erhalte, der Wünschende, der Bittende, der Fordernde und der Undankbare!«, er gedenkt auch des dem Diebe zukommenden Teiles und betet auch für ihn. Ebenso wohlwollend verfährt die liebevolle Ironie Jules Supervielles, kraft derer die Geschöpfe zu sich selbst finden, wie die Tiere in der Stunde der Geburt Christi.

Unsere Welt ging in Stücke, wir müssen sie von unten herauf wieder zusammenflicken. Den Dank an die Elemente abzutragen, die von sich aus bereit sind, wieder zusammenzubauen, ist der Sinn meiner Dichtung. Im epischen Teil, in dem ich menschliche Schicksale im Banne solcher Verstrickung erzähle, im lyrischen Teil, in dem ich mit höchster Anspannung suchte, die Materie zu verhauchen, der Schwere ein geneigtes Lächeln abzugewinnen. Mit Anstrengung, nicht mit Überanstrengung. Letztere schadet manchem heutigen begabten Gedicht. Kunst geschieht nicht ohne Willen, aber ihr Wille identifiziert sich mit dem Willen des Dargestellten. Wie die Sprache im Munde des Sprechers, fühlen sich die Phänomene im Griff des gelungenen Gedichtes wohl. In manchem Gedicht dieser Art ist ihre Örtlichkeit nicht ›getroffen‹, das Glück der nächsten Nähe nicht erreicht; ihre Miene verzieht sich, man hat sie verletzt, outriert, sie dienen unwillig dem Gleichnis, wie Zugtiere, die eine unverhältnismäßige Last befördern; mit Hugo von Hofmannsthal zu sprechen: Das heilige Verhältnis zwischen der Erscheinung und der Wesenheit wurde versehrt. Auch das verzogene Gesicht lebt von der Kraft des unverzogenen, auch die bitterste Ironie von der Leichtigkeit des gelassen Vorhandenen. Es wagen sich heute, verständlich, nur Zwischengefühle. T. S. Eliot benutzt das Unbedeutende, um das Bedeutende sagen zu dürfen, in einer Art kluger Bescheidenheit. »Es ist keine Kunst, geistreich zu sein, wenn man vor nichts Respekt hat.« Das dichterische Wort gibt nicht seine Funktion auf, die Welt unmerklich zu verändern.

Im *Bilderstürmer* hieß es: »Vogelmütter flogen mit schnalzenden Tönen besorgt um ihre letzte Brut herum, schnappten nach den vielen Brüsten der Luft, die schon müde war.« Der Maler E. R. Weiß beanstandete diese Darstellung als künstlich, Moritz Heimann schützte sie mit dem Hinweis auf eine Goethesche

Bemerkung, die Natur sei eine Gans, man müsse sie erst zu etwas machen, desselben Goethe, demzufolge Phantasie der Natur gewachsen sei. Die Phantasie ist der Natur gewachsen, das heißt auch: Sprache ist der Natur gewachsen. Es ist die Grundüberzeugung des Dichters.

Die Bedeutung des Laien. Interview mit sich selbst

ZWEITES ICH: Respektlos wollte ich ohne Anklopfen bei Ihnen, Herr W. L., eintreten. Ich gebe mich keinen Illusionen hin, auch nicht über Autoren. Aber als ich vor Ihrer Tür stand, wußte ich plötzlich, daß Illusionslosigkeit ein dem Menschen unmöglicher, unerlaubter Zustand ist; dazu fiel mir eine Stelle aus Jean Pauls *Titan* ein.

ERSTES ICH: Wer mit Jean Paul eintritt, ist mir ohne weiteres willkommen.

ZWEITES ICH: Die Stelle lautet: »So schweben wir meisten Autoren von Gewicht einem Leser außer Landes als feine ätherische Gebilde vor, von denen schwer zu fassen ist, wie sie nur einen Schnitt Schinken oder ein Glas Märzbier oder ein Paar Stiefel gebrauchen können; es ist, als wenn die Leute zusammenführen, wenn sie etwas lesen oder sehen müssen von Lessings Rasiermesser, Shakespeares englischem Sattel, Homers Ärmel.«

ERSTES ICH: Das würde mir auch so gehen. Allerdings: Autoren ätherische Gebilde? Eher die Gebilde dieser Gebilde, nicht? Der moderne Verfasser gleicht mehr dem Alltagsmenschen als Hölderlin. Er hält sein Haar kurz, trägt einen Anzug vom Schneider, ist Bank- oder Rundfunkangestellter und fährt mit eigenem Wagen ins Büro. So hat ihn wenigstens, vor einiger Zeit, W. H. Auden beschrieben und damit kreiert. Eingeweihten gilt Auden freilich schon wieder als überholt.

ZWEITES ICH: Aber in den Gedichten ebendieses Auden begegnen einem Passagen wie: »The trees encountered on a country stroll I Reveal a lot about that country's soul«, und fast maximenhaft, »A culture is no better than its woods.«

ERSTES ICH: Und wenn der Mann Gottfried Kellers *Waldlied* läse – sicherlich bewundernd –: »Und es lauschen still die jungen Dichter und die jungen Finken, / Kauernd in den dunklen Büschen, sie die Melodien trinken«, müßte ihm jene Couture mindestens zuweilen unpassend vorkommen.

ZWEITES ICH: Unsere jungen Dichter kauern aber nicht mehr in den Büschen.

ERSTES ICH: Nicht mehr, sagen Sie. Vielleicht würden sie, täten sie es zuweilen, auf neue Empfindungen geraten. Tourismus allein tut's nicht. Kommt nicht mit Dichtung ein Ozongeruch ins Verstaubte, ein unzivilisatorischer Windstoß in die Assekuranz des Wohlfahrtsstaates? Ich sah einmal im Großstadtgewimmel eine Amsel auf das Dach einer Tram flattern, eine kurze Strecke mitfahren, dann wegfliegen, ihr Zwitschern klang wie Entrüstung über die langsame Maschine. Die glückliche Zeit ist vorüber, da ein Secondeleutnant 1835 in seinem Tagebuch vermerkte: »Morgens machten der Rittmeister Rosen, Ysenburg, Graf Schulenburg und ich einen Spaziergang und fanden sechsunddreißig verschiedene Blumen auf einer kurzen Strecke.« Unsere Teenager botanisieren nicht.

ZWEITES ICH: Solche Naturerfahrung hat man Ihnen aber übelgenommen. Ihre Dichtung sei ohne Transzendenz.

ERSTES ICH: Ich verstehe nicht, wie man etwas, das man noch gar nicht ausbesehen hat, transzendieren soll.

ZWEITES ICH: Ihr Naturleben legte man als Idiosynkrasie aus.

ERSTES ICH: Mit Recht. Ohne tüchtige Idiosynkrasie ist noch nie etwas Bedeutendes zustandegekommen. Vollends Dichtung nicht. Jedenfalls ist meine Naturauffassung nun einmal die Form meines Daseins.

ZWEITES ICH: Soll Stadt und Land soviel bedeuten wie modern und unmodern, wie Welt und Provinz? Wozu die Trennung? Auch die städtischste Poesie lebt von einer Portion, einem Vitamin des Unzivilisierten und Unzivilisierbaren, lebt vom Protest der Natur.

ERSTES ICH: Auf eine dahin zielende Enquête antwortete Oskar Loerke: »Ich habe die moderne Großstadt erlebt als ein Stück Natur, nicht bloß als eine Sammlung technischer und kultureller Neuigkeiten und der von ihnen abhängigen Menschen: der Marsch der Erscheinungen ist dichter und schneller geworden gegen früher, aber der Lauf des Blutes folgt noch immer der alten Uhr des Herzens.«

ZWEITES ICH: Es handelt sich also gar nicht um ein Entweder-Oder. Ist ein Gedicht deshalb besser, weil es einem gewissen beliebten, jetzigen Zivilisationsmoment, einem bloß äußerlich größeren Teile unseres Territoriums mehr entgegenkommt als ein anderes? »Fort mit dem süßen Blick! Fort mit dem Kusse! Hörst du die roten Nacht- und Not-Alarme? Die heißen, blassen Träume sind verstreut. Mir stehen riesige liebes-, hasseswarme Gebäude zu durchwandern weit bereit. Da unten rollen meine Autobusse!« Wieso sind das bessere Verse als »Und sogleich entspringt ein Leben, / Schwillt ein heilig heimlich Wirken, / Und es grunelt und es grünet / In den irdischen Bezirken.«? Atem der Erde beherrscht auch die Fabrikstadt: »Es ragt im roten Himmel unbescholten / Der Stümpfe Plan, ihr Jetzt und Hier wird welk. / Sie würgen langsam Qualm hervor, als wollten / Sie Kapitäl ersinnen und Gebälk.« Das nenne ich Metamorphose, hier gehen Stadt und Land wie Kunst und Natur ineinander über.

ERSTES ICH: Wissenschaft und Technik absorbieren fast ganz die Aufmerksamkeit – fast hätte ich gesagt: die Unaufmerksamkeit des Publikums. Sie rasen an uns entlang, an uns vorbei, werden nicht unser Eigentum. Die Wissenschaft ist längst nicht mehr ein guter Hausgeist, um unser Vertrauen werbend, wie zu Goethes, Novalis', Coleridges, Shelleys Zeiten, ein tragisches Auseinander vielmehr. Also macht man kurzerhand auch Schluß mit dem bisherigen Dichter und fordert einen neuen, einen, der nicht an der modernen Wissenschaft vorübergehe. Da müßte ich also auch abdanken, denn ich erhielt schon beim Abitur die Note »Ungenügend« in der Mathematik, und bei zu weit getriebener Abstraktion wird mir die Luft zu dünn. Chemie hat mich stets interessiert, als Vorgang, nicht als Begrifflichkeit, als Tat, nicht als Erklärung. Doch mein Chemielehrer zog nicht am korrespondierenden Nerv, sondern begann den Unterricht mit dem Diktat von Formeln. Auch in der Chemie kommt es, vom Dichterischen aus gesehen, auf ein empfangendes Ich an: ohne richtiges Ich keine richtige Welt.

ZWEITES ICH: Bücher, Zeitungen, Diskussionen, Rundfunk, Fernsehen traktieren uns ohne Unterlaß mit Ratschlägen, wie wir atmen, essen, mit Menschen umgehen, wen heiraten, was lernen und lesen und hören sollen. Vortrefflich drückt das Friedhelm Kemp aus: »Fortwährend erliegen wir dem Reiz des Neuen und Aktuellen, den unaufhörlichen Belästigungen durch das Interessante, das keinen etwas angeht. Allen soll alles nahegebracht werden, jeder will mit jedem ein ununterbrochenes Gespräch führen.« Mag uns eine Metaphysik das Ich ausreden, dieses mächtige Bißchen ist jedenfalls mein Eigentum. Soll ich es im Hexenkessel der Meinungen verdunsten lassen? Man erlaube mir, mich selbst zurechtzufinden im

Hier. Und glücklicherweise sehe ich einen Ausweg: Ich bin ein Laie. Laie sein, das ist ein legitimer Zustand. Statt mich dieses Zustands zu schämen, freue ich mich seiner als einer ständigen Gewähr, als eines empfängnisbereiten Nährbodens.

ERSTES ICH: »Warum sollte der Laie«, fragt Moritz Heimann, »wofern er nur seine Stellung richtig zu nehmen versteht, die ihm, höchst fruchtbar, gleich weit von der Sachverständigkeit und vom Dilettantismus angewiesen ist – warum sollte er nicht gehört zu werden verdienen, wo immer Dinge getrieben werden, die ihn angehen?«

ZWEITES ICH: Die ihn angehen, das entscheidet. Ihn, den Laien. Also mich. Als Laie leite ich meine Bemerkungen über das, was ich in der Welt zu bemerken imstande bin, nicht von den Dingen ab, sondern von mir selbst. Moritz Heimann erläutert das: »Der Schneider weiß einem leicht zu beweisen, daß der Rock, den er anprobieren läßt, gut sitze; zuweilen gibt ihm sogar der Spiegel recht; und trotzdem muß er sich dem Einwurf fügen, daß es sich in dem neuen Gewand nicht völlig gut, nicht ganz unbemerkbar atme.« Das ist es, und ja, auch in der Dichtung suche ich nach meiner Freude, nach Selbstbestätigung, nach der Bestätigung meiner Erfahrungen, nach dem Gleichgewicht zwischen der Welt und mir, nach aus- und einholendem Atemzug, nach jenen Augenblicken, wo wir »die immer vorhandene, selten für uns vorhandene Konstellation aller inneren und äußeren Dinge« bemerken.

ERSTES ICH: Wird nicht gerade der, der Dichterisches hervorbringt – Sie sehen, ich vermeide die Bezeichnung Dichter; der, den man bisher so nannte, wurde, jedenfalls dem Wissenschaftsgläubigen, suspekt: man bekommt, sagt der, anderswo genauere, die sogenannte exakte Auskunft – wird nicht gerade der seines Laientums auf das innigste gewiß? Laie ist, wie gesagt, keineswegs dasselbe wie Dilettant. Wenn man freilich schon denjenigen, der Roggen von Weizen unterscheidet, für einen Sachverständigen hält, so ist das nicht meine Schuld. Als ich meinen Gedichtbüchern ein paar Anmerkungen beigegeben hatte, beklagten einige Leser ihr Zuwenig, andere, daß ich's überhaupt getan. So viel Unbekanntschaft mit der Welt der Sinne hätte ich allerdings nicht vorausgeahnt. Wie steht es hingegen mit der Quantentheorie?

ZWEITES ICH: Ehe sich wissenschaftliche Entdeckungen nicht in menschliche Erfahrungen umgesetzt, umgelebt haben, können sie nicht in die Dichtung eingehen. Neugierig kann ein Autor gewiß mit Gewinn Abhandlungen über Atomzertrümmerung und Biochemie durchlesen. Dichtung kann auch daher, wie aus jeder Weltgegend, Winke empfangen, aber das ihr zugewiesene Gebiet bleibt das nicht in Begrifflichkeit umgesetzte, das bloße, nackte Dasein als staunenswert genug, und das Vorrecht »to stand and stare« bezeichnet geradezu das Wesen des Dichters – jetzt ist das Wort doch heraus!

ERSTES ICH: Hülfe kommt uns, charakteristischerweise, von der Biologie. Adolf Portmann handelte jüngst von der »Sprache im Schaffen des Naturforschers«. Eingeklemmt zwischen das Englische und das Russische, von den Formeln der Physik und Technik zu schweigen, drohe der naive Lebensraum zu verderben, in dem menschlicher Geist, menschliche Sprache zu Hause sind. Zwischen Mikrophysik und Eroberung des Weltraumes müsse der Medio-Kosmos die Mitte bleiben. Die gesamte moderne Forschung führe zur Frage nach der Auffassung vom Menschen zurück.

ZWEITES ICH: Also, mit Werner Krafts kühnem Wort, »Vorwärts bis zum Anfang!« Gut ist's, vor den Wissenden sich zu stellen. Ich weiß jetzt, warum ich zu Ihnen gekommen bin.

ERSTES ICH: Ich weiß es auch. Sie werden nicht abwehren, wenn ich Ihnen zum Abschied ein paar Verse vorlese:

Der Dank

Zurückgeballt ins Kurze, Baumäonen,
In Eichel, Ecker breite Kronen.
Oktoberlicht steht jäh im Windeszug,
Wie Katapult schießt Busch zu Busche Hänflingsflug.
Kastanie öffnet runden Schrein,
Lädt in ihr Mahagony ein.
Ihr habt mich oft euch eingestimmt.
Was gebe ich, der von euch nimmt?
Die Achsel zuckt: nichts als Gedichte?
Gemach! auch sie sind Weltgeschichte.

Liebe Gänseblume!

Sie blüht das ganze Jahr hindurch, im eisigen Dezember wie im schwülen August. Achtlos haben deine Füße sie schon oft in den Staub getreten. Der Name klingt geringschätzig. Sie weiß, daß du sie nicht ansiehst und sie nicht schonst. Deshalb drückt sie sich dicht an den Boden und versammelt alle Kraft in ihrer kleinen Gestalt. Du nennst sie gar nicht. „Morgen will ich sie mir einmal genau betrachten", sagst du. Aber morgen hast du Wichtigeres zu tun. Du schiebst dein Vorhaben immer wieder auf, du brauchst ja nicht zu sorgen, daß du sie nicht wiederfindest — sie ist ja eben immer da. Aber es ist gut, nichts aufzuschieben, und hier, in diesem kleinen Stück Wiesenland, das eben aufgetaut ist und das ich mir mit meinem Taschenmesser ausgehoben habe, betrachte sie nun endlich einmal so genau wie du und ich es zusammen können. Aus rötlich-fleischigem, ewig lebendem Wurzelstock hebt sich ein kurzer Stengel, der sich, weil das Licht noch nicht reich genug ist, gegen den Boden krümmt. Um ihn herum tauchen ein paar grüne Blätter über die Erde. Sie scheinen ganz glatt zu sein. Siehst du nahe hin, so merkst du, daß sie eine große Menge feiner, blasser Haare tragen. Die Gestalt der Blätter ist eiförmig, aber die Blattstengel sind so breit, daß man das ganze Blatt besser mit einem Löffel vergleicht.

Die obere Hälfte des Blattes ist ein paarmal gezähnt. Alle Glieder der Gänseblume liegen dicht über dem Erdboden. So entgeht sie dem Unheil, das höhere Pflanzen bedroht, sogar die Mähmaschine schadet ihr kaum. Aus der Mitte der Blattrosette steigt ein runder, haariger Stengel. Er trägt nur einen Blumenkopf. Aber dieser Blumenkopf ist ein ganzer Korb von Einzelblüten. Dicht zusammengepackt stehen zwei ganz verschiedene Arten: in der Mitte ein kleiner, durchlöcherter gelber Kegel von winzigen Trichtern mit vier- oder fünfzähnigem Saume. Jeder dieser Trichter enthält Staubgefäße und Stempel. Die weißen Strahlenblätter am Rande sind ebenfalls jedes eine Blüte für sich. Sie gleichen kleinen Zungen und tragen unten ein ganz kurzes Röhrchen mit einem in zwei Narben gespaltenen Griffel. — Glänzte dir in der Sonne weiß und golden die ganze Wiese entgegen, schon eine Stunde nach Sonnenuntergang ist alles in eintönigem Grau versunken. Die Gänseblume schließt nämlich ihren weißen Strahlenkranz dicht über der gelben Scheibe zusammen. Nur die rote Unterseite der Blütenblätter ist sichtbar — Rot aber ist im Dunkeln am allerschwersten zu erkennen. Nicht genug, die Gänseblume schlägt auch noch ihre grünen Kelchblätter wie einen Kragen hoch. Im Geheimnis der Dunkelheit schläft sie, uns unsichtbar, dem ersten Sonnenstrahl entgegen.

Kopie eines Artikels von Wilhelm Lehmann in der *Grünen Post* vom 18. Mai 1930.

Der Physiognomiker des Unscheinbaren

Wie seltsam, daß Wörter nur mittels der ausgeatmeten, verbrauchten Luft gebildet werden können. Wunderbare Ökonomie der Natur, die, ähnlich wie es in der Industrie geschieht, Abfallprodukte neu verwertet.

MARTINUS NIJHOFF

Das Land ist wie ein Mensch, dem ein Übermächtiger den Mund zuhält; er möchte rufen, vielleicht singen – die Hand des unerbittlichen Windes stößt die Frühlingsstimme zurück (15. April 1929).

WILHELM LEHMANN

Der Held dieses Tagebuchs, um eine etwas aus der Mode gekommene Vokabel zu gebrauchen, ist der Wind. Mit einem Furor ohnegleichen jagt er durch die Zeilen dieser Prosa. Die unerbittliche Anwesenheit dieser unsichtbaren Wildnis setzt dem Autor zu, er setzt sich ihr beharrlich aus und er setzt ihr, so paradox dies klingen mag, ein Denkmal. »Ein Wettersturz überrumpelte uns mit Kälte, wie ein Mörder lief der Wind« (24. Juni 1929). »Der Wind macht mich toll wie Hamlet, ich will ihn belauern, ihn in seinem letzten Versteck aufstöbern« (21. November 1927).

In den ausgedehnten Rondos seiner Wanderungen längs der Küste vor und im Hinterland von Eckernförde hält Wilhelm Lehmann zwischen dem 16. Oktober 1927 und dem 14. Oktober 1932 den Gang der Jahreszeiten, die wechselnden Himmel, die sich wandelnde Landschaft und die kleinsten Regungen in der Luft, auf der Erde und im Wasser fest. Wöchentliche Kollekten, die aus der Eckernförder Bucht in das großstädtische Feuilleton der *Grünen Post* expediert werden, eine Prosa, menschenfern und nur selten idyllisch gehöht, ohne eigentliche Handlung, doch von kräftigen, heftigen Verben getragen, dichter und berauschender als mancher Roman, – sofern man gewillt ist, sich darauf einzulassen: »Graureiher versteinen gegen die Himmel«; «Der Ruf des Kuckucks schmolz hinter den Schwellungen des Weidehügels«; »kein Korn, in dem die Natur nicht siedet«; »Hausschwalben zucken über den See«; »schiebt sich ein lehmiger Acker spitzwinklig ins Ungewisse«; »violett beutelt die Platterbse«; »aus dem Fladen der Kühe tanzt weinfarbig die Malve«.

Diesem unaufhörlichen Tumult überlässt sich der Autor, begierig, die kleinsten Regungen wie die größten Schauspiele in seine Sprache zu locken.

Das Festhalten ist für diesen Beobachter nur der Auftakt der zyklischen und spiraligen Bewegungen, für die unermüdlichen, begeisterten Ausschläge eines Wünschelrutengängers – auf der Suche nach einer Wiederkehr des Niegleichen. Der Niederschlag, die Zeichnung dieser Spur, quer zur seriellen Zeit, ereignet sich im Schreiben. Es ist Gesang, Lobpreis, lyrischer Elan, ja Ekstase, die selbst in den Augenblicken größten Entzückens die Namen, das innehaltende Benennen, die Lust der Bestimmung und Kennung nie außer Acht läßt, ja dem erst dieses entdeckende Wissen zu gesteigerter Freude verhilft: »Namen sind schon Urteile. Namen sind Gehäuse des Wissens, von der Tat der Hoffnung, der Weisheit vieler Geschlechter bewohnt wie die Waben von Bienen. Bekassine – das ist der Vogel selbst, und bittere Brunnenkresse, das befeuert den Gaumen gleich Pfeffer (11. März 1928).«

Immer sind es die besonderen Einzelheiten, der unvergleichliche, datierte Augenblick, die vielfältigen Merkmale des ›Individuums‹, wie die Biologen von Pflanze und Tier sagen, denen sein sinnenhaftes Augenmerk gilt. In Sonderheit sind es die verletzlichen, weichen Wesen, denen er sich zuneigt und an deren Erscheinung er die Lehre des Lao-Tse bestätigt findet, derzufolge das Weiche das Harte besiegt.

So wird er zum Physiognomiker des Unscheinbaren: »Woher weiß ich, daß es schön ist? In vollkommener Grazie steigt das Buschwindröschen aus dunklem, kühlem Waldboden. (...) Aus der Fülle der Daseinsarten wurde hier eine bestimmte Gestalt. In dem Umriß der Blütenblätter, in der gerundeten Glocke der Blüte, in der Kurve des Stengels, in den Einschnitten der Blätter musizieren die Formen miteinander. Wo gäbe es einen besseren Einklang der Farben des Dunkelgrüns der Blätter, des tiefen Rot des Stengels, der rosigweißen Blüte?« (22. März 1931).

Zu Beginn seiner Einträge bemüht er – oder die Herausgeber der hauptstädtischen *Grünen Post?* – noch einen »Kantor (Lehmann)«, eine irgendwie kenntliche Person (und vermutlich nicht ganz zufällig einen ›Sänger‹), doch mit fortschreitender Schrift wird diese Namensmaske abgestreift, ja selbst das Ich des Autors verschwindet zusehends zwischen den Zeilen, so sehr läßt er die Erscheinungen selbst sprechen und gibt ihnen eine Sprache: ein verzauberter Zauberer in Merlins Gefolge. Und so geschieht es, daß die Materie selbst sich in seine Schrift drängt, ebenso dinglich wie wortwörtlich: »Ich habe die Strohblumen zu spät vom Gartenbeet geschnitten, ihre fruchtbare Mitte ist in der Zimmerwärme gereift, und winzige Samenkörner fliegen, von haarigem Pappuskranz getragen, aufs Papier. Auch die große, schiffschraubenähnliche Kapsel einer Kaiserkronenstaude vom August her entleert flache, hellbraune Samenblätter zwischen meine Buchstaben (19. November 1928).« Lehmans melodische, zur Lyrik drängende Sprache ist immer wieder auf dem Sprung. Wie die Raupe verpuppt sie sich, um schließlich etwas anderes – Dichtung – zu werden.

Doch wie kommt es, daß ein bis dahin nicht sehr bekannter Erzähler – zusammen mit Robert Musil teilt er sich 1923 den von Alfred Döblin zugesprochenen Kleist-Preis – eine derart entschiedene naturkundliche Prosa schreibt – mit dem Rücken zur aktuellen Gegenwart seiner aufgebrachten und bald verhängnisvollen Zeit?

Wilhelm Lehmann war, was damals nur sehr wenigen bekannt war – gewiß aber seinen Freunden und Förderern Oskar Loerke und dem großen Lektor Moritz Heimann – im Ersten Weltkrieg zweimal desertiert und hatte diese ihn prägende Tat von 1925 bis 1927 in dem Roman *Der Überläufer* verarbeitet. Die Ablehnung des Manuskripts war, der unausrottbar retrograden Stimmung der Zeit entsprechend, einhellig. (Man mag es als einen Wink der Vorsehung nehmen, daß ihm diese Zurückweisung ziemlich sicher schlimmeres Ungemach in der Nazi-Zeit erspart hat.)

Der vom Barras angewiderte und dem autoritären Gemeinschaftszwang abholde Soldat Hanswilli Nuch setzt alles daran – zuerst in Gedanken, dann in der Tat –, die von ihm schonungslos geschilderte Hölle hinter sich zu lassen. Seine Zuflucht und innerliche Rettung ist eine radikale Hinwendung zur kreatürlichen Welt. Eine ›Ästhetik‹ des Krieges ist diesem ›Luftmenschen‹, wie er genannt wird, fremd, ja widernatürlich. In dieser eigensinnigen Neigung des Protagonisten – Uwe Pörksen nennt ihn zu Recht einen »Überläufer« zur Natur – bekundet sich ein Reflex der Selbsterhaltung des Individuums und untrennbar damit verwoben ein energischer Wunsch, die bedrohte Schöpfung *in die Sprache* zu retten. Das eine geht nicht ohne das andere. Und ganz anders als Ernst Jünger, und gewissermaßen als dessen (unausgesprochener) Antipode, meidet, ja verachtet Lehmann sowohl ›Stahlbad‹ wie ›subtile Jagden‹. In einer bezeichnenden Szene des Romans, als Nuch nach seinem ersten Fluchtversuch von einer deutschen Patrouille aufgegriffen wird, zeigt sich, wie tief diese Abkehr, die innere Abgeschiedenheit von der bedrängenden militärischen Wirklichkeit in Nuch verwurzelt ist: »Während er, bewacht von den drei Gestalten, vorangehen musste, standen in ihm Sätze auf, wie ohne sein Zutun: ›Die Knospen der Esche sind braunschwarz und ganz glanzlos, sodaß sie wie verkohlt aussehen. Samenreife dauert vom Juli bis Oktober, die Früchte lösen sich im Laufe des Winters ab. Keimung erfolgt sehr langsam.‹« (zitiert nach der klug eingerichteten Neuausgabe des *Überläufers* von Wolfgang Menzel, 2014). Sicher nicht zufällig kehrt das Motiv der schicksalhaften Esche auch im *Bukolischen Tagebuch* an entscheidender Stelle fast wörtlich, doch mit einer signifikanten Weiterung wieder: »Immer ist sie [die Esche] lebendig. Es ist wirklich phönixhaft die neue Gestalt unter der alten, abgefallenen sichtbar. (…) Und wenn ihre Knospen auch braunschwarz und völlig glanzlos sind, so daß sie wie verkohlt aussehen, so schlüpft dafür der ganze Baum wie ein Reigen schmiegsamer Schlangenleiber empor, und die Zweige langen weich und melodisch in die Umwelt (9. November 1929).« Heinrich Detering hat daran erinnert, wie das Motiv der gewissermaßen individualisierten Pflanze von Goethe herkommend über Lehmann bis zu Peter Handke (*Kleine Fabel der Esche von München*) fortlebt. (In Frankreich wäre der lukrezische Francis Ponge noch zu nennen, ganz zu schweigen von der mächtigen englischen und amerikanischen Tradition des Nature Writing.)

Man sollte dieses *Bukolische Tagebuch* als eine Metamorphose des *Überläufers* lesen; zeitlich sind sie eng miteinander verbunden. Wilhelm Lehmann macht, wenn ich mir diese Vermutung erlauben darf, in dem Tagebuch die Probe aufs Exempel. Was Hanswilli Nuch im Roman sucht, findet Lehmann zehn Jahre später – er ist im Begriff, in Eckernförde als Lehrer sesshaft zu werden – in diesen bukolischen Wanderungen wieder. Der Gedanke, daß in und mit diesem Tagebuch eine ursprünglich für die Romanfigur intendierte Selbstheilung erreicht wird, scheint mir nicht abwegig.

Im Windschatten der Wochen-, Monats- und Jahresringe dieses einzigartigen Tagesbuchs aber entsteht ein neuer Roman: *Der Provinzlärm*. In diesem Buch kontrastieren die Solitüden des Wanderers mitunter heftig mit dem Alltag eines nach Dichtung verlangenden Lehrers. Als würden die ›menschenleeren‹ Erzählräume des Tagebuchs mit Handlung gefüllt, wendet der neue Portagonist, der Lehrer Christian Asbahr, sich nicht mehr, wie einst Nuch, von dem ihm bedrängenden Geschehen ab, sondern nimmt leidenschaftlich Anteil am Schicksal der ihm anvertrauten Schüler. Gegen die Mode der Zeit, Pubertät und frühes Leid der Schüler zu thematisieren, ist dieser Roman ein Schul- oder Lehrerroman, was vor dem Hintergrund von Nuchs Schicksal etwas verständlicher wird. Neben starken lyrischen, an das *Bukolische Tagebuch* gemahnenden Passagen und sarkastischen Schilderungen des von Reformeifer durchsetzten Schulalltags gelingt hier Lehmann der Entwurf einer Frauenfigur, der Schülerin Regina Tümema, die »biegsam wie der Liguster« sich in der Erinnerung des Lesers einen unverrückbaren Raum verschafft.

Doch parallel zu diesem Tagebuch und dem gleichzeitig entstehenden Roman – er soll erst 1952, unter dem für die Nachkriegszeit verstörenden Titel *Ruhm des Daseins* erscheinen – schreibt Lehmann Gedichte. Unter dem sprechenden Titel *Antwort des Schweigens* erscheint 1935 im Widerstands-Verlag von Ernst Niekisch in sehr kleiner Auflage eine Sammlung von sechsunddreißig Gedichten. Elisabeth Langgässer, Hermann Kasack, Günter Eich und Peter Huchel gehören zu den Lesern, die diese Gedichte rühmen.

Erst in dem triadischen Spannungsfeld zwischen Roman, Gedichtsammlung und Tagebuch lassen sich heute die besondere Leistung und das Geschenk Wilhelm Lehmanns an seine Leser ermessen.

HANNS ZISCHLER

Nachweis der Texte

Alle Texte sind der Ausgabe Wilhelm Lehmann, *Gesammelte Werke in acht Bänden*, Stuttgart: 1982–2009, entnommen.

Bd. 6: *Essays I*, Hrsg. von Wolfgang Menzel nach Vorarbeiten von Reinhard Tgahrt, Stuttgart 2006

Bewegliche Ordnung, Hildesheim: Lambert Schneider, 1947

Bd. 7: *Essays II*, Hrsg. von Wolfgang Menzel nach Vorarbeiten von Reinhard Tgahrt, Stuttgart 2009

Schleswigsche Landschaft, in: *Die Grüne Post*. Sonntagszeitung; Jg. 3, Nr. 1; 6. 1. 1921

Schleswig-Holsteinische Landschaft, in: *Tagblatt*. 25. 12. 1952

Abschied vom Oktober, In: *Die Welt im Wort* (Prag / Wien). Wochenzeitung für Literatur, Kunst und Kultur; Jg. 1, Nr. 4; 26. 10. 1933

Land im November, in: *Die Welt im Wort* (Prag / Wien). Wochenzeitung für Literatur, Kunst und Kultur; Jg. 1, Nr. 7; 16. 11. 1933

Planet im Dezember, Überliefert in Handschrift und Typoskript im Nachlass Wilhelms Lehmanns: Deutsches Literaturarchiv, Marbach

Sternenbilder Kalendarium, in: *Berliner Tageblatt*; 9. 1. 1936

Bd. 8: *Autobiographische und vermischte Schriften*. Hrsg. von Verena Kobel-Bänninger, Stuttgart 1999

Bukolisches Tagebuch aus den Jahren 1927–1932, Parzeller & Co, 1948

Bukolisches Tagebuch 1948, Wilhelm Lehmann, *Sämtliche Werke*, Bd. 2: *Autobiographisches und Bukolische Tagebücher*. Gütersloh: Sigbert Mohn, 1962

Auf den Menschen reimt sich die ganze Natur, in: *Die Welt der Literatur*; Jg. 2, Nr. 6; 1965

WILHELM LEHMANN, 1882 in Puerto Caballo, Venezuela, als Sohn eines Lübecker Kaufmanns und einer Hamburger Arzttochter geboren, wuchs in Hamburg auf und studierte in Tübingen, Straßburg und Berlin Philosophie und Naturkunde. Während des Ersten Weltkriegs desertierte er und geriet in englische Gefangenschaft. 1917 erschien sein erster Roman, es folgte bis 1967 die Veröffentlichung eines umfangreichen literarischen Werks. Bis 1947 unterrichtete er Deutsch und Englisch in Eckernförde, wo er 1968 verstarb.

MATTHES & SEITZ BERLIN · PAPERBACK · 037

Erste Auflage dieser Ausgabe 2022

Göhrener Straße 7, 10437 Berlin
info@matthes-seitz-berlin.de

Das *Bukolische Tagebuch* erschien 2017 als Nr. 34 in der Reihe NATURKUNDEN, herausgegeben von Judith Schalansky.

EINBAND UND TYPOGRAFIE Pauline Altmann, Palingen
FRONTISPIZ Wilhelm Lehmann © Deutsche Schillergesellschaft e. V. / Deutsches Literaturarchiv Marbach (5607-41 Lehmann, Wilhelm)
SCHRIFT Elzevir von Gerard Daniëls (Dutch Type Library)
HERSTELLUNG Hermann Zanier, Berlin
DRUCK UND BINDUNG GGP Media GmbH, Pößneck
ISBN 978-3-7518-0116-4

www.naturkunden.de
www.matthes-seitz-berlin.de

Wassili Golowanow

Die Insel

oder Rechtfertigung des sinnlosen Reisens

Aus dem Russischen von Eveline Passet

523 Seiten, Paperback

ISBN 978-3-95757-732-0

Mit unerhörter Intensität beschreibt der Journalist und Schriftsteller Wassili Golowanow seine Reisen auf die Insel Kolgujew, in der östlichen Barentssee. Er entwirft eine von Mythen, Märchen und Legenden getränkte Sinfonie der Region, die sich aus geologischen, mythischen und historischen Elementen zusammensetzt.

Seine Reisen führen ihn nicht nur auf eine karge Insel, deren Bewohner von Rentierzucht leben und auf der Erdöl gefördert wird, sondern auch in eine archaische Welt, in der er nach erschütternden Lebenskrisen zu sich selbst kommt. Bis hinein in die Beschreibungen der tief berührenden und die Menschenangelegenheiten in ihrer Schönheit übersteigenden Natur großartig übersetzt, entfaltet sich diese moderne Sage – die wie nebenbei auch ein Lob der Freundschaft ist – wie ein reicher tiefer Fluss, auf dem der Leser in die unerhörten Dimensionen Russlands und der Seele vordringt.

Matthes & Seitz Berlin

Tomas Espedal

Wider die Natur

(Die Notizbücher)

Aus dem Norwegischen von Hinrich Schmidt-Henkel

180 Seiten, gebunden mit Schutzumschlag

ISBN 978-3-88221-188-7

Ein Mann wird älter. Er verliebt sich in eine junge Frau. Sie beginnen eine Affäre. Die junge Frau verlässt den älteren Mann. Eine alte Geschichte, doch für Tomas Espedal bedeutet sie einen Riss in seinem Leben, der einen intensiven Erinnerungsprozess in Gang setzt: Seine Jugend, die erste Liebe, die Zeit mit seiner verstorbenen Frau, große Momente, schwere Stunden und Erfahrungen des Alltags ziehen an ihm vorbei. Die tragische Auflösung des Ich-Erzählers wird von der Auflösung der literarischen Form begleitet, die in einem Notizbuch mündet, das mit den unversöhnlichen Worten schließt: »Du sagst Ende, aber die Liebe wird nicht enden.« Ein erschütternd kompromissloses Buch. Ein Heilmittel gegen den Schmerz der Liebe.

»Ein Liebesroman, wie es noch keinen gegeben hat.
Es ist das ehrlichste und berührendste Buch über die Liebe,
das man sich denken kann.«

Iris Radisch, *DIE ZEIT*

Tomas Espedal

Gehen

oder die Kunst, ein wildes und poetisches Leben zu führen

Aus dem Norwegischen von Paul Berf

235 Seiten, Paperback

ISBN 978-3-7518-0100-3

Ein Mann verlässt seine Frau, sein Kind, sein Haus. Er beschließt zu gehen, das Leben eines Landstreichers zuführen, und macht sich auf den Weg, der ihn zu sich selbst bringen soll. Er scheitert, trinkt, beginnt von Neuem. Den Leser nimmt er mit auf diese delirierenden, existenziellen und besessenen Reisen zu Fuß von Norwegen durch Deutschland nach Frankreich, nach Griechenland, durch ein Europa der Kunst, der Mythen, der Städte. Bestimmt vom Rhythmus harten Gehens, von der Dunkelheit der Trunkenheit und der vollständigen physischen Erschöpfung, tritt er in Dialog mit Rousseau, Rimbaud, Satie, Giacometti, Heidegger und erlebt ein Abenteuer des Denkens: Mit nichts als sich selbst, ganz auf sich zurückgeworfen, was bleibt, wer ist man?

Matthes & Seitz Berlin

Matthes & Seitz Berlin

Robert Macfarlane

Berge im Kopf

Die Geschichte einer Faszination

Aus dem Englischen von Gaby Funk
Herausgegeben von Judith Schalansky
280 Seiten, zahlreiche Abbildungen, gebunden

Gipfel zu besteigen ist eine kulturelle Erfindung, die vor dreihundert Jahren begann und nicht nur spektakuläre Blicke in jähe Abgründe bot, sondern auch in die nicht minder schwindelerregende Vergangenheit der Erde. In der Romantik wandelten sich die Berge endgültig vom gemiedenen Ort des Schreckens zu einem der Anziehung. Die vermeintliche Heimat von Drachen wurde zum begehrten Ziel menschlichen – vor allem männlichen – Forscherdrangs. Ob Naturwissenschaftler oder Abenteurer, ob Philosophen oder Poeten, sie alle versprachen sich in den eisigen, sauerstoffarmen Höhen unvergleichliche Erfahrungen und Erkenntnisse, für die es sein Leben zu riskieren lohnt: der Sog von Macht und Angst, das Gefühl von Erhabenheit und das Erleben fragiler Schönheit. In seinem preisgekrönten Debüt, das ihn schlagartig bekannt machte, folgt Robert Macfarlane den Vorstellungswelten der bisweilen fatalen Faszination, die Auftürmungen von Granit-, Basalt- und Kalksteinschichten bis heute in Menschen auslösen, sodass sie nichts anderes mehr als Berge im Kopf haben. Wie kein Zweiter weiß Macfarlane, das eigene Erleben mit dem Gelesenen zu verbinden. Anschaulich und ebenso belesen wie lebendig verbindet er die eigenen Klettererfahrungen mit den Berichten legendärer Bergaufstiege, wie beispielsweise dem Versuch George Mallorys am Mount Everest, von dessen Höhen dieser 1924 nicht wiederkommen wird. Drei Jahre vor seinem Tod schreibt er an seine Frau Ruth: »Der Everest hat die steilsten Grate und die furchtbarsten Abgründe, die ich je gesehen habe. Liebling – ich kann dir nicht beschreiben, wie sehr er von mir Besitz ergriffen hat.«

»Eine der klügsten Auseinandersetzungen mit dem Bergsteigen.«

FRANKFURTER ALLGEMEINE ZEITUNG

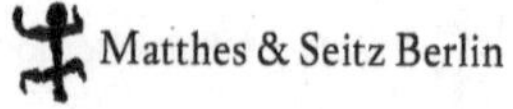

Robert Macfarlane

Die verlorenen Wörter

Aus dem Englischen von Daniela Seel
Mit Illustrationen von Jackie Morris
Herausgegeben von Judith Schalansky
134 Seiten, gebunden

Eisvogel, Brombeere, Zaunkönig – was, wenn die Wörter für die lebendige Natur unbemerkt aus der Sprache, den Märchen und Geschichten, der Wirklichkeit verschwänden? Was wir nicht benennen, können wir nicht wertschätzen. Dieses Buch ist der Gegenzauber zu Beton, Feinstaub und Entfremdung. Die prächtigen Aquarelle von Jackie Morris weisen den Weg in einen geheimen Garten, zu dem jeder den Schlüssel besitzt. Glockenblume, Efeu und Lerche harren gleich vor unserer Haustür ihrer Neu- und Wiederentdeckung. Golden strahlt der Löwenzahn auf dem Fußballplatz, neugierig betrachtet uns der Star von seiner Ehrenloge auf dem Telefonmast. Robert Macfarlanes von Daniela Seel ins Deutsche gebrachte Verse erkunden zart und zugleich mit spielerischer Wildheit die kapriziösen Blätter des Farns, den verführerischen Glanz einer frisch aus der Hülle gebrochenen Kastanie und die majestätische Ruhe des Reihers, sie steigen mutig hinab ins Nest der Schlange und betten sich auf den rauen Kissen der Heide. Und irgendwo dort, zwischen satten Farben und traumversunkenen Zeilen, entdecken wir sie vielleicht – die verlorenen Wörter.

»Ein wunderbar illustriertes Zauberbuch.«

FRANKFURTER ALLGEMEINE ZEITUNG

Annie Dillard

Pilger am Tinker Creek

Aus dem Englischen und mit einem Nachwort von Karen Nölle
Mit einem Essay von William Deresiewicz
Herausgegeben von Judith Schalansky
347 Seiten, Leinenbroschur

Inspiriert von Henry David Thoreaus Walden zieht sich die 27-jährige Annie Dillard Anfang der 70er Jahre in die Virginia Blue Montains zurück, um die vielfältigen Erscheinungen der Natur genau zu studieren und das Wunder des Schauens auf sich wirken zu lassen und »wieder zu Sinnen zu kommen«, wie es Thoreau einst gefordert hatte. Ausgehend von der Erkenntnis, dass »das Detail« das erste und »sichtbare Faktum der Welt« sei, unternimmt sie tägliche Wanderungen an den bewaldeten Ufern des Tinker Creek, beobachtet und beschreibt den Wechsel des Lichts und das Wesen des Windes, das Leben der Bisamratten und Heuschrecken, die Schönheit der gegen den Strom schwimmenden Fische und die eines Wassertropfens unter dem Mikroskop. Geleitet von der Frage nach den Absichten einer Schöpfungskraft, die sich in all dem Naturschauspiel zugleich offenbart und verbirgt, verbinden sich die genauen, überraschenden und oft auch verstörenden Entdeckungen ihrer Streifzüge in die Wildnis mit Gedankengängen aus Literatur, Naturwissenschaft und Mystik. Dillards Sprache ist dabei so klar und poetisch, so erhaben und erbarmungslos wie der Gegenstand ihrer Erzählung selbst: die lebendige Gegenwart der verwirrend vielfältigen Natur. Pilger am Tinker Creek ist naturphilosophische Meditation, geistige Autobiografie, metaphysischer Lobgesang und poetischer Essay zugleich und nicht zuletzt die Chronik einer Suche nach nichts Geringerem als dem Sinn der Schöpfung.

»Ein großartig hellsichtiges Buch, im doppelten Sinn: Annie Dillard entdeckt noch die kleinste Laus, sie schraubt ihre Überlegungen aber auch in metaphysische Höhen.«

Sylvia Staude, *FRANKFURTER ALLGEMEINE ZEITUNG*

Petra Ahne

Hütten

Obdach und Sehnsucht

Mit Illustrationen von Pauline Altmann
Herausgegeben von Judith Schalansky
132 Seiten, gebunden

Eine Hütte, kein Haus sollte es sein, als Petra Ahne und ihre Familie ein Domizil auf dem Land suchten: klein, mit Platz nur für das Nötigste, durch nichts als eine Wand von der umgebenden Natur getrennt. Genug, um sich zu schützen, zu träumen, zu denken, sich zu verstecken und sich selbst zu beweisen. Hinter den Wänden einer Hütte nahm die Zivilisation ihren Lauf, wurde der Mensch zu dem, was er ist. Der Bau ihrer eigenen Hütte wirft Fragen nach dem Wesen dieses kleinsten Hauses auf, und so hat sich Petra Ahne auf die Spur der Hütte gemacht und der Fantasien, die sie umgeben. Sie ist mit Alexis de Tocqueville zu den Blockhütten der amerikanischen Siedler gereist und mit den Überlebenden einer gescheiterten Antarktis-Expedition zu dem windumtosten Obdach auf Elephant Island. Sie hat einen Mann getroffen, der seit 55 Jahren allein in einer Hütte lebt, und den FBI-Beamten, der als einer der Ersten das Holzhaus des Unabombers in Montana betrat. Sie hat die Hüttenträume von früher mit denen von heute verglichen. Die Sehnsucht der Städter nach dem Häuschen im Grünen ist groß. Heute mehr denn je hinterfragt die Hütte, was wichtig ist und wie wir leben wollen.

»Von den Spuren einer 500 000 Jahre alten Behausung bis in die Gegenwart reichen die Geschichten, die Petra Ahne über Hütten zu erzählen hat. Sie gliedert nicht chronologisch, sondern thematisch und wandert dabei ebenso leichtfüßig zwischen den Jahrhunderten hin und her wie zwischen den Disziplinen.«

Anne Kohlick, *DEUTSCHLANDFUNK KULTUR*

Jean-Henri Fabre

Erinnerungen eines Insektenforschers

[Souvenirs entomologiques.
Etudes sur l'instict et les moers des insectes]

Gesamtausgabe in 10 Bänden

Aus dem Französischen von
Friedrich Koch und Ulrich Kunzmann,
bearbeitet von Heide Lipecky
Mit Federzeichnungen von Christian Thanhäuser
Gebunden mit Schutzumschlag

Vielleicht hat kein Werk des 20. Jahrhunderts einen so überraschenden und radikalen Perspektivwechsel bei seinen Lesern bewirkt wie dieses zehnbändige Monumentalwerk des französischen Entomologen. Erstmals richteten die Literaten der Großstädte ihre Blicke nach unten und erblickten eine völlig neue, fremde Welt: Eigentümlich anmutende Wesen mit sechs, acht oder gar sechshundertachzig Beinen bevölkern sie. Krabbelnd, hüpfend, kriechend oder fliegend gehen sie eifrig ihrem Tagewerk nach, manche perfekt getarnt, andere in leuchtender Garderobe oder anmutig schillerndem Schwarz; sie paaren, fressen und bekriegen sich, verpuppen sich und erstehen in neuer Pracht wieder auf.

»Unter Fabres Anleitung verwandelt sich jede Wiese in einen phantastischen Dschungel voller exotischer Wesen, die sich zum Kampf ums Dasein mit prachtvollen Rüstungen, schrecklichen Waffen und perfiden Tricks gewappnet haben.«

Ulrich Baron, *DER SPIEGEL*

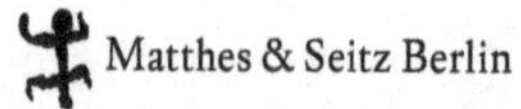

Henry D. Thoreau

Tagebuch

Gesamtausgabe in Einzelbänden

Aus dem amerikanischen Englisch von Rainer G. Schmidt
Mit Illustrationen von Henry D. Thoreau
Gebunden

Henry D. Thoreaus Hauptwerk ist nicht *Walden* oder *Über den zivilen Ungehorsam*, sondern sein Tagebuch, das er als 20-Jähriger begann und bis wenige Tage vor seinem Tod 1861 führte. Darin notierte er Beobachtungen, die zu den bedeutendsten Naturschilderungen der Weltliteratur zählen, aber auch Gedanken und Reflexionen, die ihn als ganz eigenständigen philosophischen Kopf erkennen lassen. Während dieses große Tagebuchwerk in Amerika Generationen von Künstlern und Schriftstellern beeinflusste und heute eine überwältigende Renaissance erlebt, ist es in Deutschland nahezu unbekannt. Unsere Ausgabe lädt ein, dieses Meisterwerk zu entdecken und Thoreau unzensiert zu erleben.

»Mein Tagebuch ist etwas von mir, was sonst überfließen und verfließen würde, Nachlese auf einem Feld, das ich tüchtig aberntе. Ich brauche dafür nicht zu leben, sondern lebe in ihm für die Götter. Mit ihnen korrespondiere ich; ihnen schicke ich täglich dieses frankierte Blatt.«

Henry D. Thoreau

Matthes & Seitz Berlin